南网物业
NANWANG PROPERTY

工业物业“885”服务体系

南网物业管理（广州）有限责任公司 编

南方日报出版社
NANFANG DAILY PRESS
中国·广州

图书在版编目（CIP）数据

工业物业“885”服务体系 / 南网物业管理（广州）有限责任公司编. -- 广州 : 南方日报出版社, 2025.3.-- ISBN 978-7-5491-2954-6

Ⅰ. F293.347

中国国家版本馆 CIP 数据核字第 202466T85W 号

GONGYE WUYE 885 FUWU TIXI

工业物业“885”服务体系

编　　者：南网物业管理（广州）有限责任公司
出版发行：南方日报出版社
地　　址：广州市广州大道中 289 号
出 版 人：周山丹
责任编辑：张　高
责任技编：王　兰
责任校对：阮昌汉
经　　销：全国新华书店
印　　刷：广东信源文化科技有限公司
成品尺寸：190mm×250mm
印　　张：27.25
字　　数：320 千字
版　　次：2025 年 3 月第 1 版
印　　次：2025 年 3 月第 1 次印刷
定　　价：88.00 元

投稿热线：（020）87360640　　读者热线：（020）87363865

《工业物业“885”服务体系》编委会

前言

服务品质是物业服务企业的根本、命脉和基石。没有以服务品质为基础的“1”，再多的业务也将失去依托成为“0”。在高质量发展主旋律的市场背景下，物业服务企业生存与发展将面临全方位、多角度的激烈竞争，回归服务本源，提升服务品质，成为企业持续经营与发展的不二选择。

然而，服务品质是一个多维甚至是多阶的复合结构体系，提升服务品质是一项复杂的系统工程。而这其中，建立一套可落地的标准化服务体系，从资源配置、服务流程、作业规范等层面做好全方位落实，实现项目管理的标准化，不仅让物业服务企业提升服务品质有了重要抓手，更对提高物业服务企业运营效率、引领和推动物业服务企业高质量发展具有重要意义。

因时而变，应运而生。依托电网企业改革而生的南网物业管理（广州）有限责任公司（以下简称“南网物业公司”），自成立伊始，就致力于打造统一服务标准，构建全域统一的工业物业管理服务体系，以强烈的自我使命感，成功首创《工业物业“885”服务体系》。

行而不辍，履浅致远。《工业物业“885”服务体系》不仅是对工业物业服务的一次全面革新，更是对南网物业公司专业能力的深刻锻造。该体系聚焦客服、保洁、绿化、工程、安保、餐饮、公寓、车辆驾驶8大核心服务领域，围绕风力发电场、光伏电站、水电站、抽水蓄能电站、火电厂、核电站、变电站/换流站、办公楼/周转仓8种服务类型，从人数要求、持证要求、智能化引入、服务响应、服务保障和服务频次等视角对“软服务”进行量化，构建5级服务标准（五星级、四星级、三星级、二星级、一星级），为工业物业服务企业提供了管理和服务的统一规范和标准指引。

善学者明，善行者成。在体系编制过程中，我们广泛对标国家级、省级优秀示范项目，学习汲取同行优秀范例精髓，兼容并蓄，博采众长。体系发布后，南网物业公司按照“强技能、增本领、优服务、促提升”的工作思路，在全公司范围内通过多途径、多渠道进行大力推广应用，已经在全公司范围内逐渐落地生根，开花结果。《工业物业“885”服务体系》的发布，对于工业物业行业来说是一个重要的里程碑，不仅及时响应了物业使用单位对服务品质的更高需求和迫切愿望，得到了物业使用单位的高度认可和一致肯定，同时于2024年5月荣获了“2024中国物业服务企业优质服务体系”称号，赢得了业界权威认可与广泛关注。

穷则独善其身，达则兼济天下。《工业物业“885”服务体系》脱胎孕育却不囿于南网物业公司自身电力属性。我们立足和秉承服务人员安全素养、安全管理、应急管理、响应时效等优良传统，进一步拓宽视野，融会贯通，从电网企业放眼能源行业，力求在风力发电场、光伏电站、水电厂、火电厂、核电站等能源行业服务类型发挥我们的基因优势，作出我们的独特贡献。我们希冀通过我们的探索和努力，建立起一套覆盖发电、变电、输电、配电和用电等全链条物业使用单位的统一物业服务体系，为更广泛的工业物业服务企业提供一套具有响应及时、保障全面、安全为要、品质为本等鲜明特色的物业管理服务规范与指引，进一步促进工业物业行业的专业化、规范化和有序化发展。

品质提升，永无止境，我们一直在努力。本书的出版，是建立工业物业细分领域服务体系的一次全新和大胆尝试，旨在增进广大同行的业务交流，促进广大同行对工业物业这一细分领域的自我认同和自我定位。但囿于水平有限，编写时间匆忙，本书谬误和不妥之处在所难免，望广大同行和读者批评指正，以期后续不断完善。让我们携手共进，共创工业物业服务的美好未来！

本书编委会

2024年7月

目 录

第一章

术语和定义

1.1 服务类型

1.2 物业业态

1.3 专用术语

1.1 服务类型

1.1.1 工业物业管理服务

对物业服务合同约定区域的风力发电场、光伏电站、水电站/抽水蓄能电站、火电厂、核电厂、变电站/换流站、办公楼、周转仓等项目建筑及配套设备设施和相关场地进行维修、养护、管理，维护服务区域的环境卫生和秩序，为客户提供餐饮（职工食堂）、公寓、车辆驾驶及物业辅助等综合性物业保障服务。

1.1.2 客户服务

为客户日常事务提供专项服务活动，包括但不限于：前台接待、迎宾服务、会议服务、礼仪服务、会场布置等提供策划、执行的综合性事务服务。

1.1.3 保洁服务

通过专业保洁服务人员使用清洁设备、工具和药剂，对服务区域地面、墙面、阳台、卫生间、门窗、玻璃、洁具、公共设备设施等部位进行清扫并保持洁净的服务。

1.1.4 绿化服务

对服务区域的绿地、植被、乔木、灌木等绿植的管理与养护服务，包括浇水、施肥、修剪、除草、绿地清洁卫生、病虫害防治、防涝防旱及绿植购置（租摆）等。

1.1.5 工程服务

对服务区域的楼宇建筑物、配套设备设施及相关场地的管理服务，主要包含对建筑物及其附属设施、照明系统、暖通系统等实施定期检查、维护、清洁及润滑等。

1.1.6 安保服务

对服务区域开展综合治安反恐、安全防范宣传、停车场管理、门禁管理、施工现场管理、安防系统日常巡检、监控值守、无人机防御和突发事件应急处理等活动，制定突发事件应急预案和组织培训演练，维护服务区域正常的生活、工作秩序。

1.1.7 消防管理

对服务区域提供消防安全知识宣传教育、消防安全检查、监控值守、应急处置以及对消防设备设施的改善、维护和保养等管理服务工作。

1.1.8 公寓服务

对服务区域的公寓日常管理服务，包括前台接待、客房服务、室内保洁、布草更换、低耗品补充、水电巡检维护等（周转房、值班房等日常管理服务参照执行）。

1.1.9 餐饮服务

为客户提供以工作用餐为主的食堂全过程服务，包括楼面用餐、原材料采购与保管、食品加工与销售、食堂设备设施、餐厨用具、日常耗材、资料登记和食品卫生安全等管理服务。

1.1.10 车辆驾驶服务

为客户提供公务用车、生产用车和特种作业车等车辆驾驶（代驾）、调度、日常检查、日常维护保养等辅助服务。

1.1.11 物业辅助服务

按物业服务合同约定为客户提供的物业辅助服务，包括但不限于无人机辅助服务、生产区域设备及地面保洁、厂区/场站道路保洁、饮用水配送、劳务搬运等专项辅助服务。

1.2　物业业态

1.2.1　风力发电场

采用风力发电机将风能转换为电能的发电系统。

1.2.2　光伏电站

采用光伏组件将太阳能直接转换为电能的发电系统。

1.2.3　水电站

把水的势能和动能转换成电能的发电站。

1.2.4　抽水蓄能电站

能向上水库抽水蓄能的水电站，一般用于电网的调峰、调频、调相及事故备用。

1.2.5　火电厂

利用煤、石油、天然气等固体、液体或气体燃料燃烧所产生的热能转换为动能以生产电能的工厂。

1.2.6 核电厂

利用原子核内部蕴藏的能量产生电能的发电厂。

1.2.7 变电站

电力系统中对电压和电流进行变换，接受电能及分配电能的场所。

1.2.8 换流站

将交流电变换为直流电或者将直流电变换为交流电的转换，并达到电力系统对于安全稳定及电能质量的要求而建立的站点。

1.2.9 办公楼

机关、企事业单位以办公楼、商务写字楼为特征的办公、会议、商务、洽谈等事务性的办公场所，及其承担餐饮（职工食堂）、公寓、文体等生活服务功能的附属设备、设施和场地；电力企业以电力系统信息处理、监视和控制为主的电力生产调度场所（电力调度大楼/中心）。

1.2.10 周转仓

发电、输电、变电、配电、计量等电力设备、材料配送、存储的物资仓库。

1.3　专用术语

1.3.1　电力生产场所

从事电力生产作业的场所，包括风力发电场、光伏电站、水电站/抽水蓄能电站、火电厂、核电厂、电力调度大楼/中心（调度机构）、输变电场站（变电站、换流站等）和相关输电线路等。

1.3.2　非电力生产场所

非从事电力生产作业的场所，包括电力企业办公大楼（办公场所）、供电营业场所（营业厅/营业网点）以及周转仓（物资仓库）等。

1.3.3　绿色物业

在保证物业管理和服务质量等基本要求的前提下，通过科学管理、技术改造和行为引导，有效降低各类物业运行能耗，最大限度地节约资源和保护环境，致力构建节能低碳的物业管理活动。

1.3.4　智慧物业

充分利用物联网、云计算、移动互联网等新一代信息技术的集成应用，通过“工业物业管理信息系统”将各项目紧密连接起来，实现数据的融合，打造智能化的应用，建立起高效的联动机制，为客户提供一个安全、环保、舒适、便利的智慧化生活、工作环境。

1.3.5 延伸服务

利用各种管理方式和管理手段，提供多种物业管理服务项目及衍生性服务项目，让物业增值，为客户创造价值，达到或超越合同约定的服务质量要求，实现物业服务企业与客户共赢。

1.3.6 服务等级

服务等级分为五个级别，即五星级、四星级、三星级、二星级和一星级。最低为一星级，最高为五星级。星级越高，表示服务的标准越高。

1.3.7 人防

即人力防范，执行治安反恐防范任务的具有相应素质人员和（或）人员群体的一种有组织的防范行为（包括人、组织和管理等）。

1.3.8 物防

即实体防范，用于治安反恐防范目的、能阻止或延迟恐怖活动的各种实体防护手段［包括建（构）筑物、屏障、器具、设备、系统等］。

1.3.9 技防

即技术防范，利用电子、信息通信、计算机等技术来提高探测、反应能力或延缓、阻止恐怖攻击的治安反恐防范技术手段。

1.3.10 工作票

为电网发电、输电、变电、配电、调度等作业安全有序实施而设计的一种组织性书面形式控制依据。

1.3.11　白名单

凡进入重点区域的人员（工作人员、外委人员、施工人员等），按规定在物业使用单位相关管理部门办理备案手续而形成允许可出入的名单。

第二章

基本要求

2.1 人员管理

2.1.1 物业服务人员管理应满足以下要求：

2.1.1.1 物业服务区域应按要求配置项目负责人、专业主管、专（兼）职安全管理人员等服务团队。

2.1.1.2 保安人员不应在本单位以外的区域提供保安服务。对新入职的保安人员应进行背景审查，并定期对从事下列相关工作岗位人员进行安全背景审查：

a）治安反恐重要岗位人员；

b）反恐重点目标区域内工作的人员；

c）接触重要信息数据人员。

2.1.1.3 物业服务企业应为聘用期间的服务人员提供必要的劳动防护用品，宜为聘用期间的服务人员购买符合物业使用单位所在地地方政府规定的商业保险（雇主责任险或意外伤害险）。

2.1.1.4 定期组织物业服务人员开展职业技能、法律法规、安全操作规程等相应岗位培训。

2.1.1.5 上岗时，应统一着装，佩戴工作牌/卡，仪容仪表整洁，举止文明礼貌，服务主动热情，服务人员使用普通话。详细要求见附录A。

2.1.1.6 物业服务人员离职时，应做好各项工作交接，退回工作牌/卡，按流程办理离职手续；应向物业服务企业信息管理部门或系统运行部门交回相关软硬件设备、系统账号、访问权限，并履行调离后的保密义务。

2.2 持证管理

2.2.1　项目管理人员应按照国家有关规定取得物业管理资格证书或岗位证书。

2.2.2　特种作业人员应经专门的安全技术培训并考核合格，取得中华人民共和国特种作业操作证后，方可上岗作业。

2.2.3　为物业使用单位提供安保服务的保安服务公司，应具备公安部门核发的保安服务许可证。自行招用保安人员的单位，应向所在地设区的市级人民政府公安机关备案。保安人员应持有公安部门核发的保安员证。

2.2.4　消防控制室值班操作人员应依法取得相应等级的消防行业特有工种职业资格证书。

2.2.5　车辆驾驶员应取得由公安部门核发的与驾驶车辆相符的机动车驾驶证，通过物业服务企业组织的有关法律法规、岗位职责、操作规程服务规范、安全防范和应急处置、车辆维护等基本知识与技能的岗前培训，经考核合格后方可上岗。

2.2.6　驾驶（操作）生产特种车辆和危险货物运输车辆等专用车辆人员应取得国家相关从业资格证、特种设备（作业）操作证，方可驾驶（操作）。

2.2.7　餐饮服务/从业人员应取得有效健康证明后方可上岗。应对餐饮服务/从业人员进行健康管理，建立健康档案，包括入职体检、每日晨检、每年体检等信息，做好岗位个人防护和健康监测。

2.2.8 烹调等相关工种宜配备相应职业技能证书。

2.2.9 四害消杀和白蚁防治的单位应持有相关政府部门/协会颁发的四害消杀和白蚁防治资质证书，防制员应持有有害生物防制员职业资格证书。

2.3 财务管理

2.3.1 有健全完善的财务管理制度，对各类收入做到账目清晰、规范操作。

2.3.2 有明确的收付流程、标准、时间、方式；使用专业的财务系统进行收缴核算。

2.3.3 按国家法规，开具合法的发票或收据。

2.3.4 编制年度财务预算，做到定期统计、分析，及时发现异常情况，并作出纠正调整。

2.4 档案管理

2.4.1 严格执行保密、安全制度，确保档案和案卷机密安全。

2.4.2 根据GB/T 18894的要求，物业服务档案可实行纸质档案和电子档案，应包括技术类档案和管理类档案。技术类档案包括：物业竣工验收资料，物业权属资料，物业承接查验资料，共用设备设施台账和维修养护、更新改造档案等；管理类档案包括：客户资料档案、日常管理档案、管理和服务过程形成的文件记录等。配备专（兼）职档案资料管理员。

2.4.3 物业服务档案应规范管理，确保资料齐全、分类成册、查阅方便。技术类档案应根据物业服务合同约定进行管理及查阅，管理类档案应确保内容完整准确。物业服务电子软件管理基本信息、基础资料、维修养护资料、收费资料等齐全。

2.4.4 实行电子档案管理的项目，应当配备满足保管期限内电子档案安全管理需要的信息化基础设施，建设专用局域网络或者使用具备必要安全措施的局域网，配备专用存储资源，建设符合有关标准规范的电子档案管理信息系统，并与办公自动化系统、业务系统相互衔接，支持开展电子文件归档接收和电子档案存储、开发利用、转换、迁移、移交、销毁等工作。

2.4.5 档案资料借阅应履行登记、签字手续，重要资料借阅、复印应先请示上级同意后并办理相关借阅手续。

2.4.6 物业服务档案保存时间按照《中华人民共和国档案法》及有关法律法规要求存档。

2.4.7 物业服务企业更迭时，档案资料应按《中华人民共和国档案法》及有关法律法规要求移交。

2.4.8 档案室（柜）应做好防盗、防火、防虫、防鼠、防潮、防高温工作，并定期检查。

2.5 保密管理

2.5.1 物业服务人员应遵守物业服务企业保密工作管理办法、物业服务人员合规手册的规定。

2.5.2 制定钥匙管理制度，并严格执行。

2.5.3 制定监控视频操作规程和保密制度。非工作人员进入监控中心或查阅调取监控记录，应经授权人批准。

2.5.4 物业服务企业应与物业服务人员签订保密协议，并交归口部门备案。

2.5.5 每年对物业服务人员开展保密教育和培训不少于1次，保密教育培训资料应存档。

2.5.6 物业服务人员应履行保密职责并做到：

2.5.6.1 不擅自翻阅、拍摄、复制、抄录文件、资料；

2.5.6.2 不以任何形式传播、泄露与物业服务企业、物业使用单位工作相关的文件、会议、谈话内容以及客户信息等；

2.5.6.3 不以任何形式传播、泄露物业服务企业、物业使用单位的重点设备设施、涉密载体、公务用车等配置及运行状况等信息；

2.5.6.4 捡到涉密文件或内部资料，应按规定及时上交相应部门处理；

2.5.6.5 涉及清理客户办公室文件、资料、报纸、杂志、书籍等，应经客户同意且物业管理人员现场确认，不应擅自处理；

2.5.6.6 妥善保管办公室、设备用房等钥匙，不应私自配置或交由非授权人员管理。

2.6　标识管理

2.6.1　标识的图形符号应符合GB/T 10001.1的规定，消防与安全标识应符合GB 2894、GB 13495.1、GB 15630的规定。

2.6.2　服务区域及专用作业区域应设引导指示牌和功能标识，包括：电梯、楼梯、出入口通道、残疾人通道、地下停车场（库）出入指引、门牌号、客服中心、问询处、公共卫生间、消防用品、安防用品、办公用品、工具类物资、有毒有害废弃物存放点、消防及工程设备设施等。

2.6.3　服务区域主出入口应设有平面示意图，有完整的幢、单元（门）、楼层、户门标号等标识。办公大楼、写字楼、厂区/场站/园区及培训/实训基地等应有导视图。

2.6.4　服务区域的紧急出口、消防通道、禁烟区、水库、河道、天台等应设警示性标识。

2.6.5　服务区域的主要道路及停车场应设交通安全标识，主要路口应设路标。

2.6.6　配置并在适当时使用“维修进行中”“小心地滑”“工作进行中”等临时性服务状态标识。

2.6.7　多个标志牌在一起放置时，应按警告、禁止、指令、提示类型的顺序，先左后右、先上后下的顺序排列。

2.6.8 各类标识的格式应统一，悬挂（摆放）应安全、正规、醒目、便利、协调、无涂改，文字规范，保持完好。

2.6.9 配电室（高低压）应用标牌标识，并注明“非工作人员请勿入内”的要求。高压配电柜应悬挂“高压危险”字样；中央空调机组、水泵房机组应标明机组机号；因设备检修而影响到生产、日常工作、生活时，维修人员应在工作现场明确标识如“电梯维修”等警示。

2.6.10 安全标志牌应至少每半年检查1次，如发现有破损、变形、褪色等不符合要求时，应及时修整或更换。

2.6.11 在维修和更换激光安全标志时应有临时的标志替换，以避免发生意外的伤害。

2.6.12 常用标识的种类如下：

2.6.12.1 服务人员的标识

a）服务人员均按物业服务企业规范式样统一着装。

b）服务人员当值期间应配戴统一的工作牌/卡，工作牌/卡应明显标识出该服务人员的姓名、编号、工种和岗位职务等，便于识别、记忆。

2.6.12.2 服务场所的标识

a）物业服务企业各项目应在醒目位置设置本企业/项目牌和指引牌。

b）办公区、生活区等场所均设置统一、完善的标识系统。

c）服务区域设备房如变配电室、水泵房、停车库等均用标识牌清晰标识出名称。

d）停车场及泊车位和行驶限制速度，以标示牌、车位线和禁停线予以标识。

e）有建筑高度限制车辆最大高度的，应在建筑物车辆通过位置作限高的标识。

2.6.12.3　服务产品的标识

提供给客户的公开文件，如通告、公告、通知均应明确标识出发文部门、适用范围和必要的沟通、服务电话。

2.6.13　结合作业现场情况的需要，在显眼位置设作业中的临时性安全警示标识。

2.6.14　定期对各类标识标牌进行检查、维护、清洁，确保安全牢固无损坏。

2.6.15　物业服务企业宜配置智能化电子标识，提高标识可视化的效果。

2.7 安全管理

2.7.1 安全教育培训

2.7.1.1 贯彻执行国家、地方、行业、物业使用单位和物业服务企业有关安全教育培训管理，严格遵守GB/T 33000的规定。

2.7.1.2 作业人员应接受相应的安全生产教育和岗位技能培训，经考试合格上岗。

2.7.1.3 物业服务企业主要负责人和安全生产管理人员初次安全培训时间不少于32学时。每年再培训时间不少于12学时。新上岗的，岗前初次安全培训时间不少于24学时，之后每年的再培训时间总计不少于12学时。

2.7.1.4 新员工、转岗未经考核合格人员、实习人员和临时作业人员，应经过安全教育培训后，方可进入现场，并在监护人员监护下参加指定的工作。

2.7.2 两票三种人

2.7.2.1 贯彻执行国家、地方、行业、物业使用单位和物业服务企业有关安全法规及操作规程，严格遵守GB 26860、GB 26164.1、DL 5027的规定。

2.7.2.2 “工作票”和“操作票”（简称“两票”）是物业使用单位在安全生产管理活动中的书面控制凭证，确保所有操作均有明确的规章制度可循，并留有可查证的记录。

2.7.2.3 物业使用单位每年组织工作票签发人、工作负责人和工作许可人（简称“三种人”）资格考试，考试合格方可参与电力生产场所作业。

2.7.2.4 每年年初或根据工作需要，物业服务企业应安排须进入电力生产场所作业的人员参加物业使用单位组织的安全规程培训和考核，考核合格后，物业服务企业相关人员向物业使用单位安全监管部提出资格授权申请。

2.7.2.5　调离安全生产相关专业部门人员、因休假或其他原因离开生产岗位6个月以上人员，其相应“两票三种人”资格取消。

2.7.3　风险管控

2.7.3.1　贯彻执行国家、地方、行业、物业使用单位和物业服务企业有关安全法规及操作规程，严格遵守GB/T 33000的规定。

2.7.3.2　物业服务企业应充分识别工作场所及生产活动过程中的风险因素和危险因素，分析其相关的风险源的名称、类别、特性和触发条件，根据其引发不良后果可能性、暴露频率和后果的严重程度，确定危险因素的风险等级。

2.7.3.3　物业服务企业应开展各类风险评估，按等级将评估结果进行量化分级。建立基准风险库，采取多种形式开展风险告知。

2.7.3.4　物业服务企业应按照“评估风险、制定措施、过程控制、回顾改进”的管理思路，实行分类、分级、分层、分专业的风险管控，采取作业任务计划管控模式，利用管理或技术手段消除或降低安全生产风险，确保各类安全生产风险可控在控，严防风险管控措施失效、弱化形成隐患。

2.7.3.5　及时识别内外部环境、业务类型、作业流程标准修编等引起的变化，评估变化可能带来的风险并实施管控。

2.7.3.6　根据风险评估结果遵循风险控制层次，即消除/终止、替代、工程控制（改造、修理等）、隔离、行政管理、个人防护等顺序，对各类风险制定控制措施计划。

2.7.3.7　根据风险等级，针对不同责任层级、不同责任主体，差异化制定到位标准和管控要点，对管辖范围内的风险管控情况开展全过程监督。

2.7.3.8　结合各类安全检查情况，对危害辨识、风险评估与管控情况定期开展回顾，分析存在的问题，提出改进意见与重点举措，提升风险管控机制实效，动态更新风险评估结果及风险数据库，实现结果闭环管控。

2.7.4 隐患排查

2.7.4.1 贯彻执行国家、地方、行业、物业使用单位和物业服务企业有关安全法规及操作规程，严格遵守GB/T 33000的规定。

2.7.4.2 物业服务企业应建立健全隐患排查治理机制，落实隐患排查治理主体责任，组织做好排查、填报、评估、定级、治理和验收工作，落实一般及以上隐患挂牌督办，做到隐患治理责任、措施、资金、期限和应急预案的“五落实”，实现隐患排查治理的闭环管理。

2.7.4.3 在施工作业、设备维护、车辆交通、消防管理、餐饮服务、安全保卫等物业服务的过程中，根据工作场所及生产活动过程中识别出的危险因素（或危险源），运用日常巡视、专项检查、检查督查、事故事件调查等手段方法全面开展安全生产隐患排查。

2.7.4.4 物业服务企业应按照隐患认定及分级标准评估确定隐患等级，隐患引发的后果达到隐患认定及分级标准的，应纳入隐患管理范畴进行管控和监督。

2.7.4.5 根据隐患等级制定隐患治理策略，一般及以上等级认定后3个工作日内，较小隐患及以下等级认定后5个工作日内，明确隐患治理或督促整改的责任单位、责任人及完成时限，组织制定风险防控措施和治理方案。

2.7.4.6 对于排查出的隐患，应做到立行立改，对于短期不得治理和整改的隐患，应制定有效的风险管控临时措施和应急预案。

2.7.4.7 物业服务企业应建立健全隐患挂牌督办机制，对一般及以上隐患或者需要提级处理的较小隐患实施挂牌督办。对隐患治理全过程进行分析、指导、监督，协调解决治理过程中存在的问题。

2.7.5 应急管理

2.7.5.1 贯彻执行国家、地方、行业、物业使用单位和物业服务企业有关安全法规及操作规程，严格遵守GB/T 33000的规定。

2.7.5.2 应建立“统一领导、综合协调、分类管理、分级负责、属地为主、平战结合”的应急管理机制，实行“预防为主，预防与应急相结合”，涵盖突发事件发生的前、中、后全过程。

2.7.5.3 根据业务活动范围内涉及的风险因素（风险源），识别出潜在的自然灾害类、事故灾难类、公共卫生类和社会安全类的突发事件，制定突发事件综合应急预案和专项应急预案，包括但不限于：

a）防风防汛应急预案；

b）消防应急预案；

c）反恐怖袭击应急预案；

d）电梯突发事件应急预案；

e）食物中毒应急预案；

f）防社工应急预案；

g）突发性群体事件应急预案。

2.7.5.4 应建立“横向到边、纵向到底、上下对应、内外衔接”的应急预案体系。应急预案体系由一个突发事件综合应急预案、多个专项应急预案和现场处置方案组成。

2.7.5.5 应根据组织架构建立各级应急处置队伍，明确分工与职责，落实培训和应急演练，配备相应的应急装备和物资，提高应急处置的专业化水平。

2.7.5.6 应制定应急预案的演练计划，明确不同类型应急预案的演练形式、范围、频次、内容，落实演练计划，进行演练效果评估和总结工作。

2.7.5.7 应根据应急预案和相关规定配置应急物资：建立应急物资管理制度，明确应急物资的类型、数量、性能、存放位置、运输及使用条件、管理责任人等内容；对应急物资进行定期维护及检查，保证应急物资处于完好待用状态。

2.7.6 消防安全

2.7.6.1 实行消防安全责任制，确定消防安全责任人，严格执行消防法规，明确各岗位的防火责任区和消防职责。

2.7.6.2 在各类场所楼层消防通道的显著位置张贴现场消防疏散示意图及紧急逃生路线图标识。

2.7.6.3 确保疏散通道、安全出口通畅无阻；定期对消防设施、灭火器材和消防安全标识进行检查和维护保养，确保正常使用；建筑消防设施的维护应符合GB 25201的要求。

2.7.6.4　定期组织防火巡查和火灾隐患排查整改工作，建立巡查记录和消防安全档案。

2.7.7　食品安全

2.7.7.1　建立健全食品安全规章制度，完善相应管理措施，做好食品安全台账。

2.7.7.2　定期组织食堂服务人员进行食品安全法律法规和应知应会知识培训。

2.7.7.3　定期对原材料、饭菜成品和餐具用具进行抽样检测，确保各项指标符合相关法律法规及标准要求。

2.7.7.4　在有条件的项目对厨房实施“明厨亮灶”管理，增加食品安全卫生管控透明度。

2.7.8　车辆驾驶安全

2.7.8.1　驾驶员应严格遵守交通法规，驾驶过程中应注意力集中，按规定车速行驶，文明驾驶。

2.7.8.2　经过临水、临桥、淹积水等危险路段，能见度较差的风、雨、雪、雾等特殊天气条件下及在冰雪路面行车时，应减速慢行，不冒险涉水。

2.7.8.3　驾车时不应接打手机、听广播、听音乐、吸烟、饮食、闲谈或者有妨碍安全行车的其他行为。

2.7.8.4　做好安全提示，提醒乘客注意安全，避免急加速、急减速及紧急制动。

2.7.8.5　夜间行驶应开启外灯，会车时应将远光灯变为近光灯。

2.7.8.6　行驶途中驾驶员遇事应保持良好心态，不应与人赌气、争吵，不开赌气车。发生服务纠纷时，应冷静处理，在停车状态下或确保行车安全的前提下尽量化解矛盾。当矛盾无法控制时，应立即停车报警并向所属单位报告。

2.7.9　设备设施安全

2.7.9.1　各类设备设施应由专人负责使用和管理，严格按照操作规程使用，摆放地点相对固定，定期进行维护保养，出现故障应及时予以排除或报请专业人员维修。

2.7.9.2　定期开展设备设施安全操作培训。

2.7.9.3　对安全风险较高的设备设施应加装防护措施。

2.7.10　危险化学品储存安全

2.7.10.1　危险化学品储存应遵照国家法律、法规和其他有关的规定，储存的危险化学品应有明显的标志，标志应符合GB 190的规定。危险化学品分类应符合GB 13690的规定。

2.7.10.2　危险化学品应储存在专用库区、专用场地、专用储存室、专用存储器具内，并设专人管理。

2.7.10.3　仓库规划时应根据物品的种类、性质，设置防火、防爆、防压、防晒、防雷、防泄漏等安全设施。

2.7.10.4　危险化学品仓库显眼处应张贴醒目的，严禁吸烟和使用明火等安全警告标志。

2.7.10.5　所有危险化学品要求标签明确，摆放/堆放整齐。

2.7.10.6　化学性质相抵触，防护、灭火方法不同的化学物料不得在同一仓库或同一储存室内存放。

2.7.10.7　遇水、潮容易燃烧、爆炸或产生有毒气体的危险化学品，以及液化气体不得在露天、潮湿、漏雨或易积水的地方以及高温或低温处储存。

2.7.10.8　应建立适当的栏坝、集液池，以容纳任何溢出/泄漏，溢出的物体应及时清除。

2.7.10.9　装有易燃液体、压缩气体的容器应保持封闭，并妥善放置以防倾倒。

2.7.10.10　腐蚀性化学品包装应严密，不应泄漏，严禁与液化气体和其他物品共存。

2.7.10.11 危险化学品的存储区域应保持干净清洁，包装材料及其他易燃物品不准放在储存室内。

2.7.10.12 仓库管理人员应至少每月1次对危险化学品进行包括通风、照明设备、消防设备、温度湿度、标签、保质期、包装、气瓶外观等在内的检查，并记录留档。

2.7.10.13 危险化学品库区应为管理人员配备合适的个人安全防护用品。

2.7.10.14 危险化学品库房应配置喷淋、洗眼装置，装置防爆灯具、通风设备，并注意设备的防护措施。

2.7.10.15 危险化学品库房的排风系统应设有导除静电的接地装置。

2.7.11 进场作业安全

2.7.11.1 贯彻执行国家、地方、行业、物业使用单位和物业服务企业有关安全法规及操作规程，严格遵守GB 26860的规定。

2.7.11.2 作业人员进入电力生产场所设备区作业时，应具备进网作业资格，开具“工作票”，按工作票规定的范围和时间开展作业任务，并于当天完成任务后办理间断或终结。如遇特殊情况须延长工作时间的，按客户规定办理工作票延期手续。

2.7.11.3 取得工作票许可后，作业人员应在工作负责人的带领和监管下，进入作业区域作业。所有工作人员（包括工作负责人）不应单独进入、滞留在工作场所。

2.7.11.4 作业人员应按要求着棉质长袖、纽扣束口工作服，戴安全帽（长发应盘在安全帽内），穿工作鞋，使用合格的工器具。

2.7.11.5 作业开工前，工作负责人应认真检查现场安全措施是否做足，按安全技术交底单向全体作业人员进行安全技术交底，应向全体作业人员讲清现场带电设备的情况，交代清楚安全措施、工作任务及安全注意事项。

2.7.11.6 作业开工前要检查所需设备、材料的质量及数量是否符合安全及质量要求，施工机具使用前应进行外观检查，不应使用变形、破损、有故障等不合格的机具。

2.7.11.7　工作负责人或现场专职安全员，要佩戴明显标志。在办理工作许可手续后，施工负责人应始终在工作现场认真履行监护职责。当工作地点分散，监护有困难时，要增设专职监护人，及时制止违章作业行为。工作负责人若因故暂时离开工作现场，应指定能胜任的人员临时代替，离开前应将工作现场交代清楚，并告知工作班成员。原工作负责人返回工作现场时也应履行同样的交接手续。

2.7.11.8　工作负责人应加强现场作业管理，实行文明施工。现场设备、材料的堆放不能危及设备、材料本身的安全或使用。

2.7.11.9　作业人员不应擅自扩大工作范围，擅自移动、跨（穿）越安全设施。

2.7.11.10　在作业过程中不应碰撞设备和机具，不应擅自随意移动挡鼠板，发现标牌损坏缺失的一定做好登记，然后办票消缺。

2.7.11.11　搬运机具及物品时，应两人以上搬运，并注意与设备保持安全距离。

2.7.11.12　使用临时施工电源时应装设漏电保护，做好接地保护措施。

2.7.11.13　及时清理攀爬和可能影响变电站/换流站设备正常运行的植物。

2.7.11.14　工作时作业人员、工器具与带电部位保持足够的安全距离，±800 kV安全距离要求大于10.1 m，±500 kV安全距离要求大于6.8 m，220 kV安全距离要求大于3 m，110 kV安全距离要求大于1.5 m，35 kV和10 kV安全距离要求大于1 m。

2.7.11.15　不应在变电站/换流站内或附近焚烧树叶杂草，防止火灾事故发生。

2.7.11.16　在使用机器时应采取安全措施，防止碎片、飞出物造成损害；在使用水管淋水时，应注意避开变电站/换流站设备和车辆。

2.7.11.17　进入设备室工作时要佩戴口罩。进入GIS（气体绝缘组合电器设备）室前，应先通风，15 min后方可进入。

2.7.11.18　高空作业应设置安全围栏及警语牌；超过2 m时应使用安全带；传递物品时应使用绳索。

2.7.11.19　对较轻的物件如纸皮、垃圾袋、薄夹板等，应放好并用重物压住，避免被强风卷起。

2.7.11.20　施工现场在施工完毕后，派专人进行清理，包括项目驻地的环境，做到工完、料尽、场清、整洁。完工后经客户驻地单位相关部门验收，验收合格后，由工作负责人带领全部工作班成员撤离作业现场。

2.7.12 高处作业安全

2.7.12.1 贯彻执行国家、地方、行业有关安全法律法规和技术标准，严格遵守GB 26860的规定，落实物业使用单位、物业服务企业高处作业的各项安全生产要求。

2.7.12.2 高处作业前，工作负责人应辨识作业现场的条件、环境，分析作业的复杂程度和危险程度，填写高处作业许可证，提前申请。

2.7.12.3 一级高处作业由项目部门安全员进行现场安全确认，由项目部门负责人审批；二级高处作业由安全监管部门现场安全确认，安全监管部门负责人审批；三级及特级高处作业由安全部门组织施工部门、设备部门共同进行现场安全确认，由负责安全的主要管理人员审批。

2.7.12.4 二级及以上高处作业应提前向物业使用单位报备。

2.7.12.5 高处作业许可期限不应超过3日，逾期重新办理许可；日常高处作业可由项目部门进行长期许可。

2.7.12.6 作业过程中简单、风险较低的高处作业，施工作业人员依据高处作业指导书和作业许可证开展高处作业；作业过程中复杂、风险较高的高处作业应编制专项施工方案。

2.7.12.7 高处作业开工前，工作负责人应认真核实作业许可手续、作业人员资格和现场情况，组织全体作业人员列队进行安全技术交底，并形成书面记录；日常高处作业，可以用班前会代替安全交底。

2.7.12.8 物业服务企业应对高处作业现场全程监护。

2.7.12.9 高处作业完成后，应清理和恢复现场，终结作业。

2.7.13 动火作业安全

2.7.13.1 贯彻执行国家、地方、行业有关安全法律法规和技术标准，严格遵守GB 26860的规定，落实物业使用单位、物业服务企业动火作业的各项安全生产要求。

2.7.13.2 非生产场所动火作业不区分一、二级动火作业，填写临时动火作业申请单，提前申请，审批通过后方可开工。

2.7.13.3　生产场所作业前应辨识作业现场的条件、环境，分析作业的复杂程度和危险程度，填写动火作业许可证，提前申请。

a）二级动火作业由项目部门安全员进行现场安全确认，由安全监管部门审批；一级动火作业由安全部门组织施工部门、设备部门共同进行现场安全确认，由负责安全的主要管理人员审批，向物业使用单位报备；不允许特级动火作业。

b）一级动火作业许可不应超过8 h，二级动火作业许可不应超过120 h，逾期重新办理许可。

c）二级动火作业，施工作业人员依据动火作业相关要求，凭《动火作业许可证》作业；一级动火作业另需编制《专项施工方案》。

2.7.13.4　动火作业开工前，工作负责人应认真核实作业许可手续、作业人员资格和现场情况，清除动火现场及周围的易燃物品，或采取其他有效安全防火措施，并配备消防器材，组织全体作业人员进行安全技术交底，并形成书面记录。

2.7.13.5　物业服务企业应设专人对动火作业现场全程监护。

2.7.13.6　动火作业完成后，应清理和恢复现场，确认无复燃风险后终结作业。

2.7.14　有限空间作业安全

2.7.14.1　贯彻执行国家、地方、行业有关安全法律法规和技术标准，严格遵守GB 26860的规定，落实物业使用单位、物业服务企业有限空间作业的各项安全生产要求。

2.7.14.2　有限空间作业前，工作负责人应辨识作业现场的条件、环境，分析作业的复杂程度和危险程度，填写有限空间作业许可证，提前上报申请。

2.7.14.3　有限空间作业由安全员进行现场安全确认，由安全监管部门审批和许可，作业许可不应超过8 h，逾期重新办理。

2.7.14.4　施工作业人员凭专项施工方案和有限空间作业许可证开展作业。

2.7.14.5　有限空间作业开工前，工作负责人应认真核实作业许可手续、作业资料和现场情况，组织全体作业人员列队进行安全技术交底，并形成书面记录。

2.7.14.6　物业服务企业应设专人对有限空间作业现场全程监护。监护人和作业人员每5 min沟通一次以确认作业人员状态正常，发现异常时发出撤离警报，并协助作业人员安全撤离或采取救护措施。

2.7.14.7　有限空间作业完成后，工作负责人应组织清理现场，恢复至作业前状态，准确清点人数和工器具，确认正常后终结作业。

第三章

服务内容与要求

3.1 客户服务

3.2 保洁服务

3.3 绿化服务

3.4 工程服务

3.5 安保服务

3.6 餐饮服务

3.7 公寓服务

3.8 车辆驾驶服务

3.9 物业辅助服务

3.1 客户服务

3.1.1 前台服务

3.1.1.1 客户来电应在铃响三声内接听电话，使用普通话接听，语音清晰，语速适中，使用规范应答语，简明复述要点，确认记录是否正确，结束时致谢对方来电，确认对方挂机再收线。

3.1.1.2 跟进客户需求，及时做好表单记录并与相关部门联动，形成跟踪、督办、处理、闭环。

3.1.1.3 配合完成来访接待工作，检查来访路线的设备设施，将绿化、保洁、工程等工作提前安排分配，分流人群避免聚集，做好门口、电梯厅的指引工作，控梯服务等多项接待保障工作。

3.1.1.4 受理投诉建议，首先向客户表示歉意，前台服务人员及时通知相关部门跟进处理，同时汇报给上级，征询专业意见及解决措施，处理人应及时跟进客户意见/投诉的处理情况，与客户保持良好的沟通，并在客户投诉处理记录表上做好记录，在相关部门处理完成后进行客户回访。

3.1.1.5 分发报刊、信件等，做好相应登记，要做到不泄露、私藏、私拆、翻阅他人信件、杂志、包裹。对接收的机要文件进行核查、签收、登记、送达、收件人签收，对各类紧急函件做到“随到随送”并做好记录。

3.1.1.6 提供物品寄存服务，应使用规范的礼貌用语，请寄存人员出示相关证件（工作证或临时出入证），寄存物品信息做好相关记录，并提醒贵重物品自行携带。

3.1.1.7 指引来访人员前往目的地，并告知其离开时将临时出入证交还前台；如遇来访人员拜访重点客户，经客户相关部门确认后方可引领至重点客户指定场所。

3.1.1.8 定期巡查大堂区域及周边区域，发现异常情况及时上报。

3.1.1.9 控梯服务

3.1.1.9.1 控梯应提前把电梯设置专用模式，根据天气调节电梯内温度，并根据客户的习性，检查轿厢及周边环境。

3.1.1.9.2 将轿厢内风量调整至适宜状态，检查轿厢内部环境卫生、安全状况，是否有异味等。

3.1.1.9.3 根据天气调节电梯周边照明亮度，并根据人流量进行乘梯分流疏导。

3.1.1.9.4 客服人员应做好引领姿势，待客户到电梯位置，再送到相关楼层后，解控电梯，关闭相关灯源。

3.1.1.9.5 合理控制控梯时间，避免影响其他客户出行，造成拥堵。

3.1.1.10 迎宾服务

3.1.1.10.1 晨迎晚送，客服人员提前30 min到岗，在指定位置（如大堂门口、电梯口等人流量密集位置）按标准礼仪站姿，微笑相迎，礼貌问候标识正对客人。

3.1.1.10.2 客服人员形象气质佳，语言和手势规范，提供一站式咨询、指引等服务。

3.1.1.10.3 随时关注大堂人员动态，对有需要的人员应主动上前询问和提供有效服务。

3.1.1.10.4 应针对上下班高峰期制定必要的电梯疏导措施，提升高峰期乘梯效率。

3.1.1.10.5 高峰期间，客服人员应进行客户候梯指引，维持良好候梯秩序，在客户上下班高峰期应站立迎送客户，宜引导孕妇或残疾人等特殊候梯人群优先乘梯。

3.1.1.11 重点楼层服务

3.1.1.11.1 重要客人来访时，及时上报客户相关部门，确认来访客人信息，按要求将客人引导至重点客户指定场所，并提供茶水服务。

3.1.1.11.2 联合安保部门对楼层出入人员进行排查、管控，发现来历不明人员及时通知保安人员协助处理。

3.1.1.11.3 了解服务区域的会议或活动安排，提前准备相关事宜。

3.1.1.11.4　热情、耐心地解答处理客户的问询。

3.1.1.11.5　检查前厅环境卫生，门窗、空调、照明设备开启、设备设施运行状况，发现异常及时上报并密切跟进，确保客户正常办公。

3.1.1.11.6　掌握重要客户办公区域，联系方式，重要客户的称谓，做到准确无误，根据佩戴证件甄别区分来往的人员。

3.1.1.11.7　定期对楼层走道、消防和安全防范情况进行巡查，发现问题及时报告。

3.1.1.11.8　对重要客户的个性化服务需求进行收集、建档、存档。

3.1.1.11.9　提供按梯、指引服务。

3.1.2　会务服务

3.1.2.1　基本要求

3.1.2.1.1　会场准备

a）根据会议主办方要求，建立会议联动机制。

b）常规会议应在会议召开前1 h完成会场布置，重要会议应在会议召开前2 h完成会场布置，大型会议应在会议召开前4 h完成会场布置。

c）会场布置过程中，与会议服务无关的人员不应进入会场；会场布置完成后（含设备调试完毕），应临时锁门，会议召开前1 h开门。

d）布置会场前应对会场区域进行清洁消毒。

e）会务人员应认真检查会议物品，保持表面洁净无污渍、无破损，便于与会客人使用。

f）物品摆放应符合要求，具备条件的可采用激光红外测距仪定量定位与拉线辅助相结合的方法，确保会议物品摆放整齐、统一、规范。

g）会议物品摆放要求，按照“会议摆位”的标准执行。

3.1.2.1.2　电脑及投影设备

a）需要使用电脑或投影仪的会议，应为其预留座位，电脑摆放于座位正中间，鼠标垫摆放整齐，电源线、数据线等线缆相互独立不缠绕、布线整齐。

b）大型会议期间，需要穿越人行道的线缆宜使用线缆保护槽加以固定、保护。

3.1.2.1.3 会标

a）根据会议需要，会标悬挂在主会场顶部居中位置，也可在会场两侧墙面悬挂会标。

b）会标宜使用电子屏会标，由客户提供内容，会务人员负责电子会标内容录入、校对，确保正常显示。

3.1.2.1.4 其他物品

a）会议中所须布置的其他物品，由客户提出具体需求，经确认后由会务人员组织实施。

b）需要采购的物品应提前3天采购，避免影响会议正常进行。

c）根据会议需要配备的相关物品，摆放时应充分考虑桌面美观，保持配列有序，整齐划一。

3.1.2.2 会议摆台类型

a）圆形（洽谈会、研讨会）。

b）椭圆形（接待会议、汇报会）。

c）回形式（汇报会、座谈会）。

d）课桌式（研讨培训会议）。

e）U形式（小型会议）。

f）剧院式（大型论坛、大型活动、新闻发布会、启动仪式、颁奖仪式）。

g）鱼骨形（分组/分项目的研讨或总结型会议）。

3.1.2.3 会场布置

3.1.2.3.1 现场布局

根据会议类型、规模确定会场布局。常规布局包括大型会议的课桌式布局、座谈会议的中空型布局、沙发座谈的U形式布局、圆桌会议式布局。

3.1.2.3.2 主席台

主席台位置应设置于会场正前方。在座椅摆放上，应考虑客人的舒适度，不应将座椅放置在两张桌子接缝中间，座椅距离桌布或桌腿不大于30 cm，避免桌腿影响客人就座。

3.1.2.3.3 讲台

讲台一般高度为1.2 m左右，适合身高超过170 cm的嘉宾，如需要可增加垫脚。

a）保持麦克风头与演讲人下颌距离30 cm；垂直距离地面1.5 m。

b）设有主席台：摆放在主席台右侧，与参会席成60°。

c）单独摆放（需要投影）：摆放在主席台右侧，与参会席成60°摆放。

d）无投影/投影安置两侧：摆放在主席台中央，与参会席成直角。

3.1.2.3.4 会场桌椅

会场桌椅应摆放整齐、平稳，两桌前后之间的距离不大于80 cm，座椅距离桌布或桌腿不大于20 cm。桌椅间距的确定应采用拉线的方式进行排列，具备条件的可采用激光红外测距仪定量定位与拉线辅助相结合的方式定位。

3.1.2.3.5 会议桌布

有桌布的会议桌，应将桌布铺设平整，桌布中线居于桌中，左右两边下垂长度相等，桌布四角应整理平齐，回折至桌沿，使用卡扣固定结实，避免脱落。

3.1.2.3.6 座次安排

座次安排应根据会议现场布局，确定会场布局形式。

3.1.2.3.7 签到台

需要签到台的会议，签到台应设置于会场入口醒目位置，以不妨碍与会客户通行为宜。

3.1.2.3.8 会议引导牌

需要引导牌的会议，引导牌应设置于会场主要通道、电梯口、会场入口等醒目位置，引导方向与信息应清晰明了。

3.1.2.4 设备设施布置

3.1.2.4.1 线路

a）所有线路应保持走线整齐、美观、确保安全。

b）穿过人行通道的，应做好安全固定，并设置线缆保护槽，防止线路磨损、缠结、绊脚。

3.1.2.4.2 音响设备

a）会议室两侧应对称摆放音箱，布局应综合考虑扩音效果和室内美观。

b）大型会议室可在面对主席台的位置上设置返听扬声器。

c）会议室应设置现场调音位置，调音台、功率放大器宜放置在现场调音位置。

3.1.2.4.3　视频设备

视频设备布置应兼顾到所有与会客人，设备连接线及端口应使用常规配件，确保与各类电脑均能适配、连接，视频连接后，画面显示正常。

3.1.2.4.4　网络设备

a）会议室应预留有线网络连接端口，并确保端口正常连接。

b）有条件的会议室可配备无线网络设备，并在设备间等工作区域公示账号及密码（遵循客户网络安全规定）。

c）上网设备调试应确保运行正常，根据情况及时升级软件系统，确保网络稳定性和兼容性。

3.1.2.4.5　其他设备

举办涉外会议时，应提前准备、调试同声传译等设备，确保会议正常召开。

3.1.2.5　设备设施调试

3.1.2.5.1　灯光

a）会议开始前应提前打开所有照明光源并逐个检查，根据会议需要调整至最佳状态。

b）如会议需要使用投影仪，应检查灯光对投影开关时的影响。

3.1.2.5.2　音响设备

a）会议开始2 h前应打开音箱，连接音响设备。

b）抖动连接线与移动底座，测试音箱与话筒连接是否正常，测试声音是否正常；逐个测试话筒音量，应以不同位置、最远距离并感觉音量适中为准。会前30 min和10 min分别再调试一次，确保会场音色正常，音量适中，无杂音、电流声干扰。

3.1.2.5.3　视频设备

a）提前检查用于投影的电脑是否兼容，不兼容时可尝试设置电脑分辨率或更换电脑。确保投影视频设备幕布无花屏、抖动、声响等影响投影效果的现象。

b）调试LED显示屏播放正常，使其达到最佳显示效果。

3.1.2.6 会场卫生环境

3.1.2.6.1 会议室

a） 地面应保持干净整洁，无纸屑、水迹等异物，墙角无积尘、残渣碎屑等。

b） 墙面、房顶、窗框、门框、墙面装饰物等无积尘、霉斑及蜘蛛网。

c） 窗户玻璃、金属饰面等表面洁净、明亮，无水渍、水迹、指印及张贴物。

d） 窗台、窗帘及设备设施整齐洁净，无灰尘、水迹、霉斑等。

3.1.2.6.2 电梯间

a） 电梯显示面板、轿厢内壁应保持光亮洁净、无指印、无油渍、无污渍。

b） 电梯轿厢地垫应保持干净整洁、完整无破损、摆放整齐、无水渍污渍。

3.1.2.6.3 公共卫生间

a） 地面无积水、无垃圾杂物，门口应放置防滑地垫。

b） 天花、玻璃窗无灰尘、无污渍、无蜘蛛网。

c） 脸盆、镜面、台面、隔板、把手无灰尘、无污渍。

d） 便池、蹲位无黄迹、无异味。

e） 隔板及墙面无乱涂写现象。

f） 卷纸、擦手纸盒无污迹、无灰尘，卷纸及时补充，将卷纸向下叠成“▽”形。

g） 垃圾篓的垃圾应不多于垃圾篓容量的2/3 。

h） 定期喷洒空气清新剂，确保香味持续散发。

3.1.2.6.4 绿植

绿植无黄叶、无灰尘、无异味、无虫害现象。

3.1.2.7 会议摆位

3.1.2.7.1 会议座位牌

a） 座位牌应选择统一样式和材质的卡纸座位牌或电子会议桌签。

b） 卡纸座位牌双面展示；座位牌纸宜选择白色或粉红色，文字颜色宜使用黑色，字体宜使用免费商用字体（或按客户要求执行），字体大小应与座位牌相适应，不应过大或过小。

c）在使用电子会议桌签过程中，避免用力按压屏幕；字体大小应与座位牌相适应，不应过大或过小；定期清理电子会议桌签的表面灰尘；在长时间不使用时，应关闭电子会议桌签以节省能源。

d）客人厅座位牌摆放以距离沙发扶手前缘5～6 cm为宜；报告厅或礼堂主席台上座位牌摆放以距离话筒右侧4～5 cm为宜；普通中空型会议室座位牌摆放以正对座椅居中位置、距会议桌上缘1 cm处为宜。

3.1.2.7.2　矿泉水

矿泉水应摆放在座位牌右侧，标识正对客户。

3.1.2.7.3　茶杯

茶杯应摆放在矿泉水右侧，放杯碟中间，杯柄朝右侧90°。

3.1.2.7.4　湿纸巾

湿纸巾应摆放在座位牌正下方。

3.1.2.7.5　纸

会议所需纸张应与会议文件叠放整齐，文件在上，纸张（3张A4纸）在下；无会议文件的，纸张摆放与会议文件摆放方式相同。

3.1.2.7.6　笔

会议用笔以铅笔、黑色中性笔为宜，使用统一样式和颜色的笔筒收纳会议用笔，桶中笔的种类、数量以不多于2种、5支为宜；没有配备笔筒的，会议用笔统一放于纸张对角线上，居中摆放，笔尖指向左上角。

3.1.2.7.7　麦克风

麦克风应摆放在座位牌左侧，所有麦克风摆放的高度应相同，并倾斜45°指向客户。

3.1.2.7.8　纸巾盒

纸巾盒应摆放在两名客人座位牌之间，居中，宜使用统一样式和颜色的纸巾盒存放纸巾，并将纸巾向内叠成“▽”形。

3.1.2.7.9　热毛巾

需要配备毛巾的会议，毛巾应提前用热水浸泡10 min，清洗拧干后折叠成长方形，并放入消毒柜消毒不少于30 min，临会前10 min取出放入统一的毛巾托盘上，开口朝向参会人员；桌面上的所有毛巾托盘摆放位置和方向应保持一致。

3.1.2.7.10 自助茶水服务

如有自助茶水服务，水壶两人一把或每人一把，依次排开，壶柄朝右，横竖排均在同一直线上，与茶杯对齐。

3.1.2.7.11 其他形式

会议摆台物资应根据实际需求增减，摆台标准遵循横纵成一条直线，以客户便捷、安全为前提。

3.1.2.8 迎宾服务

3.1.2.8.1 特殊、重要会议需要步行一段距离方能进入会场的，应配备引导人员。引导人员应位于客人侧左前方1.5 m，步伐不宜过快或过慢，根据客人步伐及时调整引导步伐。在引导过程中如遇客人与他人交谈，应走在客人前方约2 m的位置，实时回头确认客人是否跟上、有无其他需求。引领时，掌心向上，五指并拢，以肘关节为轴，前臂自然上抬伸直，上体稍向前倾，面带微笑，目光直视前方，并使用敬语“这边请”。

3.1.2.8.2 会议开始前，会务人员应侧身站立于会议室正门位置，迎接与会客人，大型会议应提前50 min，中型会议和小型会议提前30 min。

3.1.2.8.3 当与会客人到来时，会务人员应面带微笑，语气温和亲切，行15° 鞠躬礼，主动问候“您好”并使用标准引导手势引导客人进入会场。

3.1.2.8.4 会务人员应熟悉会议场所的空间布局，了解当日会议情况（地点、时间、名称、规模、主办 单位等），以便提供有针对性的引导服务。

3.1.2.8.5 会议正式开始且再无人员进入时，会务人员应及时关闭会议室门。会议期间与会客人进出会议室时，应主动为客人开关门，关门时应注意不让门碰到或夹住客人。

3.1.2.8.6 会务人员应时刻保持较高的警惕意识和安全意识，对进出会议室的人员要注意观察或询问，防止无关人员进入会议室，保证会议安全。

3.1.2.8.7 与会客人入场后，调整会议状态标识，避免周边人员影响会场秩序。

3.1.2.9 会中加茶

3.1.2.9.1 与会客人入场就座后，会务人员应进入会场进行茶水服务。斟茶时，应站立在与会客人右后方，探身请示后用右手小指和无名指夹起杯盖，大拇指、食指、中指握住杯把，将茶杯端起，左手握住保温壶，侧身略弯腰，将水倒入杯中，斟茶以七分满为宜。大型会议茶水服务夏季应提前30 min，冬季提前15 min。

3.1.2.9.2　续茶期间，不应将保温壶口正对与会客人，不应使茶具发出响声，确保茶水不外溅。续茶后盖好杯盖，将杯把转向与会客人右侧45° 放好，将杯盖留2 mm出气口。

3.1.2.9.3　会议过程中应及时观察用水情况，每隔20 min续水1次（重要会议可多人同时同步操作；如客人要求放置茶壶，则不应中途进入会场续茶），续水应根据会议情况、天气因素、与会客人需求等灵活调整。续水时，以先上级后下级、先客后主的顺序依次服务。

3.1.2.9.4　特殊情况应根据客人的饮茶速度，缩短或延长续茶间隔时间。当客人喝水时，应视如下四种情况续水：

a）水杯与下巴呈小于15°，不需要续水；

b）水杯与下巴呈15～30°，可稍缓续水；

c）水杯与下巴呈35～60°，尽快续水；

d）水杯与下巴呈60～90°，需要马上续水。

3.1.2.9.5　续茶服务结束后，会务人员应轻声退出会场，并关好会场大门，立于会场大门外随时待岗。

3.1.2.10　休会会场整理

3.1.2.10.1　休会后，会务人员应迅速进入会场，及时检查会场内是否存在安全隐患或设备设施故障。

3.1.2.10.2　应及时将使用过的纸巾、毛巾、消毒纸巾等撤下并补充，简单整理桌面茶杯、座位牌、垫碟、水壶等物品，保持桌面整洁、整齐。

3.1.2.10.3　在会间整理过程中，会务人员可对桌面会议文件和相关资料作简单规整。不应翻阅、记录任何桌面文件资料或会议笔记，不应随意挪动与会客人的私人物品。

3.1.2.10.4　会务人员在完成会场整理后，应立即撤出会议室，在门外站立并做好迎宾服务工作。

3.1.2.11 会后送宾服务

3.1.2.11.1 会议结束时，引导人员应及时打开会议室门，等候在会议室门口两侧，保持面部微笑，为与会客人离开会场做好引导工作。

3.1.2.11.2 会务人员应面带微笑、保持标准站立姿势，主动提醒与会客人带好随身物品。

3.1.2.12 会后会场整理

3.1.2.12.1 会议结束，所有与会客人离开会场后，会务人员应及时打开窗户通风，关闭电子屏、投影仪、话筒等音视频设备。

3.1.2.12.2 依次撤下会议使用过的饮水用具、卫生清洁用品等，并将可重复使用的器具及用品分类收纳整齐，送洗及消毒。

3.1.2.12.3 将桌面、座椅等部位擦拭干净，确保表面无灰尘、无水迹、无破损；擦拭完毕后按照标准摆放要求，将桌面及座椅等设施摆放整齐。

3.1.2.12.4 按照由内到外、由上到下的顺序擦拭墙面、窗台、门及门套。使用吸尘器或拖布对地面进行保洁处理，确保地面无灰尘、无水迹、无杂物。

3.1.2.12.5 会务人员应在30 min内清洁会场卫生，恢复会场。

3.1.2.12.6 关闭窗户，拉好窗帘并进行简单整理，确保窗帘平整；关闭剩余电器及设备设施，切断电源。

3.1.2.12.7 退至门口，环视现场进行再次检查，确认无异常情况后锁闭会议室门。

3.1.2.13 遗留物品处理

3.1.2.13.1 会议结束后，会务人员迅速进入会场仔细地检查会议室是否有遗留物品。

3.1.2.13.2 如发现有遗忘的物品，应妥善保管，不应随意翻动，应设法追送；追送不及时，速交会议主办单位并做好登记。

3.1.3 作业流程

3.1.3.1 来电接听

3.1.3.1.1 问候语

电话铃声响三声内接听。

a） 接听电话时应说：“您好！×××物业公司为您服务。”

b） 遇上节日要讲祝福语，如“新年好”等。

c） 语调轻松愉快，发音清楚，确保对方听清。

d） 询问来电者的目的，确定来电人的身份及要求，可说“请问怎么称呼您呢？有什么可以帮您的吗？”等。

3.1.3.1.2 应答

3.1.3.1.2.1 如来电找某人，应说“请稍等”，然后请某人接听或通过呼叫转移方式处理。

3.1.3.1.2.2 如来电所找的人不在或正在接听电话，应说：“对不起，他现在不在或正在接电话，有什么事可以帮您吗？”如为查询，应详细给予解答，对待来电者要耐心，言语要客气文明。

3.1.3.1.2.3 如是要求维修或送水等需要帮助的，应将事项记录清楚，并通知相关部门跟进：

a） 若来电者为故障报修时，应迅速记下来电者的姓名、地址（房号）、联系电话、维修项目及要求等。

b） 若来电者投诉，能即时处理的应给予客户肯定答案，如不能即时处理的应做好解释工作，告知我们将会采取措施处理并感谢对我们工作的支持，同时通知相关部门进行处理，并上报上级。如来电者投诉时不希望留下姓名和地址，要尊重来电者意向，并在记录中注明。

c） 聆听来电者电话过程中，不应长时间不出声，应适当地说：“好的/是的/嗯”以表明你在认真倾听。

3.1.3.1.3 收线

a） 收线前，再次复述或确认对方姓名、事由、时间和地点等事宜后，向来电者说：“感谢您的来电！再见！”

b）等来电者先挂下电话后再收线。

c）对相关的来电项目进行来电回访，对没有及时完成的项目进行协调及跟进，并对客户做好解释工作。

d）如有须跟进的项目，应在值班记录报表中做好记录，包括通知跟进事件具体人员、进展情况以及回访的结果等。

3.1.3.1.4 注意事项

a）通话中途若须与他人交谈，应向对方说：“对不起，请稍候。”然后用一只手捂着话筒，交谈完毕向对方说：“对不起，让您久等了。”

b）不应占用物业服务企业电话与人聊天，部门间的工作沟通电话应从速简洁。

c）不应对外部来电者透露客户的信息，包括所在房号、联系方式、职位等。

d）任何情况都不应向来电者发脾气、与来电者争吵、用过高的语调对来电者说话，也不应用力掷听筒。

3.1.3.2 来访接待

3.1.3.2.1 服务态度

微笑、热情、主动、礼貌、细心。

3.1.3.2.2 接待事项

a）来访人前来拜访客户，前台服务人员应主动打招呼，并问候说：“您好/上午好/下午好/新年好!”等。

b）询问来访人来意，“请问有什么可以帮您？”不应毫无反应或语气冷淡。手头有其他工作在忙时，见到客人来访应迅速放下手头工作，待接待完成后再进行处理，不能让来访人在一边等待。

c）确定来访人的目的及身份后与被访人进行电话核实，经同意后做好来访人登记，派发临时出入证给来访人。

d）如被访人否定有约，礼貌地告知来访人先与被访人预约好再来，同时请保安部协调跟进。

e）与来访人交谈时，要求统一使用规范文明用语，例如：请出示您的证件；某某正在通话中，请稍候；某某先生/女士，请您稍等。

f）指引来访人前往目的地，并告知其离开时将临时出入证交还前台。

g）必要时，应为来访人按好电梯或送来访人到被访人所在位置并说：“您慢走/再见。”如须准备茶水，立即返回茶水间准备，客户交谈时间较长时，每隔20 min应主动续水一次。

h）客人离开时应保持微笑道别。

3.1.3.2.3　注意事项

a）如来访人在前台发生争吵时，先进行安抚并马上报告上级及相关部门进行处理。

b）任何情况下不应将客户的信息及有关区域的信息透露给来访人；应注意来访人可能是推销人员或可疑人员，谨慎跟进并通知安保部门进行监控。

c）来访人说不清楚被访人信息的，应礼貌拒绝并请其先与被访人联系后再进入相关办公区域，并通知安保部门监控。

d）下班时对当天来访情况进行统计，对暂未离开的来访人进行跟进。

3.1.3.3　客户投诉处理

3.1.3.3.1　处理原则

客服人员应以维护物业服务企业形象为原则，以尊重客户、理解客户为前提处理各项咨询、建议与投诉。

3.1.3.3.2　投诉处理

a）客户服务中心接待人员接到客户投诉后，应首先向客户表示歉意，并将客户投诉的详细情况记录在“客户投诉/建议处理登记表”上。

b）如不能即时处理的应做好解释工作，告知我们将会采取措施处理并感谢对我们工作的支持，同时在15 min内将相关投诉信息通知相关部门进行处理，并上报上级及相关部门。

c）相关部门在处理完投诉后，将处理结果汇报客户服务中心，由客户服务中心主管安排回访。

d）回访客户评价为“满意”的，投诉处理流程结束；回访客户评价为“不满意”的，客户服务中心将信息反馈给相关部门进行二次处理。

e）投诉应分级、分类：一般投诉12小时内完成处理；较大投诉、重大（群体）投诉24小时内拟定口径并及时反馈处理措施；处理措施落实时间在48小时以上的可申请挂起，并主动与客户进行沟通，确保问题状态处理。

f）每月进行客户投诉记录统计、分析，包括投诉响应及时率、处理及时率、有效投诉处理满意率、投诉工单完成率及有效投诉数量。

3.1.3.3.3 注意事项

a）在记录客户投诉时，应确保投诉内容的真实性、准确性、完整性与规范性，同时应保护投诉人的信息隐私，不得将投诉人的任何个人信息泄露给未经授权的第三方。

b）客户投诉信息记录表、改进措施、整改效果或图片、电话记录或音频等应完整保存。

3.1.3.4 泡茶工序

3.1.3.4.1 黑茶

冲泡黑茶时，宜用100 ℃的沸水冲泡，熟茶20 s左右即可出汤，生茶10～15 s左右出汤；可持续冲泡10～15次，直到汤味变淡为止。

3.1.3.4.2 红茶

冲泡红茶时，宜用85 ℃左右的开水冲泡，3～5 s即可出汤；可持续冲泡8～10次。

3.1.3.4.3 绿茶

冲泡绿茶时，宜用85 ℃左右的开水冲泡，5 s左右即可出汤；可持续冲泡3～5次，也可将茶叶直接放入杯中浸泡。

3.1.3.4.4 白茶

冲泡白茶时，宜用90 ℃左右的开水冲泡；冲茶浸润。新白茶10 s出汤，老白茶15 s出汤；可持续冲泡7～8次。

3.1.3.4.5 乌龙茶

冲泡乌龙茶时，宜用100 ℃的开水冲泡，5～10 s出汤；可持续冲泡7～8次。

3.1.3.4.6 黄茶

冲泡黄茶时，宜用90 ℃的开水冲泡，15 s出汤；可持续冲泡5～6次。

3.1.3.5　会务用品清洗消毒整理

3.1.3.5.1　准备

准备好清洁用具。

3.1.3.5.2　冲洗

倒掉杯中残留物，进行冲洗。

3.1.3.5.3　清洗

a）加入洗涤剂，用杯刷去除残渣和污垢。

b）将冲洗干净的杯具进行第一次清洗。

c）逐个清洗两遍。

3.1.3.5.4　擦干

擦干杯中残留水渍。

3.1.3.5.5　消毒

将清洗沥干的杯具放入柜内网格上，杯口朝下，杯盖竖立排列放置。插上电源，按下键钮，指示灯亮，20 min内达到消毒的温度后指示灯会自动熄灭。

3.2 保洁服务

3.2.1 室内保洁

3.2.1.1 大堂

a）地面：地面无积尘、无污水痕迹、无污迹、光泽明亮、见本色，地面保养良好，斜视无明显痕迹。

b）墙面、地角线：无积尘、无污渍、无蜘蛛网。

c）通风口：无污迹、无积水、无蜘蛛网。

d）天花、天花灯具：无积尘、无污痕、无蜘蛛网。

e）门、窗：门、门扉无积尘、无污迹、无痕迹、无手印，玻璃明亮，窗台无积尘、无痕迹。

f）沙发、茶几、桌椅、台面：沙发扶手、支架、茶几台面等无灰尘、无污迹、无手印，台面无留滞杂物。

g）设施及装饰物：指示牌、公告牌、信报箱、玻璃、镜面、闸阀门把手、防火门、开关、电视机、花瓶、台灯、门禁、电线盒等表面无积尘、污渍、杂物，消防设施无积尘、无污迹。

3.2.1.2 公共通道及楼梯

a）地面无污迹呈本色，拖地后地面无明显水迹；无积尘、胶迹、烟头，无污迹、垃圾。

b）墙面、墙角线、边角无明显灰尘、无霉印、无污迹。

c）照明灯开关、消防管道、扶手、护栏、排风口无积尘、无污迹。

d）墙角、天花无明显蜘蛛网，阳台洁净。

e）玻璃无明显灰尘、水印、胶迹，洁净、光亮。

f）防火门、电梯门无积尘、无污迹、无手印。

g）设备、设施上无乱涂乱画、乱张贴。

h）楼层垃圾桶表面无污渍、无异味、无垃圾水溢出。

i）通道内无异味，空气清新，楼梯、走道无堆放杂物及占用现象。

3.2.1.3 电梯轿厢

a）电梯门按钮与指示灯无手印、无积尘、无污迹，门框无污迹，电梯沟槽无积尘、无泥沙、无小杂物。

b）目视无烟头、痰迹、灰尘，轿厢大理石壁及不锈钢无手印，手抹四壁无灰尘，斜视无明显痕迹。

c）不锈钢上油适可，玻璃抹净，标识牌无尘、无异味。

d）地面无积尘、无垃圾、无污迹、见本色。

e）天花、灯罩无积尘、无污迹、无蜘蛛网。

f）电梯门无手印、无积尘、无污迹。

g）垃圾桶洁净、无异味、无污渍、无痰渍、无烟灰。

h）电梯轿厢内香薰保持香味持续散发。

3.2.1.4 会议室、礼堂、活动室

a）地面、地毯无积尘、杂物、污迹，保持洁净。

b）玻璃无明显灰尘、水印、胶迹，洁净、光亮。

c）家私、桌椅、设施整体洁净显原色，无污渍、无灰尘。

3.2.1.5 办公场所

a）确保地面光洁、明亮、无污渍、无积尘。

b）室内间隔玻璃及框架，保持玻璃光亮，无手印，无污渍。

c）按时清理垃圾，确保无垃圾堆积，垃圾篓的垃圾应不多于垃圾篓容量的2/3，且日产日清。

d）办公桌、椅、文件柜、沙发、电话、电脑等确保洁净、无污渍、无灰

尘、无水印。

3.2.1.6 档案室

a）应经常保持库房内外清洁，做到库内温度、湿度符合标准，保持库房内恒定温湿度。

b）库房内不能随意用水拖地，以防止增加库房内湿度。

c）库房内档案、资料应经常去灰扫尘保持清洁，防止档案被害虫寄生。

d）库房内应备放灭鼠药，档案柜（架）上经常放置防虫药。

3.2.1.7 信息通信机房

a）机柜柜体内外清洁无尘，柜内外不允许放置任何杂物。

b）IT 设备表面及进出风口处无可见灰尘。

c）UPS 表面及进出风口无明显灰尘。

d）气体灭火柜及钢瓶表面无明显灰尘，柜内外无杂物放置。

e）蓄电池柜（架）表面无明显灰尘，可使用绝缘性好的鸡毛掸子或风机进行清理。

3.2.1.8 工器具房

a）库房地面、路面打扫干净，确保库房做到无污渍、污染、灰尘、垃圾等。

b）保持库房干净清爽、无异味、无液体渗漏。

c）保持货架、周转箱内无杂物、无灰尘、无卫生死角、物资分类存放。

3.2.1.9 公共卫生间

a）地面无积水、无垃圾杂物，门口放置防滑地垫。

b）天花、玻璃窗无灰尘、无污渍、无蜘蛛网。

c）脸盆、镜面、台面、隔板、把手无灰尘、无污渍。

d）便池、蹲位无黄迹、无异味。

e）隔板及墙面无乱涂写现象。

f）卷纸、擦手纸盒无污迹、无灰尘，卷纸及时补充。

g） 垃圾篓的垃圾应不多于垃圾篓容量的2/3，且日产日清。

h） 淋浴间包括墙壁、淋浴头、水龙头等无水垢、污渍，玻璃门和隔断使其保持洁净和透明。

i） 洗发水、沐浴露等洗浴用品及时补充。

j） 卷纸向下叠成“▽”形，擦手纸向下拉出约5cm。

k） 定期喷洒空气清新剂，保持香味持续散发。

3.2.1.10 地下停车场

a） 各类灯具、管道上无积尘、蜘蛛网。

b） 墙面上无灰尘、无霉印，无乱张贴的情况。

c） 排水沟内无淤泥、杂物，排水畅通。

d） 污水井、集水井内无垃圾、污水无溢满、无异味、无蚊虫。

e） 人防门、消防设施，行驶限速标示牌、车位线等标识无积尘、污渍。

3.2.2 室外保洁

3.2.2.1 天台

a） 排水沟内无淤泥、无杂物、无积水，排水口畅通，无堵塞。

b） 地面无青苔、无杂草、无垃圾、无杂物堆放。

c） 墙面无污渍、刮痕、划痕。

d） 管线排列整齐，没有乱拉线现象。

e） 隔热层没有破损现象。

3.2.2.2 外围广场

a） 主干道、人行道：保持清洁干净，无垃圾，无残枝落叶，无动物排泄物，无明显积水和污迹。

b） 绿化带：无大面积落叶，无杂物。

c） 花池、花坛：无烟头、纸屑等杂物，周边瓷砖表面无积尘、无污渍。

d）水池、水景：保持水质清澈，无漂浮物，底部无泥沙、无沉淀物，池边无污渍。

e）排水沟：干净无污迹、青苔，无隔日垃圾、杂物、杂草、烟头（不多于5个），排水通畅无堵塞，无积水、臭味。

f）地下管井：盖板无污渍，管道口无垃圾、无堵塞，排水通畅，管道内壁无黏附物，井底无沉淀物。

g）遮雨玻璃雨棚：玻璃明亮、无灰尘、无污迹、无垃圾、无蜘蛛网。

h）外围各类附属物：宣传栏、告示牌、标识牌无明显灰尘；灯罩、指示灯、灯柱目视无污渍、无杂物、无死虫、无乱张贴，灯罩明亮。

3.2.2.3 运动场馆

a）地面无积尘、无污渍、无积水。

b）定期清洗和消毒运动设备和器材，如球类、器械等。

c）通风设备、空调过滤网保持洁净；无积尘，确保室内空气清新。

3.2.3 专项保洁

3.2.3.1 外墙清洗

a）外墙、玻璃表面清洁明亮，无明显污渍；无乱涂写、乱张贴。

b）金属幕墙无明显污垢，有金属光泽，表面无积尘及附着物。

c）涂料墙面无明显污垢，色泽均匀，表面无积尘及附着物。

d）高空外墙清洁服务应符合SB/T 10737的要求。

3.2.3.2 化粪池清掏

化粪池清掏后无漂浮物、无沉积物、无污迹残留、水质清澈。

3.2.3.3 油烟管道清洗

a）经过彻底清洁后，烟罩与烟道的90%以上区域能够清晰看到原有的内壁铁皮颜色，且无明显块状干涸油污残留。

b） 烟罩表面清洗，做到表面无油污，光亮整洁。内部清洁干净度达90%以上。

c） 在对风机叶轮和电机进行表面处理时，应确保两者表面90%以上的区域能够清晰展露出底漆层，电机底部无积留的、已沉淀的油污。

3.2.3.4　隔油池清掏/油水分离器

确保池内无明显悬浮物、无气味、流水畅顺。

3.2.3.5　垃圾清运

a） 垃圾中转站地面无杂物、积水、污垢、异味，排水沟无堵塞。

b） 垃圾房无杂物堆放，定期冲洗、消毒，保持阴凉、通风。

c） 垃圾桶摆放整齐，桶身无污渍、无污垢。

d） 垃圾分类，日产日清。

3.2.4　材质地保洁

3.2.4.1　大理石、花岗岩、水磨石、瓷砖

a） 表面洁净明亮、见本色，无划痕现象，接缝四周无污垢。

b） 材质地没有破损现象。

3.2.4.2　木制地板

表面光亮、呈原色，四周边角无积灰、无污渍、无划痕。

3.2.4.3　地毯、塑胶地垫

a） 色泽均一、无褪色、无毛边、柔软、纤维成同一方向。

b） 表面平整、无污渍、无胶迹、无烫伤、无板结。

3.2.4.4　不锈钢、铝合金、铜制品

a）表面洁净明亮、无斑点、无擦痕、无污迹、无水迹。

b）亚光不锈钢在电梯门1 m处能清晰见影。

c）镜面不锈钢在电梯门5 m处能清晰见影。

3.2.4.5　皮质家具

表面光洁，无污迹、无手印、无异味；手摸表面不沾手、不油腻；皮革纹路清晰。

3.2.5　作业流程

3.2.5.1　地面保洁

3.2.5.1.1　工具准备

水桶、拖把、棕色毛巾、全能水、尘推、“小心地滑”提示牌。

3.2.5.1.2　工作流程

a）在保洁区域摆放“小心地滑”提示牌。

b）洗毛巾：盛装不低于2/3桶净水，加入20 mL全能水。

c）将毛巾拧干后包裹尘推，进行推地保洁。

d）受影响的墙边踢脚线用毛巾抹净。

e）最后将棕色毛巾包裹着垃圾收走。

3.2.5.1.3　注意事项

a）水桶要摆放在适当位置，不能放在路中间、门口等以免影响客人。

b）与客户相遇时，应主动避让客户，并与客户礼貌点头微笑问好，如“早上好”“您好”“下午好”。

c）保洁地面时，要抓在拖把杆的底部，避免尘推杆碰撞客户。

3.2.5.2　办公场所保洁

3.2.5.2.1　工具准备

工具篮、吸尘器、毛巾、尘推、消毒水喷雾瓶、全能水喷雾瓶、“小心地滑”“工作进行中”提示牌。

3.2.5.2.2　工作流程

a）从无人办公区域开始，按照从内到外、从左到右的顺序进行。

b）每天客户下班后保洁室内卫生（“零”打扰）；生产区域每日上、下午客户上班前各保洁1次（可视情况确定保洁时间）。

c）用干净的湿毛巾配合使用专用保洁剂，依次擦拭电话、电脑（不包括屏幕）、笔筒文件管、文件柜等办公物品，以及桌面、键盘底座、屏风边线和座椅脚轮，保洁后原位摆放整齐。

d）对保洁有特别需求的，按照个性需求操作。

e）确保台面干净、整洁，清理办公区域盆景植物的黄叶，用半干毛巾擦干净叶面、花盆，确保盆景植物无黄叶、无积尘，花盆无污渍，盆垫无积水、无溢出。

f）在作业区明显位置放置“小心地滑”“工作进行中”提示牌。

g）清洁办公卡位地面明显垃圾和污渍，然后用拖布保洁，确保地面无污渍、无垃圾、无水迹。

h）清理垃圾桶内垃圾，更换垃圾袋，擦拭垃圾桶，确保垃圾桶表面干净、整洁。

3.2.5.2.3　注意事项

a）在保洁时切勿大声说话，接听电话时，请迅速且礼貌地离开工作区域，前往货梯处或其他非工作区域接听。

b）完成工位保洁后，将移动过的垃圾桶、椅子及其他物品摆放回原位。

c）不应翻阅客户文件，未得到客户同意，不应将任何物品带离办公室。

3.2.5.3　电梯保洁

3.2.5.3.1　工具准备

吸尘器、毛巾（蓝色、棕色、镜布）、全能水。

3.2.5.3.2 工作流程

a）根据工作计划，提前向工程人员申请控梯。

b）对保洁中的电梯进行围蔽，避免客户误入电梯内。

c）使用吸尘器对电梯吸尘（吸尘应错开电梯使用高峰时间）。

d）使用蓝色毛巾轻轻擦拭电梯按键（毛巾上均匀喷洒按1：150的比例稀释好的全能水）。

e）使用半干湿拖布按照从内向外的顺序将电梯轿厢地面拖干净，对于遇到的顽固污渍，应配合使用专用的保洁剂进行重点清洁。

f）用湿抹布擦拭门轨，并清理轨道内的杂物。

g）若电梯轿厢内铺设有地垫，应先将地垫轻柔地卷起，随后移至室外宽敞处进行拍打，以彻底清除附着的灰尘和杂物。完成清洁后，再将地垫归位至电梯轿厢内原处。

h）检查电梯内的香薰装置运行状态，确保其正常运作并持续散发出宜人的香味。

3.2.5.3.3 注意事项

a）未得到工程人员控梯情况下，不应使用工具强行支撑或阻挡电梯门进行保洁工作。

b）不应在电梯上使用酸性药水进行清洁或维护。

c）在开始保洁工作之前，应仔细检查所使用的抹布是否含有杂质或硬物，以防止在清洁过程中可能对电梯表面造成刮擦或损伤。

3.2.5.4 公共卫生间保洁

3.2.5.4.1 工具准备

胶手套、马桶刷、毛巾（绿色、蓝色、镜布、棕色各1条）、玻璃刮、拖把、水桶、小垃圾袋、中垃圾袋、消毒水喷壶、全能水喷壶、“小心地滑”“工作进行中”提示牌。

3.2.5.4.2 工作流程

a）轻声敲门礼貌询问：“您好，现在进行卫生间清洁，请问方便吗？”

b）作业前应在门口放置“工作进行中”提示牌。

c）检查公共卫生间内设施情况及卫生情况。

d）将消毒水喷在棕色毛巾上，对马桶边沿进行清洁及消毒。

e）将消毒水喷在蓝色毛巾上，对厕格设施进行清洁及消毒。

f）更换厕格垃圾桶胶袋。

g）将消毒水喷在棕色毛巾上，对小便器边沿进行清洁及消毒。

h）将清水喷在蓝色毛巾上，对小便器感应器进行清洁。

i）使用玻璃刮对洗手台积水进行清理，使用镜布对水龙头、镜面头上水渍进行清洁。

j）补充大卷纸、擦手纸、便洁套、洗手液，更换小便器香块等易耗品。

k）更换擦手纸垃圾桶的垃圾袋。

l）摆放好“小心地滑”提示牌，使用海绵拖把清洁地面。

m）检查公共卫生间香薰设备运行情况，确保正常散发出香味。

n）更新公共卫生间消毒记录、保洁记录。

3.2.5.4.3 注意事项

a）擦手纸拉出5 cm，卷纸更换完成后，向下叠成“▽”形，方便客户使用。

b）保洁时应检查设备完好情况，如发现便器、水龙头滴水等故障及时通知工程人员维修。

c）公共卫生间金属设备、石材等不应使用酸性保洁剂。

d）拖地时检查地拖是否存在异味，避免地面完成保洁后残留异味。

3.2.5.5 玻璃保洁

3.2.5.5.1 工具准备

玻璃刮、伸缩杆、涂水器、水桶、三色毛巾、刀片、玻璃保洁剂、“小心地滑”提示牌。

3.2.5.5.2 工作流程

a）在保洁区域放置“小心地滑”提示牌。

b）检查污渍情况，根据污渍程度按1：30～1：40稀释玻璃保洁剂。

c）将棕色毛巾铺在地面上作为成品保护。

d）清洗涂水器并拧干至微湿润。

e）用涂水器从上往下涂抹玻璃，污渍多的地方多涂抹几次，高处使用伸缩杆。

f）用玻璃刮从上往下刮去玻璃上的水分，当玻璃的位置与地面较接近时，可以将玻璃刮转为横向移动，每刮一下用毛巾擦去玻璃刮上的水分。

g）用镜布抹去玻璃框上的水珠。

h）用棕色毛巾将地面上的污水清理干净。

3.2.5.5.3 注意事项

a）操作前应检查玻璃是否有松动、破损。

b）使用梯子清洁高位玻璃时应2人协助操作，一人操作一人扶梯，佩戴安全帽，注意安全。

c）使用刀片清理玻璃时，刀片与玻璃表面保持45°的倾斜角度，切勿用刀片的刀尖刮除玻璃上的污渍，避免划花玻璃表面。

d）在刮玻璃的过程中，无论是开始刮除（落刀）还是结束刮除（收刀），都应确保操作在玻璃的边缘进行，避免在玻璃表面留下不必要的划痕或损伤。

e）不应在未涂抹清洁水的玻璃上使用玻璃刮进行刮动操作，防止刮伤玻璃表面或造成不必要的损害。

f）操作过程中如玻璃下方是地毯、木质地板、大理石地面时，应先在下方铺设毛巾，避免对物品造成污染。

g）在使用伸缩杆进行作业时，务必时刻留意身后的行人动态，确保安全距离，以防止发生意外碰撞或安全事故。

3.2.5.6 不锈钢保洁

3.2.5.6.1 工具准备

无绒毛布、清水、洁而亮、“工作进行中”提示牌、涂水器、水刮。

3.2.5.6.2 工作流程

a）在保洁影响区域放置“工作进行中”提示牌。

b）在地面铺设棕色毛巾，防止污水流出。

c）用干毛巾清洁不锈钢表面的灰尘。

d）将洁而亮剂到灰色毛巾上，添加少量清水至微湿润，搓揉毛巾。

e）将灰色毛巾套在涂水器上，对不锈钢进行清洁。

f）使用涂水器对电梯边框、外梯门进行涂湿。

g）宜使用玻璃刮清理不锈钢表面上的水渍，注意在使用前检查好工具是否有损坏，避免刮花设施。

h）将白色镜布套在涂水器上，对不锈钢表面水印、毛巾纤维进行清理。

i）使用棕色毛巾清理地面积水，做最后保洁收尾。

3.2.5.6.3 注意事项

a）在清洁不锈钢表面时，应避免直接将保洁剂喷洒或涂抹在不锈钢面上，以防止可能引起的腐蚀或损害。

b）在使用清洁工具之前，应仔细检查其是否存在损坏或缺陷，以确保在使用过程中不会意外刮花或损坏被清洁的设施。

3.2.5.7 石材清洗

3.2.5.7.1 工具准备

多功能刷地机、吸水机、尘推、棉拖把、告示牌、礼宾栏、水桶、刀片、红垫、电缆线、成品保护设施、化油剂、漂白水、全能水、“小心地滑”提示牌。

3.2.5.7.2 工作流程

a）在石材清洗区域放置“小心地滑”提示牌。

b）用尘推将地面灰尘清洁干净。

c）将中性保洁剂勾兑后（1：50比例）倒入多功能刷地机水箱。

d）开动机器对石材进行清洗。

e）清洗的同时用吸水机吸净地面上的污水及沙粒状灰尘。

f）如有不易清除的污渍，在污渍表面撒上去污粉，用机器进行刷洗。

g）清洗作业完成后，应仔细检查地面是否残留有沙粒状灰尘或其他杂质，如有必要，应使用清水对地面进行再次冲洗，确保彻底清洁。随后，利用吸水机将地面上的污水彻底吸干净，恢复地面的干燥与清洁。

h）机器洗不到位的边角应人工处理。

i）清洗完毕后，用干净的棉拖把将地面拖干。

3.2.5.7.3　注意事项

a）工作开始前，应检查设备线路是否完好。

b）做好自身工作防护，穿好防滑水鞋等。

c）使用成品保护设施对项目设备进行保护，避免刮花、损坏。

d）在进行石材清洗工作前，应妥善围蔽好工作区域，并礼貌地提醒客户：“非常抱歉给您带来不便，请您暂时不要进入石材清洗作业区，此区域地面可能湿滑，请注意安全。”

3.2.5.8　石材养护

3.2.5.8.1　工具准备

a）多功能刷地机或晶面处理机、吸尘机。

b）晶面剂、干尘推、水桶、刀片、钢丝棉、喷壶、电缆线、“小心地滑”提示牌。

3.2.5.8.2　碾磨

a）在石材养护区域放置“小心地滑”提示牌。

b）对作业区域地面进行彻底清洗并吸干水分，围蔽晾干。

c）可直接将晶粉撒在地上或将晶粉装入喷壶用水勾兑后均匀地喷洒在地面上（每平方米使用晶粉3～4 g）。

d）每喷洒一次不超于2 ㎡（喷洒面积过大，晶面浆会变干，影响护理效果）。

e）用晶面机配置钢丝棉进行碾磨，直到晶面浆变干（平均每㎡应碾磨4～5 min）。

3.2.5.8.3　晶面浆（K2、K3）

a）直接将K2、K3装入喷壶内，用喷壶将K2、K3均匀地喷洒在地面上（喷壶与地面保持30 cm进行喷洒）。

b）每喷洒一次不超于2 ㎡（喷洒面积过大，K2会变干，影响护理效果）。

c）先喷K2用晶面机配置钢丝棉进行碾磨，直到晶面浆变干，再喷K3用晶面机进行碾磨，直到变干（平均每㎡应碾磨4～5 min）。

d）墙角、柱边可用手磨机按以上作业方式进行处理。

e）用毛巾把周围墙面、柱面因碾磨时溅于上面的污脏擦拭干净。

3.2.5.8.4　清洁

晶面养护完成后，使用干尘推清理养护区域内的积尘。

3.2.5.8.5　注意事项

a）工作开始前，检查设备线路是否完好。

b）做好自身工作防护，佩戴好口罩等。

c）使用成品保护设施对项目设备设施进行保护，避免刮花、损坏。

d）在进行石材养护工作前，应妥善围蔽好工作区域，并礼貌地提醒客户："非常抱歉给您带来不便，请您暂时不要进入石材养护作业区，此区域地面可能湿滑，请注意安全。"

3.2.5.9　木地板保洁

3.2.5.9.1　工具准备

尘推、毛巾、棉拖把、软毛刷、水桶、保洁剂、全能水、"小心地滑"提示牌。

3.2.5.9.2　局部去污

a）将中性的万能保洁剂喷洒在局部污渍上。

b）使用干净的软毛刷或棉拖把清除地板上的局部污渍。

3.2.5.9.3　保洁

a）除尘：用尘推进行推尘，或用毛巾擦拭。

b）用棉拖把搓洗：将棉拖把放入中性保洁剂水溶液（1∶50比例）拧干后对地板搓洗；棉拖把每搓洗10～15㎡，应在保洁剂水溶液中清洗1次，重复以上环节，直至木地板全部干净。

c）将水桶中的保洁剂水溶液改用清水，并重复以上环节。

d）保洁完后，应打开窗户或空调将地板吹干，防止潮变。

3.2.5.9.4　注意事项

a）"小心地滑"提示牌应随着保洁区域改变，变更摆放位置。

b）不应直接将保洁剂施用于木地板表面。使用前应先了解保洁剂的适用材质，并确保按照正确的使用方法和稀释比例进行操作，避免对木地板造成损坏。

3.2.5.10 地毯清洗

3.2.5.10.1 工具准备

多功能擦地机、吸水机、吸尘器、吹风机、水桶、电缆线、保洁剂（地毯保洁剂、除油保洁剂、地毯去渍剂、化泡剂）、“小心地滑”提示牌。

3.2.5.10.2 工作流程

a）在工作区域放置“小心地滑”提示牌。

b）先用吸尘器全面吸尘。

c）用保洁剂清除局部明显的污渍（水溶性、油溶性、胶渍类污垢）。

d）勾兑好低泡地毯保洁剂（按1：10比例，根据地毯受污程度调整比例）倒入单擦机水箱。

e）插上单擦机电源线，将机器把手放置与腰同高，两手用力均匀，打开保险按下电钮开关。

f）开始清洗（左手将单擦机把手向上提，右手向下压，机器就向右转动，反之向左转动）。

g）清洗顺序按从左至右、从内至外进行，清洗时始终保持电源线在身后。

h）每洗第2行的时候，机器的转盘应重复上一行的1/3，防止漏洗。

i）清洗与吸水机同步进行，相互保持1.5 m距离。

3.2.5.10.3 注意事项

a）工作开始前，应检查设备线路是否完好。

b）“小心地滑”提示牌随着保洁区域改变，变更摆放位置。

c）不应直接将保洁剂倾倒或喷洒在地毯上。应选择适合地毯材质的专用清洁剂，并按照说明正确使用，确保地毯的清洁与保护，防止地毯脱色或受损。

d）如有客户须经过清洗区域，应迅速停止工作，并礼貌提示客户“请慢行，小心地滑”。

3.2.5.11 皮革沙发保养

3.2.5.11.1 工具准备

毛巾、除尘掸、海绵、碧丽珠、皮革保洁剂等。

3.2.5.11.2　工作流程

a）用除尘掸清除表面、缝隙的灰尘。

b）用海绵沾上皮革保洁剂擦拭表面的污渍。

c）然后用清水清洗干净的毛巾洗净污渍和残留的保洁剂，再用干净的布擦干。

d）喷上碧丽珠，用干毛巾擦拭均匀。

3.2.5.11.3　注意事项

a）检查除尘掸是否有破损，避免损伤沙发表面。

b）皮质家具应定期保洁真皮表面，保持真皮毛孔干净，不被灰尘阻塞。

c）在使用皮革保洁剂和保养剂时，为确保安全，在正式抹擦前可先在不显眼的角落试用，确定不会伤害皮质后再整体擦拭。

d）在清洗皮质家具时，应避免直接用水擦拭，因为水可能会渗透到皮革内部，导致变形、褪色或损坏。宜采用专业的皮革清洁剂或按产品说明推荐的清洁方法来进行保养和清洁。

e）如发现洞孔、烫伤、撕毁现象，不要擅自修补，应请专业人员进行处理。

3.2.5.12　运动场馆保洁

3.2.5.12.1　工具准备

尘推、毛巾、全能水、吸尘器、垃圾袋、水桶、消毒水、玻璃刮、伸缩杆、铝梯、安全帽。

3.2.5.12.2　地面保洁

a）使用吸尘器清理地板上的灰尘、细小杂物和积尘。

b）使用尘推、全能水拖洗地面。

3.2.5.12.3　玻璃保洁

a）使用玻璃刮、毛巾保洁窗户和玻璃表面。

b）使用适当的保洁剂擦拭至干净。

3.2.5.12.4　设施保洁

将消毒水喷洒在毛巾上，对运动场馆设施进行保洁消毒。

3.2.5.12.5　注意事项

a）在进行涉及爬梯清洁的高处作业时，应确保至少两人协同作业，其中一人负责操作清洁工作，另一人则负责稳定扶梯并监控安全情况。同时，两名作业人员均应佩戴安全帽，并时刻保持高度警惕，确保作业过程的安全。

b）在开始工作之前，应仔细检查所有使用的工具是否存在损坏或缺陷，防止在作业过程中因工具问题而意外刮花或损坏运动场馆的设施。

3.2.5.13 景观水池保洁

3.2.5.13.1 工具准备

打捞网、毛巾、水桶、水鞋、地刷、水管、吸污机、中性保洁剂、水质调节剂、消毒剂。

3.2.5.13.2 工作流程

a）打捞水池漂浮物（烟头、纸片、落叶）。

b）清扫水池的沟渠。

c）擦拭标识牌、喷水管等设施。

d）对水池底部进行吸污处理（吸出底部的泥沙及沉淀物）。

e）冲洗水池周边地面。

f）水池水排尽。

g）用地刷、中性保洁剂对水池四壁及底部进行刷洗。

h）刷洗干净后，用水管将保洁溶液冲洗干净。

i）通知工程人员注水。

3.2.5.13.3 注意事项

a）在进行清洗工作之前，应确保已经关闭了与水源和水池相关的所有电源装置，防止因意外触电而造成的安全隐患。

b）应根据水池的污染程度和材质选择适当的清洗剂。

c）应根据水质情况，调整PH平衡，添加水质调节剂和消毒剂等。

d）清洗过程中，检查水池的管道、阀门、泵和其他设备是否有损坏，如有要及时通知工程人员跟进。

3.2.5.14 外墙清洗

3.2.5.14.1 工具准备与前期准备

a）规划与许可：提前至少1个月，制定详尽的外墙清洗计划，并依据该计划向项目安全监管部门提交申请，办理高处作业许可证。

b）人员资质审核：全面收集外墙清洗供应商派驻人员的派驻人员花名册，并逐一核对其中华人民共和国特种作业操作证（高处作业证）、外墙清洗资格证、身份证及高空绳检验报告等关键证件，确保所有参与人员均具备合法资质和安全保障。

c）报备与审批：将清洗计划、外墙清洗供应商的相关证件、派驻人员花名册及中华人民共和国特种作业操作证（高处作业证）等资料整理齐全，提前提交给项目所属街道安监部门进行报备和审批，确保作业过程符合地方安全监管要求。

d）安全培训：在清洗作业前1周，组织所有已列入花名册的高空作业人员进行专项安全培训。培训内容应涵盖项目管理规定、工作具体要求、成品保护标准、工作计划执行细节及应急处理措施等，确保每名作业人员都明确自身职责和安全规范。

e）工具与物料验收：清洗作业前1天，安排专人验收外墙清洗供应商提供的清洗工具和物料。重点检查化学清洗剂的质检报告、生产许可证、产品名称、执行标准、生产日期、质保期，以及详细的使用方法和安全注意事项等，确保所有工具和物料均符合安全标准和项目要求。

3.2.5.14.2 工作流程

a）每天工作开始前，配合安全监管部门对当天清洗区域进行围蔽工作，并对项目设施、外围绿化做好成品保护工作。

b）联系工程人员做好外墙清洗的接水、接电等准备工作。

c）与当天清洗人员开安全交底会，说明安全要求，并形成记录。

d）外墙清洗供应商应在天面、地面安排安全员对清洗现场进行监督、管控、协调工作。

e）清洗过程中，安全监管部门、保洁部门对质量、安全、物品保护、设备管理等进行全程跟踪管控，清洁过程中出现安全隐患，应立即要求外墙清洗供应商停止作业，消除隐患。

f）清洗结束后，保洁部门负责人对清洗质量进行验收，填写外墙清洗验收单。

g）如发现未达到清洗质量要求的区域，要求供应商返工清洗直到合格为止。

3.2.5.14.3　注意事项

a）在正式进行清洗作业之前，安全监管部门与保洁部门应联合进行详尽检查，重点确认供应商提供的高空绳与安全绳是否已牢固绑紧，并检查吊绳与栋梁边沿的接触点是否已妥善垫护以防止磨损。清洗作业过程中，双方应持续监控现场安全状况，一旦发现任何安全隐患，应立即采取措施停止作业并迅速消除隐患。当天清洗工作完成后，应再次重点复查绳索绑紧状态，并确保现场污水、废弃物等得到彻底清理，以维护作业环境的安全与整洁。。

b）若遇有重大活动安排或不利天气条件可能影响作业安全及效率，应明确要求外墙清洗供应商立即停止当前作业，并根据实际情况调整清洗作业计划。

c）在作业过程中，一旦发生设备或设施损坏的事故，应立即保护现场，随后上报给项目负责人，等待进一步指示。对于造成的损坏，应由专业工程人员进行详细检查与评估，并制定修复方案及报价。根据评估结果，交由供应商修复或赔偿。整个处理过程应确保公正、透明，并符合双方合同约定及相关法律法规。

3.2.5.15　有害生物防制

3.2.5.15.1　蛇

3.2.5.15.1.1　撒雄黄粉（硫黄粉、驱蛇粉）

在服务区域周界、建筑物周边或出入口等处撒适量雄黄粉（硫黄粉、驱蛇粉），可以有效防止蛇潜入室内。

3.2.5.15.1.2　安装驱蛇装置

包括物理类装置和化学类装置，是根据蛇的动作、习性等作相应的强刺激，以达到驱使蛇类离开、不要靠近或穿行的目的，比如通过地表通电或自动激发电流的金属丝，在蛇接触到时产生不适或痛觉而逃离；化学类则通过蛇信子从空气中感知危险或不适而停止前进或靠近。

3.2.5.15.2 红火蚁

3.2.5.15.2.1 防控

a）严格实施检疫措施，加强繁育生产基地的种苗、花卉、草皮等的产地检疫和应施检疫植物及植物产品的调运检疫。

b）强化对调入的带土苗木、草皮等的检疫监管，加大查证验证力度，必要时进行复检。

c）喷雾、水淹、火烧等方法不能灭杀蚁后，还会刺激蚁后分巢或迁移，加速其扩散。

d）应采取“饵剂诱杀为主、粉剂灭杀为辅”的策略进行药剂防治，且务必选择使用“三证”齐全、高效、低毒、低残留的药剂，并依据相关使用说明规范用药。

3.2.5.15.2.2 咬伤处理

一旦被红火蚁叮咬，记住“清洗、冰敷、不抓、就医”四项原则：

a）清洗：用肥皂和水清洗患处。

b）冰敷：冰敷或冷敷。

c）不抓：不要挠破水泡，避免细菌感染。

d）就医：若出现过敏反应，如脸部燥红、荨麻疹、脸部和喉咙肿胀、说话模糊、胸痛、呼吸困难、心跳加速等症状，或其他特殊生理反应时，应立即到医疗院所就医。

3.2.5.15.3 白蚁

3.2.5.15.3.1 诱杀法

诱杀法是利用白蚁喜欢吃的饵料将白蚁诱来取食，再在食物中放入灭白蚁粉剂，或加入含杀白蚁剂的饵剂，或向白蚁身上喷灭白蚁粉剂，让其将药物带回巢中相互传染，从而杀死全巢白蚁的方法。诱杀法包括诱杀包法、诱杀管法、诱集坑法、地下型饵剂装置法。

3.2.5.15.3.2　喷粉法

在白蚁蛀食的食物中或在白蚁主要出入的蚁路中喷入白蚁药物，使出入的白蚁身体粘上白蚁药粉，药粉通过相互传染传递给其他白蚁，导致整巢白蚁中毒死亡。为了保证白蚁在回到蚁巢前不死亡，一般所使用的药物都是慢性的药物，施药后一星期或一个月，白蚁才全部中毒死亡。常用的白蚁药粉主要成分有亚砒酸、灭蚁灵等。用药后一星期即可检查白蚁是否全部中毒死亡。

3.2.5.15.3.3　阻止上树法

对于一些景观树和行道树，应在树干基部四周挖开30 cm的土壤，喷施1%毒死蜱，或0.2%氯菊酯、氯氰菊酯、吡虫啉药液，搅拌成均匀药土，回填于树干基部。

3.2.5.15.4　马蜂

发现马蜂窝时，应立即拨打“119”报警求助消防队员。在做好防蜇措施确保安全时，可视具体情形采取以下处置措施：

3.2.5.15.4.1　套袋摘巢

适合处理规模尚小的马蜂窝。具体做法：晚上或大雨天等马蜂回巢后将蜂巢用袋子套住连巢带蜂一起摘除，摘除的蜂巢可投入水中或浇上汽油后烧掉。

3.2.5.15.4.2　农药熏杀

适合处理有巢壳的马蜂窝。具体做法：先将棉球放在杀虫剂中浸泡几分钟衫桐卖，然后将浸毒的棉球绑在长竿上并塞入马蜂窝的巢门中，这样便可将整巢马蜂都毒死在蜂巢中，等马蜂全部被毒死后便可用长竿将空壳马蜂窝捅掉。

3.2.5.15.4.3　水枪冲杀

适合处理有一定高度的马蜂窝。具体做法：用高压水枪对准马蜂窝直接将其冲毁，但马蜂窝被冲落后不要立即靠近蜂巢，并提防蜂群攻击过往的行人。

3.2.5.15.4.4　焚毁蜂巢

适合处理高度比较低的马蜂窝。具体做法：在长竿上绑上易燃物并点燃，然后直接伸到马蜂窝下面将马蜂窝引燃，但务必注意避免发生火灾。

3.2.5.16　四害消杀

3.2.5.16.1　药品管理

a）药品应定量采购。

b）药品应向有资质的供应商采购，并符合法律法规要求。

c）药品应放在指定位置并有相应标识。

d）药品出入库、施放、回收应形成记录。

3.2.5.16.2　消杀操作

3.2.5.16.2.1　蚊

物理方法，将灭蚊灯放置在草坪，并在晚间点亮；化学方法，将拟除虫菊酯喷洒在公共区域、下水道内等蚊虫滋生场所。

3.2.5.16.2.2　蝇

物理方法，晚间将捕蝇器放置在草坪；化学方法，将拟除虫菊酯或溴氰菊酯喷洒在公共区域、垃圾堆放点等蝇虫滋生场所。

3.2.5.16.2.3　蟑螂

物理方法，将粘捕、诱捕器具放置在公共楼道、走廊；化学方法，将拟除虫菊酯喷洒在公共区域、下水道内等蟑螂滋生场所。

3.2.5.16.2.4　老鼠

物理方法，将鼠夹、鼠笼放置在公共楼道、天台、地下室；化学方法，将溴敌隆、杀鼠迷、杀鼠灵放置在公共区域、下水道内等老鼠活动场所。

3.2.5.16.3　作业安全

a）提前三天张贴消杀温馨告示，在消杀区域放置警示标识。

b）作业人员应配戴胶皮手套、防毒口罩，穿长袖上衣、长裤和鞋、袜。

c）喷药前应仔细检查药械的开关、接头、喷头等处螺丝是否拧紧，药桶有无渗漏。

d）配药时应选择远离饮用水源、人员集中的地方，同时要有专人看管。

e）作业人员工作后应使用肥皂彻底清洗手、脸和漱口。

f）药品的种类、配比、使用方法、注意事项应做好记录。

g）消杀作业结束后，消杀温馨告示应至少保留三天。

h）作业人员受到药物伤害时，应立即离开施药现场，脱去污染的衣服，漱口，擦洗手、脸和皮肤等暴露部位，及时到医院医治。

3.2.5.16.4　环境保护

a）废弃药品包装物品（空箱、瓶、袋等）要集中处理。

b）药品的包装物品严禁用于包装粮食、油类、酒类、水或其他任何食品，以防止潜在的污染和健康风险。

c）使用后剩余的药品应当妥善入库保管，以防止误用或过期失效。施药工作完成后，喷雾器等工具应立即进行彻底清洗，确保无药物残留，以免对后续使用或环境造成不良影响。

d）残余药水严禁随地泼洒，应当倾倒在指定的安全区域，并在倾倒后立即用清水彻底冲洗干净该区域，以防止药物残留对环境和生物造成危害。

3.2.5.16.5　效果评价

3.2.5.16.5.1　灭蚊

a）检查方法：容器指数法，即检查积水容器或其他小型积水中，有幼虫的阳性积水数所占百分比。

b）检查标准：室内外各种积水容器和积水中，蚊幼虫阳性率不超过3%；用500 mL收集勺采集管辖区域内大中型水体中的蚊幼虫，阳性率不超过3%，阳性勺内幼虫的平均数不超过5只。

3.2.5.16.5.2　灭蝇

a）检查方法：目测法，即在某一场所、一定面积或一定时间直接目测停落的成蝇数，以“只/㎡”表示。

b）检查标准：有蝇阳性区域不超过公共区域内蝇类滋生地的3%，平均每阳性区域不超过3只；蝇类滋生地得到有效治理，幼虫和蛹的检出率不超过3%；夜晚公共照明灯光附近无明显蚊虫飞舞。

3.2.5.16.5.3　灭蟑螂

a）检查方法：目测法，即在蟑螂栖息处直接检查卵荚或蟑迹；药激法，即采用0.3%氯氰菊酯酒精液、蟑螂密度测定剂喷洒于蟑螂栖息处，喷药后观察爬出蟑螂成、若虫数，以“只/㎡”表示。

b）检查标准：每25 ㎡有活卵荚（鞘）外环境栖息地不超过2个，平均每25 ㎡不超过4只；有蟑迹（粪便、蜕皮、残蟑等）外环境栖息处不超过5%（目测法）；打药后，有蟑螂（成、若虫）阳性外环境栖息处不超过3%；平均每25 ㎡外环境大蟑螂不超过5只，小蟑螂不超过10只药激法。

3.2.5.16.5.4 灭老鼠

a）检查方法：目测法，即目测鼠粪、鼠洞、鼠脚印、鼠尸和鼠咬痕等痕迹；粉板法，即用20 cm×20 cm 的硬纸板，上附一层薄滑石粉，将粉板沿墙边或花丛、绿篱放置，平均每30 ㎡放2块，每次检测不应少于环境面积的30%。

b）检查标准：不同类型的外环境累计2000 ㎡，鼠迹不超过5处（目测法）；阳性粉块不超过3%。

3.2.6 设备操作与保养

3.2.6.1 多功能大理石打磨机

3.2.6.1.1 适用范围

石材翻新、晶面处理、保洁地面和地毯。

3.2.6.1.2 操作程序

a）安装地刷或针盘，并使地刷或针盘按逆时针方向旋转，确保安装到位。

b）按比例往水箱内注入清水和保洁剂。

c）检查电源线，插上电源，按下调节开关，将手柄杆调至适合自己的高度。

d）启动保险和工作开关开始操作机器。

e）工作结束后松开控制开关，拔掉电源线。

3.2.6.1.3 保养方法

a）使用完毕，把机身及配件清洗干净，水箱内不应有药剂、水分残留。

b）使用干净毛巾将机器和电线擦拭干净，将电线绕回机器挂钩，机器应存放在干燥地方。

c）刷盘、针盘应取出清洗干净。

3.2.6.1.4 注意事项

a）工作时应避免刷子接触电源线，以免电源线卷进刷子内。

b）启动洗地机时，电源线要在操作者的背后，避免操作者操作时被电源线绊倒或发生其他意外情况。

c）注入清水或保洁剂时，务必谨慎操作，避免水溅到电机上导致马达被打湿，以免引发电路故障或损坏设备。

d）使用完毕，切勿立即松开手柄，应先松开操纵杆，等机器完全停止后再松开手柄，切断电源，卸下地刷与针盘。

e）机器出现故障在保修期内的不应私自打开，过了保修期的，应通知工程人员进行维修，不应私自处理。

f）清洗作业如使用抛光垫的，应注意观察抛光垫的磨损度，及时更换抛光垫，防止损坏针盘。

3.2.6.2 吸尘器

3.2.6.2.1 适用范围

地毯、地面、墙面、边缝吸尘。

3.2.6.2.2 操作程序

a）连接吸尘器软管、扒头。

b）检查电源线，插上电源。

c）启动机身上的开关按钮开始工作。

d）工作结束后，先关闭开关按钮，再拔掉电源线。

e）吸除地毯外的硬地面时，把吸嘴毛刷伸出，吸地毯时毛刷收入吸嘴内。

f）保洁整理机器，清倒尘袋。

3.2.6.2.3 保养方法

a）每天使用后要保洁机身和过滤网。

b）使用完毕后应切断电源，取下软管，将绕好的电线挂于机身外壳。

3.2.6.2.4 注意事项

a）使用前，应检查尘袋是否干燥、洁净、安装正确。

b）使用后，将尘袋的灰尘倒掉，可用另一台吸尘器吸去机内及尘袋外的灰尘；也可将尘袋装入垃圾袋内轻轻拍打，将灰尘抖干净。

c）切勿把水吸入机内。

d）吸尘前要先清理大块垃圾和锋利物体，避免堵塞或划破软管。

3.2.6.3　吸水机

3.2.6.3.1　适用范围

吸水。

3.2.6.3.2　操作程序

a）连接吸水机软管、扒头。

b）检查电源线，插上电源。

c）启动机身上的开关按钮开始工作。

d）吸地面时使用带软胶的吸扒，吸地毯时使用铁扒。

e）如水过满时，吸水机会发出异常的响声，应及时关机并倒水。

f）工作结束后先关闭开关按钮，再拔掉电源线。

3.2.6.3.3　保养方法

a）使用后应及时清理机器、软管和电源线，并将内胆清洗干净。

b）吸水机内的过滤器要拆开进行清洁。

c）机身不锈钢壳应用不锈钢油进行保养。

3.2.6.3.4　注意事项

a）使用前应检查吸水机内有无尘袋，吸水作业不应放置尘袋。

b）在吸取含有碱性保洁药剂的污水时，为了有效减少泡沫产生，应在污水桶内预先加入约20mL的化泡剂。

c）如洗地机内不慎吸入了酸性保洁剂，使用后应立即进行彻底清洗，以防止残留物腐蚀机器内部，导致生锈或其他损害。

d）不应吸入大块垃圾或锋利物体，防止造成洗地机内部的堵塞及软管被划破损坏。

3.2.6.4　高压水枪

3.2.6.4.1　适用范围

冲洗墙面、地面。

3.2.6.4.2　操作程序

a）准备一个大水桶加满水，连接好取水管及枪头。

b）检查电源线，插入电源。

c）启动机身上的电源开关。

d）抓住枪头的开关，等水压正常后开始冲洗作业。

e）工作结束后，先关闭开关，再拔掉电源插头。

3.2.6.4.3 保养方法

a）使用后要清洁干净机器。

b）放掉高压水管内的水，并盘好水管。

c）定期检查机器并补充机油（新购置的高压水枪使用2个月后应更换机油）。

3.2.6.4.4 注意事项

a）使用高压水枪时应穿着绝缘水鞋。

b）工作过程中不应将枪头对着人、易碎物品、带电设备（道闸、感应门）冲水。

c）电源插座应做好防水处理，避免进水。

d）暂停作业时应切断电源，防止电机空转，引发故障。

3.2.6.5 半自动洗地机

3.2.6.5.1 适用范围

清洗地面。

3.2.6.5.2 操作程序

a）安装地刷或针盘时，应按照逆时针方向旋转，直至牢固地安装在位，以确保安装的正确性和稳固性。

b）检查污水箱是否清空，按比例往净水箱内注入清水和中性保洁剂。

c）检查电量是否充足，仪表是否正常。

d）启动保险和工作开关开始操作机器。

e）工作结束后关闭开关，倒掉污水。

3.2.6.5.3 保养方法

a）使用完毕，把机身及配件清洗干净。

b）用干净毛巾擦净机器，升起刷盘、吸水扒，将机器存放在干燥地方。

3.2.6.5.4 注意事项

a）工作时应避开车辆和行人。

b）若机器配备的是铅酸电池，则建议在电池电量降至20%以下时再进行充电操作，且充电过程应在室外通风良好的区域进行，以确保安全。

c）在注入水或保洁剂时，不应将水直接淋洒在机身上，以避免潜在的损坏。仅应注入中性保洁剂进行清洁，不得使用洗衣粉和任何含酸、含碱或含氯的药剂，以防止对机器造成腐蚀或损害。

d）使用时，应注意净水箱及污水箱（如注入了保洁剂，应在污水箱中添加化泡剂）的水位线，及时清理、补充。

e）不应在斜坡上进行清洗作业。

f）使用完毕，倒掉污水，关闭电源开关，保洁干净后放置在通风的地方。

3.2.6.6 驾驶式洗地机

3.2.6.6.1 适用范围

清洗地面。

3.2.6.6.2 操作程序

a）安装地刷或针盘，将地刷或针盘按逆时针方向旋转，确保安装到位。

b）检查污水箱是否清空，按比例往净水箱内注入清水和中性保洁剂。

c）检查电量是否充足，仪表是否正常。

d）启动保险和工作开关，检查刹车是否完好。

e）非作业情况行进时，应将刷盘、吸水扒升起。

f）开启机器流程：打开吸水马达—开启放水阀—打开刷盘马达—将操作杆调节到向前—慢踩油门行进。

g）工作结束后关闭开关，倒掉污水。

3.2.6.6.3 保养方法

a）使用完毕，把机身及配件清洗干净。

b）用干净毛巾擦净机器，升起刷盘、吸水扒，将机器存放在干燥地方。

3.2.6.6.4 注意事项

a）工作时应避开车辆、行人，经过减速带或高低不平的路面、倒车时应将刷盘、吸水扒升起，不应急转弯。

b） 若机器配备的是铅酸电池，则建议在电池电量降至20%以下时再进行充电操作，且充电过程应在室外通风良好的区域进行，以确保安全。

c） 在注入水或保洁剂时，不应将水直接淋洒在机身上，以避免潜在的损坏。仅应注入中性保洁剂进行清洁，不得使用洗衣粉和任何含酸、含碱或含氯的药剂，以防止对机器造成腐蚀或损害。

d） 使用时，应注意净水箱及污水箱（如注入了保洁剂，应在污水箱中添加化泡剂）的水位线，及时清理、补充。

e） 不应在斜坡上进行清洗作业，清洗地面时，应与边角位置保留10 cm的间隙，防止碰撞到物体。

f） 使用完毕，倒掉污水，关闭电源开关，保洁干净后放置在通风的地方。

3.2.6.7　驾驶式扫地机

3.2.6.7.1　适用范围

清扫地面。

3.2.6.7.2　操作程序

a） 检查电量是否充足，仪表是否正常。

b） 启动保险和工作开关，检查刹车是否完好。

c） 非作业情况行进时，应将边刷、主刷升起。

d） 开启机器流程：打开吸尘马达—打开刷盘马达，将刷盘调整到接触地面—将操作杆调节到向前—慢踩油门行进。

e） 工作结束后，先震尘15～30 s，关闭开关，将垃圾倒出。

3.2.6.7.3　保养方法

a） 使用完毕，把机身及配件清洁干净。

b） 用干净毛巾将机器擦拭干净，升起刷盘，将机器存放在干燥地方。

3.2.6.7.4　注意事项

a） 工作时应避开车辆、行人，经过减速带或高低不平的路面、倒车时应将刷盘升起，不应急转弯。

b） 若机器配备的是铅酸电池，则建议在电池电量降至20%以下时再进行充电操作，且充电过程应在室外通风良好的区域进行，以确保安全。

c） 不应在斜坡上进行清扫作业，清扫地面时，应与边角位置保留10 cm的间隙，防止碰撞到物体。

d） 使用完毕，关闭电源开关，保洁干净后放置在通风的地方。

3.2.6.8 三合一地毯抽洗机

3.2.6.8.1 适用范围

清洗地毯。

3.2.6.8.2 操作程序

a） 检查机器外部、电源线及密封圈是否完好。

b） 在清水箱中注入清水，并根据脏污程度按比例倒入地毯保洁剂，在污水箱倒入20 mL消泡剂。

c） 盖好密封罩，将操作手柄调节到适合操作的位置。

d） 操作机器流程：开启喷水开关—开启滚刷开关及吸水开关—以后退方式拉着抽洗机进行清洗。

e） 抽洗结束后，先关喷水开关，再关闭滚刷开关及吸水开关。

f） 倒掉水箱内的清水及污水并清洗干净。

3.2.6.8.3 保养方法

a） 使用完毕，把机身及配件清洁干净。

b） 用干净毛巾将机器擦拭干净，升起刷盘，将机器应存放在干燥地方。

3.2.6.8.4 注意事项

a） 在清洗地毯之前，应将地面上所有可移动的物品，如家具、装饰品等，妥善移动至安全区域。

b） 抽洗时要缓速倒退，并随时留意观察身后情况，每一行距与上一行重叠1/3，避免遗漏。

c） 抽洗过程中随时检查污水箱状况，及时倾倒污水，避免污水从机器底部流出。

3.2.6.9 智能保洁机器人

3.2.6.9.1 适用范围

用于室内地面石材地面清洗、推尘。

3.2.6.9.2 洗地

a）使用钥匙打开电源按键（“ON”为开启，“OFF”为关闭），输入密码。

b）打开盖板，在清水箱中加入清水，并根据脏污程度加入1：50～1：80的中性保洁剂，在污水箱中加入10 mL消泡剂。

c）在显示屏中选择“洗地”，点击“控制面板”，根据清洗区域的脏污情况选择刷盘的转速、吸力等级、喷水等级、清洗速度，并将刷盘、吸水条放下。

d）启动机器前应先将定位选择在“开始点”，自动清洗点击“选择任务”，选择清洗区域后，点击下一步启动机器即可，若手动清洗则选择“手动清洗”，然后推动机器作业。

e）清洗前，打开面板上的“过滤器”，清洗时应关注污水箱的水量，当机器提示污水箱已满时，应及时排放污水。

f）使用完毕后，污水箱、清水箱应使用清水冲洗干净，并将机器推回充电桩处（自动清洗模式下机器会自行回到充电桩处）。

3.2.6.9.3 推尘

a）用钥匙打开电源按键（“ON”为开启，“OFF”为关闭），输入密码。

b）在显示屏中选择“推尘”，点击“控制面板”，将刷盘、吸水条放下。

c）启动机器前应先将定位选择在“开始点”，自动作业点击“选择任务”，选择清洗区域后，点击下一步启动机器即可，若手动清洗则选择“手动作业”，然后推动机器作业。

d）每30 min应更换一次尘推布。在机器运行中按下紧急制动按钮，拉出尘推板，更换好尘推布后，将尘推板对准吸水扒的卡口（卡口朝外）卡紧卡口，松开紧急制动按钮，选择作业即可。

e）使用完毕后将机器推回充电桩处（自动作业模式下机器会自行回到充电桩处）。

3.2.6.9.4　保养方法

a）洗地作业后应将污水箱、清水箱、吸水扒用清水冲洗干净。

b）使用完毕后用干抹布擦拭干净机器外观。

3.2.6.9.5　注意事项

a）对经常保洁的区域宜绘制地图，绘制地图时应与作业区域的墙体、饰品、休闲桌椅等障碍物距离30 cm（如障碍物下方为镂空的，应设置虚拟墙），每200～300㎡划分为一个保洁区域。

b）如进行洗地作业，不应在清水箱中投入中性保洁剂以外的其他药剂，不应使用机器吸取含有酸碱性的污水。

c）机器作业过程中遇到障碍物会自动避让，在完成其他区域的作业后，对避让的区域须人工确认继续或终止作业。

d）原设置的作业地图如有新增饰品或减少饰品需要重新绘制作。

3.3 绿化服务

3.3.1 室内绿化

3.3.1.1 日常养护

3.3.1.1.1 根据植物类别及生长特点制定养护计划，配备经岗前专业培训的绿化养护人员进行分类养护。

3.3.1.1.2 根据现场定位选择合适的盆景植物、花艺进行摆放。

3.3.1.1.3 绿植保持造型优美，长势良好。

3.3.1.1.4 植物铭牌、花盆、支架等绿化设施应定期维护保洁，确保整洁完好。

3.3.1.1.5 布置或养护后及时全面清扫，保持作业场地整洁。

3.3.1.2 巡查

3.3.1.2.1 绿植健壮丰满，株形完整，叶片光泽，花朵鲜艳，无枯枝、枯叶、残花，观赏周期长。

3.3.1.2.2 布置协调，带状布置时，相邻植株的高度、冠幅相近。

3.3.1.2.3 植物墙的色彩、图案、尺寸与周围环境协调，种植密度合理，种植模块宜有一定倾斜角度。

3.3.1.2.4 绿化小品层次分明，图案清晰，色彩搭配适宜。

3.3.1.2.5 在容器内立柱上攀缘的藤本植物，其最高处离柱顶距离不应大于0.2 m。

3.3.1.2.6 检查植物生长是否健康，有无病虫害、枯黄、落叶等异常情况。

3.3.1.2.7 评估土壤湿度、肥力、排水情况，确保植物水分需求得到满足。

3.3.1.2.8 确保植物获得适宜的光照和通风条件。

3.3.1.2.9 检查植物生长环境，如温度、湿度等是否适宜。

3.3.1.3　浇水

3.3.1.3.1　遵循“阳台的花卉多浇，室内的花卉少浇；气温炎热时多浇，气温凉爽时少浇；草本多浇，木本少浇”的原则。

3.3.1.3.2　室内盆栽植物叶面，每周至少喷淋1次，增加空气湿度。

3.3.1.3.3　刚修剪过的植物，应避免把水浇在剪口上。

3.3.1.4　排灌

3.3.1.4.1　根据植物养护要求排灌。

3.3.1.4.2　叶面水分饱满，无烂根、无萎蔫现象。

3.3.1.4.3　水培植物适时补水、换水，水质清洁无异味。

3.3.1.5　施肥

3.3.1.5.1　根据树木品种、生长势、观赏特性和生长阶段确定肥料种类。

3.3.1.5.2　开花木本类应在花期前和花期后施肥。

3.3.1.5.3　绿篱类定期施肥，修剪后薄施1次。

3.3.1.5.4　盆栽植物常用复合肥及有机肥、绿光剂，应按照不同地点的湿度、光线植物品种来决定施肥用量。花木不应使用有异味的肥料及尿素等高效纯氮肥。

3.3.1.6　修剪

3.3.1.6.1　及时修剪枯枝、枯叶以及影响造型的枝条，摘除残花。

3.3.1.6.2　盆栽植物，叶片枯黄面积1/3以上时，整叶剪除，叶片枯黄面积1/3以下时，剪除枯黄部分，保留原有叶形，小叶型植物，整叶或整枝修剪。

3.3.1.6.3　适时修剪，较好地控制植物生长，植物高度、冠幅与容器相匹配。

3.3.1.6.4　修剪时尽量减少伤口，剪口要平，不能留有树茬。

3.3.1.6.5　修剪过病株的工具或器械应消毒后再使用，以防交叉感染。

3.3.1.7　病虫害防治

3.3.1.7.1　制定防治蚜虫螨虫、蚧壳虫、蚊蝇吸软腐病、黑斑等病虫害的有效措施及方案，将病虫害扑灭于萌芽状态。根据病虫害本身、植物生长及气温变化的特点掌握施药的时机。

3.3.1.7.2 病虫害防治要区分药物的类型，通常采用微毒、内吸、触杀、熏蒸等药物类型。

3.3.1.7.3 按照药剂说明配制药液浓度。

3.3.1.7.4 防治时应尽量交替使用药剂，减少病虫害的抗药性。

3.3.1.8 绿植更换（租摆）

3.3.1.8.1 时花按照摆设要求及时更换，保持造型美观，线形清晰。

3.3.1.8.2 观叶植物观赏叶片少于植株的1/2以上、植株有较严重枯黄或生长不良，影响美观的，应先将植物撤走，及时更换同等规格、品种的盆栽植物。

3.3.1.8.3 提供节假日时花布置服务。

3.3.2 室外绿化

3.3.2.1 日常养护

3.3.2.1.1 根据植物类别及生长特点制定养护计划，配备专业绿化养护人员（经安全培训合格）进行分类养护。

3.3.2.1.2 根据季节要求，对乔木、灌木、花卉、草坪、地被植物等进行定期养护、修剪、及时补种，防治病虫害。确保绿植美观整齐，生长良好，无折损现象，无斑秃、无虫害症状、无灼伤等现象。

3.3.2.2 除草、培土

3.3.2.2.1 乔木、灌木、绿篱

a）疏松土壤、通气、调节土温，便于根系生长，同时除去杂草。

b）中耕除草时，不应损伤植物根系、树皮和枝条。

c）避免在土壤泥泞状态下中耕除草，以免破坏土壤结构。

d）清除的杂草应及时处理，可就地掩埋作为基肥或清运处理。

3.3.2.2.2 地被、水生宿根、草坪

a） 除草、松土时不能损伤茎或根系。

b） 松土时不能造成根系裸露。

c） 草坪应及时清除杂草，有效控制杂草滋生，保持纯度。

3.3.2.3 施肥

3.3.2.3.1 乔木、灌木、绿篱

a） 花、果树木，应在花前和花后各施肥1次，休眠期施肥1次。

b） 一般树木，休眠期施肥1次，施肥用量应视树种、土壤及树木大小而定。

c） 施肥应采用沟施和穴施。

d） 有机肥应腐熟后才能使用。

e） 根据植物的特性选择合适的肥料，喜酸的不宜用碱性肥料；常绿针叶幼绿小苗不宜使用肥料。

3.3.2.3.2 地被、水生宿根、草坪

a） 重剪后以撒施有机肥料，结合松土将肥掩埋在土壤里。

b） 根据生长情况进行追肥。

c） 水生植物栽植前，将发酵过的饼肥和厩肥施入底泥（或盆土）作为基肥。

d） 生长旺盛季节进行追肥，将粒状肥料放入泥下7～10 cm处或叶面喷施。

e） 水生植物应确保阳光和水量充足；水浑浊时应及时换水。

f） 草坪每年早春萌芽前进行追肥；可在春季土壤解冻后打孔松土，增加土壤透气性。

3.3.2.4 防旱浇灌

3.3.2.4.1 乔木、灌木、绿篱

a） 灌溉前应先松土，夏季灌溉在早、晚进行，冬季在中午进行，浇水应浇足、浇透。

b） 做好树池，根据植物的生长特性进行浇灌。

c） 灌溉可结合施肥，增强树木耐寒能力。

d） 新栽1～2年树木，皮层轻薄的树木，夏季要卷干，可采用喷雾、遮阳等

方式进行防护。

3.3.2.4.2　地被、水生宿根、草坪

a）干旱季节增加浇灌频次，浇足浇透；雨季应注意排水。

b）夏季早、晚进行浇水，冷型草应适当浇灌降温。

c）新铺草坪应及时浇水，直至成活。

3.3.2.5　修剪

3.3.2.5.1　乔木

a）乔木整形效果应与周围环境相协调，增添美化效果。

b）冬季修剪时应主要修剪徒长枝、交叉枝、并生枝、下垂枝、枯枝等。

c）修剪口要平整，呈45°斜面，不劈不裂，不留短桩，剪口涂抹保护剂。

d）树木下方枝条离地高度低于4m时，应及时修剪，确保不影响车辆行人通行。

e）耐寒树木应在休眠期进行修剪。

3.3.2.5.2　灌木

a）花灌木应区分叶芽和花芽，避免剪掉花芽。

b）疏剪灌木内膛小枝，壮枝适当短截，下垂弱枝及萌蘖应彻底清除。

c）及时修剪超出树冠的徒长枝。

d）花灌木残花、残果，无观赏价值宜尽早剪除。

e）多种类灌木丛，修剪时应突出主栽品种，留足生长空间。

f）造型类灌木保持外形轮廓清晰，外缘枝叶浓密。

3.3.2.5.3　绿篱

a）绿篱及色带轮廓清晰，线条整齐，保持原有的色彩。

b）绿篱及色带修剪高度较前次修剪应有所提高。

c）阔叶绿篱在早春发芽前修剪，针叶绿篱8月、9月修剪。

3.3.2.5.4　藤木

a）吸附类：清除未吸附或下垂的枝条，促生副梢生长，填补空缺。

b）钩刺类：按灌木修剪方法梳枝，树势衰弱时，回缩修剪，增强树势。

c）棚架上藤木及时清理过密枝条、枯死枝及落叶，使枝条均匀分布。

d）剪口直径超过2 cm的应削平，涂抹保护剂。

3.3.2.5.5　宿根、地被

a）每年冬季对地表以上枯死部位进行清理。

b）花谢后，去除残花、残枝，避免消耗养分。

c）及时清理死苗，按原品种补植。

3.3.2.5.6　草坪

a）草坪的修剪高度一致6～8 cm，边缘整齐。

b）混播草：根据草坪长势修剪，最后一次修剪不晚于10月底。

c）冷型草：要定期修剪，草坪高度适宜。

3.3.2.6　种植、移栽或补植

3.3.2.6.1　对枯萎或生长不良的树木、花草进行更新、补苗、养护，发现死苗应及时清除。

3.3.2.6.2　补植的树木，应与原树木的品种、规格保持一致。

3.3.2.6.3　补栽时应确定植物品种，对补栽区域翻土。

3.3.2.6.4　栽植新草时，土壤应高出接口处1～2 cm，栽植后及时浇水。

3.3.2.6.5　补栽后，每日早、晚各浇水1次，高温季节可适当增加频次。

3.3.2.7　病虫害防治

3.3.2.7.1　虫害

a）食叶害虫：刺蛾、蓑蛾、灯蛾、毒蛾等。

b）刺吸害虫：蚜虫、蚧壳虫、天牛、粉虱、叶螨等。

c）地下害虫：地老虎等。

d）防治方法：食叶害虫可用针对性药物防治，此外可结合灯光诱杀、人工掘茧、利用天敌、环境清洁等进行综合防治。

3.3.2.7.2　病害

a）主要病害如锈病、炭疽病、腐烂病、叶斑病、白绢病、白粉病、碳污病。

b）以药物防治为主，结合环境清洁，减少病原。

c）选用优良树种，加强养护综合治理。

3.3.2.8 防风防汛

3.3.2.8.1 在台风来临之前，应强化防御措施，通过合理修剪树木并增设支架来加强保护。

3.3.2.8.2 台风吹袭期间，在确保安全的情况下，及时清理倒树断枝，疏通道路。

3.3.2.8.3 台风过后，应立即开展扶树与护树工作，清理断枝、落叶及各类垃圾，并排除积水，以促使绿化景观迅速恢复原貌。

3.3.2.8.4 当遇到雷电风雨、人畜危害或发生意外导致树木歪斜、倒地断枝等情况时，应立即采取措施进行处理，包括排除积水、疏通道路等，以确保安全并恢复环境秩序。

3.3.3 作业流程

3.3.3.1 室内养护

3.3.3.1.1 工具配置

水桶、水勺、枝剪、喷水罐、花铲、棉抹布、地拖。

3.3.3.1.2 工作流程

a）熟悉服务区域内的绿化布局、花草树木、室内植物的品种和数量；生长特性及室内植物的养护方法。

b）按计划进行整形修剪、浇水、施肥、喷药，场地和盆缸内无杂物、无积水，花草植物生长茂盛。

c）定期旋转植物，确保所有方向的叶面能够均匀接受光照。

d）擦拭植物叶面，擦拭花盆，工作结束时应清理现场。

3.3.3.2 室外养护

3.3.3.2.1 养护程序

a）定期使用锄头或耙子对树木（包括乔木和灌木）进行1次中耕除草，以保证营养和水分的吸收。

b）雨天过后，水分被土壤吸收后（泥土不粘锄头或耙子），对板结的土壤用铁耙子松土，提高土壤透气性。

c）杂草清除应采取人工拔除的方式，在杂草结籽之前进行拔除工作，拔除时应确保连根拔起，以防杂草再生。拔除后的杂草应及时清运处理，以有效控制杂草的繁殖。

3.3.3.2.2　打孔及叉土通气

a）绿地每年应打孔、叉土通气1～2次，最佳时间在每年的早春。

b）大面积草坪用打孔机；小面积及轻壤土的草坪可用挖掘叉，按8～10cm间距与深度掘叉，叉头直进直出，以免带起土块。

c）对不同土质应变换不同规格的叉子。锨铡时可切断一些草坪根系，促进根系旺盛生长。

d）打孔后，在草坪上填盖沙子，用齿耙、硬扫帚将沙子堆扫均匀，使沙子深入孔中，持续通气，同时改善深层土壤渗水状况。草面沙层厚度不要超过0.5 cm。

3.3.3.2.3　草坪修整

a）每季度应使用锄头或耙子对树木（包括乔木和灌木）进行一次中耕除草，以保证营养和水分的吸收。

b）如连续多日下雨，应在雨后两天左右，待水分被土壤吸收后（土不粘耙子），对板结的土壤用铁耙子松土，提高土壤透气性。

c）杂草清除应采取人工拔除的方式，在杂草结籽之前进行拔除工作，拔除时应确保连根拔起，以防杂草再生。拔除后的杂草应及时清运处理，以有效控制杂草的繁殖。

d）大面积的杂草用化学除草剂消除，在喷药后20 日将土深翻15 cm，过1周后耙平备用。

3.3.3.2.4　乔木、灌木整形修剪

a）一知：知道不同栽植类型树木的修剪要点及技术规范要求。

b）二看：修剪前应仔细观察，剪法做到心中有数。

c）三剪：因地制宜，因树修剪的原则，做到合理修剪。

d）四拿：剪后的段枝，随时拿下，集中一起。

e）五处理：剪下的枝条要及时集中清运处理，以免引起病虫害。

f）六安全：不应在极端天气和高压线附近作业。作业时应使用安全装备，包括但不限于安全带、安全帽、护目镜等，并遵守相关的安全规程。

g）七记录：记录修剪的日期、树木种类、修剪的方法和范围，以及生长状况。

3.3.3.2.5　施肥

a）施基肥：在播种或移植前先用撒肥机将肥料撒在地表，犁耕时把肥料深盖在土中。

b）施种肥：在播种时把多种肥采用混施方法撒在种子附近。

c）施追肥：在草坪生长周期，将肥料施于草坪根部；或用喷雾法将易溶于水的营养元素喷洒于草坪表面。

3.3.3.3　病虫害防治

3.3.3.3.1　白粉病

a）注意透光，避免栽植过密，早期病叶即可摘除。

b）发病期可喷50%退菌特800～1000倍液，或（0.1～0.3）波美度石硫合剂，50%胶体硫50～100倍液，连续3次均有较好效果。

3.3.3.3.2　黑斑病

a）加强管理，施肥时注意氮、磷、钾适当搭配，使植树株健壮发育，防止植株徒长。

b）注意栽培品种的选育，对染病的并且经济价值和观赏价值都较低的品种，应考虑淘汰。

c）栽培处要通风透气，光照充足，浇水适当，避免过湿。

d）定期喷药保护，喷药前摘除病叶，雨后还要用清水喷洗下层叶背泥土。

e）药剂可选用75%百菌清可湿粉粉剂500～800倍液、50%托布津可湿粉800～1000倍喷液、50%代森胺600～800倍液，每隔7～10天喷1次，连续3次为宜。

3.3.3.3.3　青枯病

发病期可喷0.2%高锰酸钾溶液或者100～200 H农用链霉素、土霉素，并适当增施钾肥，用10 PPM的硼酸液进行外追肥，可提高病株的抗病力。

3.3.3.3.4　真菌性枯萎病

a）避免从植株顶部浇水，减少潮湿环境下病害的发生。

b）在发病初期喷洒相应的药剂，如38%恶霜嘧铜菌酯、41%聚砹·嘧霉胺等，根据病情的发展进行适当的喷施。

c）使用40%亚氯硝基苯和41%聚砹·嘧霉胺混用，或38%恶霜嘧铜菌酯进行土壤处理，以减少病害的发生。

d）在必要时，可以使用杀真菌剂来控制病害的发展。例如，可以使用300～500倍的甲K·杀菌灵10～15g进行全面喷施，或者使用600～700倍的80%恶霉灵灌根部。

3.3.3.3.5　蚜虫

a）清洁绿化地及花圃园地，除杂草，减少蚜虫栖身场所以消灭越冬虫源，秋末喷射40%乐果300倍液以作保护。

b）当蚜虫发生时，每隔7～10天喷药1次，连续进行2～3次，可选用70%吡虫啉，或者50%杀螟松1000倍液喷杀。

c）如花盆则可在根部埋上3%呋喃丹粒剂5 g，深度为2 cm左右。

3.3.3.3.6　螨虫

越冬期间清除易被为害花卉周围的杂草，并及时堆放沤腐，或者喷药，以压低越冬虫源。药剂方治可用70%吡虫啉，或用20%适满丹可湿粉剂1000倍液等喷杀。

3.3.4　设备操作与保养

3.3.4.1　剪草机

3.3.4.1.1　准备工作

a）检查机油、汽油油量，确保正常。

b）检查刀盘等部件，确保正常无松动，刀片锋利。

c）装好草袋，调整剪草高度。

d）检查电动机电池安装及电缆设施，确保正常。

3.3.4.1.2 操作程序

a）冷机启动时先关闭风门，后加油门调至最低挡位，拉动起动绳起动，打开风门。

b）加油直到机器运转，确保正常无异响后开始剪草。

c）油机、电动机每连续使用60 min，应停机散热10～20 min。

d）剪草结束后，将油门调至停止挡，并做好记录。

3.3.4.1.3 清洁入库

a）使用结束后，待机身冷却至常温后，清洁机身。

b）检查清洁空气滤清器及机油，确保正常后入仓。

3.3.4.1.4 保养管理

a）每月对机械检查保养1次。

b）每工作50 h或机油发黑时更换机油。

c）非专业人员不应擅自拆装剪草机械。

3.3.4.2 割灌机械

3.3.4.2.1 准备工作

a）检查机油与汽油，两冲程发动机的机器，按比例配好燃油，确保正常。

b）检查刀盘、背带等部件，确保正常。

c）安装刀片、割绳，确保稳固安全。

d）佩戴安全帽、口罩、护目镜、胶手套，穿防滑鞋。

e）清除剪草区域内的石块及杂物，劝离非工作人员。

3.3.4.2.2 操作程序

a）冷机启动时先关闭风门，将油门调至低挡位，拉动起动绳起动后，打开风门。

b）背好机头，双手紧握扶柄，用右手指将油门逐渐调大。

c）机械转速正常后，将刀盘稍微向左倾斜，由右至左匀速修剪草坪。

d）修剪完毕后，将油门调至最低点，待刀盘及割绳停止运转后将机器轻放于地，按停止键停机。

3.3.4.2.3 清洁入库

使用结束后，待机身冷却至常温后，清理机身及刀盘，确保正常后入仓。

3.3.4.2.4 保养管理

a） 每月对机械检查保养1次；若长期放置时，金属部分宜涂上一层薄润滑油。

b） 非专业人员不应擅自拆装割灌机械。

3.3.4.3 绿篱机

3.3.4.3.1 准备工作

a） 检查机器燃油量，按比例配好燃油。

b） 检查刀盘等部件，确保正常无松动，刀片锋利。

3.3.4.3.2 操作程序

a） 将机器放于地上，冷机启动先关闭风门，将油门调制小挡，用手指泵三下油，左手握紧后把手，右手拉动起动绳起动，起动后打开风门。

b） 右手握紧前把手、左手握紧后把手拿起机器，用左手指调大油门，运转正常后开始修剪。

c） 两人共同作业，一人操作机械，一人清扫剪下的枝叶，并定时交替操作机械。

d） 每连续使用60 min，应停机散热10 min。

e） 修剪时注意横平竖直的原则，刀口任何时候不能朝向人。

f） 修剪完毕，先用左手指将油门调至最低，剪刀停止运转后将机器放于地上，按停止键停机。

3.3.4.3.3 保养管理

a） 每月对机械检查保养1次，长期不使用应每月启动1次，每次5 min。

b） 机头、链条及刀片定期上润滑油。

c） 非专业人员不应擅自拆装绿篱机械。

3.3.4.4 高压机械

3.3.4.4.1 准备工作

a） 检查机械的吸水头、加压器、水枪头、喷管、机油和汽油油量等，确保正常。

b）戴好口罩、胶手套、目镜等劳保装备。

c）调配好农药，将非工作人员劝离工作区域。

3.3.4.4.2 操作程序

a）冷机启动时先关闭风门，将开关打向“ON”调好油门，加压阀处于低压挡，关闭喷枪。

b）拉动起动绳起动机器后打开风门，确保正常无异响后，打开喷管阀开始喷药，有行人时及时指引避让。

c）喷药完毕将开关打向“OFF”，收好高压管，用水冲洗药桶、药管，加入少量清水启动机器抽洗内部残药，抽洗完毕关闭机器。

d）每连续使用60 min，应停机散热10 min。

e）操作人员应及时清洗身体、更换衣物。

3.3.4.4.3 保养管理

a）每月对机械检查保养1次，对关键部位定期检查保养。

b）每工作50 h或机油发黑时更换机油。

c）长期不使用时，应每月启动1次，每次5 min。

d）非专业人员不应擅自拆装高压机械。

3.4　工程服务

3.4.1　房屋本体

3.4.1.1　房屋结构

3.4.1.1.1　房屋的梁、柱、地基基础等主要承重构件未出现变形、凹凸、剥落、开裂、倾斜、移位和非收缩性裂缝，无钢筋外露等现象。外墙防水以及墙面无渗漏痕迹，地基均匀未出现沉降。

3.4.1.1.2　外观未出现变形、开裂、沉降。

3.4.1.2　建筑部件

3.4.1.2.1　建立建筑物台账清单，定期检查建筑物主体结构、辅助设备等现场状况良好情况，从年限、现状、环境因素综合分析建筑物风险，按计划开展以下检查维护：

a）楼板（地板）、楼梯、屋檐等建筑部件未出现开裂、倾斜、移位等现象，屋面防水层、隔热层、保温层、雨水口未空鼓、脱落。

b）墙壁、门、窗户、阳台、雨罩、空调室外机支撑构件等建筑部件安装牢固，未出现松动。踏步、台阶整齐，无明显塌陷。

c）地面平整完好、粘贴牢固，无空鼓，墙面未开裂、缺棱掉角、损伤。天棚、散水安装牢固。

3.4.1.2.2　汛前和强降雨对后屋面防水和雨水落水管等专项检查。

3.4.1.3　附属构筑物

3.4.1.3.1　门窗五金件与墙面接触牢固，无晃动和裂缝出现。零配件装配齐全，位置准确，无翘曲变形。门锁与门连接牢固，开启灵活，门缝线条均匀，无掉角、变形。

3.4.1.3.2 扶手安装牢固，不锈钢扶手表面无损伤，焊缝无开裂。钢制管（件）扶手无锈蚀、弯曲。木扶手表面平滑、不扎手，无龟裂、脱色现象。

3.4.1.3.3 石材墙面、广告牌安装牢固，未松动，围墙、围栏安装牢固，油漆完好，沟渠完好，未堵塞等。

3.4.1.3.4 顶棚吊顶完整，无破损、变形、污迹，抹灰面完整。抹灰面层接缝平整、色泽一致，无空鼓、裂缝、剥落等。

3.4.1.3.5 休闲椅、凉亭、雕塑、景观小品等无破损，油漆完好。

3.4.1.3.6 天台女儿墙完好，对天台有效管理。

3.4.1.4 外立面

定期检查外立面，玻璃幕墙未起雾、碎裂，密封良好，装饰构件安装牢固未松动。

3.4.2 设备设施

3.4.2.1 防雷系统

3.4.2.1.1 配合客户聘请有资质的第三方定期检测建筑物防雷装置（接闪杆、接闪带、接闪线、接闪网和电涌保护器），做好存档。

3.4.2.1.2 重要机房配电柜及设备等电位连接牢固。

3.4.2.1.3 防避雷设施维护，测量接地电阻，当采用共用接地时，阻值不大于1 Ω。

3.4.2.2 供配电系统

3.4.2.2.1 高、低压配电房

a）照明完好、无漏水、无异味。标识完好、正确。消防设施完好、有效。机房封堵严密，安装防鼠板，有设备责任人、安全责任人和标识标牌，环境温度0～40 ℃。

b）变压器、高压开关柜清扫、擦拭设备，表面无灰尘。

c）螺栓连接牢固无松动、放电。

d）测量绝缘电阻，阻值大于10 MΩ。

e）温度测量仪显示正常，测量准确。

f）接地装置无锈蚀、无断裂，连接处无松动。

g）瓷套管无破损、裂纹、放电痕迹等情况。

h）高压开关柜外观完好，三相输出指示正常。

3.4.2.2.2　低压开关柜

a）各开关柜仪表显示正确，指示灯正常，标识完好、齐全。

b）柜内开关、母排、电缆、电缆头、触点、接地线等温度不高于70℃，无变色。

c）柜体无灰尘、油质、杂物。

d）二次接线整齐、美观、清晰。

e）自动开关触头未烧损，动作可靠灵活，无缺损件。

f）螺栓连接点牢固，无松动。

g）相位漆颜色符合规定。

3.4.2.2.3　电容补偿器

a）电容器未起鼓，无破损、无渗漏。

b）自动补偿无功功率因数在0.9以上，各电容器组能自动投入补偿，电容器未失效。

c）每个电容器的补偿电流符合要求。

3.4.2.2.4　直流屏柜

直流屏电压电流检测在正常范围值，仪表、指示灯完好，蓄电池外观无鼓胀、漏油。

3.4.2.2.5　柴油发电机

a）发电机房照明完好、无漏水、无异味。标识完好、正确。消防设施完好、有效。机房封堵严密，安装防鼠板，有设备责任人、安全责任人和标识标牌，环境温度0～40 ℃。

b）控制面板完好、显示清晰，转换开关选择在“自动”位置，断路器处于合闸状态。

c）柴油发电机机身无锈蚀、渗漏，接地牢靠。

d）各螺栓、导线连接紧固，未松动。

e）冷却水箱水位在盖下50 mm内；低于水箱4/5时及时补充。水质清，不浑浊，水箱无渗漏。

f）蓄电池接线头无腐蚀，连接牢靠，无漏液。电解液位于极板上15 mm左右，电解液比重在1.27～1.29之间。

g）蓄电池处于浮充电状态，断开浮充电，万用表直流电压档检测空载端电压应正常（单组电池、电压不少于12.5 V）。

h）燃油油位在油箱2/3左右，油质良好，无杂质、无沉淀，油箱和油管无渗漏，油管开关在开启位置。

i）发电机组定期试运行，运行参数正常。

j）定期模拟市电停电操作，试验机组自动（停机）起动。

k）发电机运行时间累计达到250 h，应清洗水箱、更换机油，更换机油滤清器、柴油滤清器、空气滤清器等。

l）发电机绝缘电阻值应大于1 MΩ。

m）冷却风扇皮带松紧度适合。

3.4.2.2.6 照明系统

a）配电箱仪表、指示灯、转换开关、自动开关、接触器等电器完好，配电箱内外无灰尘，控制功能正常。

b）灯盘、灯柱牢固无掉漆，灯具无损坏、缺失，管线完好无裸露。

3.4.2.2.7 注意事项

a）绝缘手套、绝缘靴等绝缘器具定期试验，绝缘合格。

b）计划性限电、停电提前通知客户。

c）电力系统预防性试验应按DL/T 596的要求进行。

3.4.2.3 供水系统

3.4.2.3.1 水泵房照明完好、无漏水、无异味。标识完好、正确。消防设施完好、有效。机房封堵严密，安装防鼠板，有设备责任人、安全责任人和标识标牌，环境温度0～40 ℃。

3.4.2.3.2 电动机及水泵，手动盘车联轴器检查转动灵活，无卡死现象，轴承运行声音无异常，备用水泵定期轮换运行。

3.4.2.3.3 控制箱内外卫生干净无灰尘。

3.4.2.3.4 控制箱开关、按钮试操作开、关灵活，控制正常，指示灯完好。

3.4.2.3.5 控制箱内电器元件接线端子紧固，电器触点完好，未烧损，无松动。

3.4.2.3.6 电动机绝缘阻值大于0.5 MΩ，各相对地绝缘阻值大于1 MΩ。泵体油漆未脱落，锈蚀应除锈刷漆。

3.4.2.3.7 水位控制器完好，自动、手动切换正常。导线未破损、老化，水位控制器准确控制水箱水位。

3.4.2.3.8 水泵密封填料，水泵试运行无漏水。

3.4.2.3.9 水池（箱）箱体完好、无渗漏，现场有有限空间及风险警示标识。阀门完好、操作灵活，状态标识正确、无渗漏。水池（箱）浮球完好、有效。爬梯无锈蚀，检查口有盖密封上锁，溢水口用不锈钢纱网或塑料纱网密封。

3.4.2.3.10 生活水池（箱）等二次供水设施应定期清洗，水质检测符合GB 5749的要求。

3.4.2.4 排水系统

3.4.2.4.1 编制防汛和浸水预案，定期开展演练。

3.4.2.4.2 建立防汛物资台账，物资包括沙袋、防风胶纸、雨具、照明工具、发电机、抽水泵等，定期巡视检查，确保处于完好状态。

3.4.2.4.3 排水设施完好，无堵塞、渗漏，排水通畅。

3.4.2.4.4 污水泵控制箱内外无尘，元器件触点无松动，浮球有效，能自动工作。

3.4.2.4.5 化粪池定期清理，无堵塞，现场有有限空间及风险警示标识。

3.4.2.4.6 隔油池定期清理，无堵塞，发现异常及时清掏，现场有有限空间及风险警示标识。

3.4.2.4.7 汛期前对雨、污水井和屋面雨水口等排水设施开展专项检查，发现堵塞及时疏通；每次降雨前后对主要排水口、管井进行专项检查。

3.4.2.5 空调系统

3.4.2.5.1 空调机房

a）照明完好、无漏水、无异味。标识完好、正确。消防设施完好、有效。机房封堵严密，安装防鼠板，有设备责任人、安全责任人和标识标牌，环境温度0～40 ℃。

b）压缩机运行声音无异常，油位在1/2左右，蒸发器、冷凝器进出水压力和温度正常。

c）电机运转声音无异常，温度正常。泵体转动部位灵活，泵体密封完好。阀门完好、无渗漏、操作灵活，状态标识正确。压力表完好、有效。软接头外表完好，无损伤、渗漏。管道保温材料完好。

d）控制柜柜体外观完好、无积尘。仪表及指示灯完好、状态显示正确；柜内开关、变频器、接触器等电气设备未发热，无异响、异味。

e）排水设施完好、无杂物，排水通畅。

3.4.2.5.2 空调风柜

a）风机皮带松紧度适中，轴承润滑良好，电动阀开关正常，避震软连接完好。

b）控制箱各控制元件动作准确，控制线连接牢固，内部无尘。

c）换热器翅片无灰尘，通风良好，叶轮上无积尘。

d）新风柜、楼层进出水阀门灵活到位，无锈。

e）排水设施完好、无杂物，排水通畅。

f）消防设施完好、有效。

g）风柜滤网无灰尘。

3.4.2.5.3 冷却塔

a）定期维护保养，供冷期增加保养频次。

b）风机皮带松紧合适，无明显磨损。

c）轴承润滑良好，冷区风扇运行无异常。

d）膨胀水箱水位适中，填料层无杂物，处理水质。

3.4.2.5.4 盘管风机

a）电机转速正常，运行声音无异响。

b）温控器、电磁阀控制正常。

c）管道保温材料完好，托水盘无杂物，排水畅通。

d）回风过滤网无灰尘。

3.4.2.5.5 分体空调

a）电机转速正常，运行声音无异响。

b）过滤网未破损，无灰尘。

c）排水管完好，排水畅通。

d）机身内无明显渗漏，室内外机换热及接地良好。

3.4.2.6 消防系统

3.4.2.6.1 消防控制室

a）照明完好、无漏水、无异味。标识完好、正确。消防设施完好、有效。机房封堵严密，安装防鼠板，有设备责任人、安全责任人和标识标牌，环境温度0～40 ℃。

b）消防系统维护实行24 h应急值班，及时处理各类报警、故障信息，做好记录。

c）管理制度健全，定期对员工进行消防安全培训，制定火灾应急预案，定期开展消防演练。

3.4.2.6.2 火灾报警主机

控制柜无灰尘，螺丝紧固，端子无松动或烧损，面板显示正常。定期按比例测试探测器及手动按钮，全年完成覆盖。

3.4.2.6.3 自动喷淋系统

a）喷淋头完好，报警阀放水联动喷淋控制试验正常，湿式报警阀放水试验能自动启泵。

b）压力开关线路规范，规范有序。

3.4.2.6.4 正压送风机、排烟排风机

a）就地启动运行风机，运行正常。

b）控制柜接触器触头未磨损、无烧损或松动，接线头紧固，元件无破损、脱落。

c）电动机线路绝缘电阻不少于0.5 MΩ、无破皮裸露。

d）线路标号清晰，柜门内配置电气原理图。

e）电路连接正确，起停过程电器动作顺序正确。

f）指示灯完好，操作按钮灵活，指示与实际相符。

3.4.2.6.5 监控系统

a）监控主机以及摄像监控头外观洁净，无锈蚀。

b）视频线无松动，调节监视器图像情况正常。

c）主机冷却风扇和室外摄像头的防尘罩等防雨、防风、防尘罩的密封良好。

d）支撑杆地脚螺栓未松动、锈蚀，云台坚固牢靠，转动部分灵活，系统连线接触良好。

e）测试录像回放功能正常，云台转动、调焦、图像切换等系统功能测试正常。

3.4.2.6.6 疏散指示灯系统

a）疏散指示灯无灰尘，荧光显示板测试正常，各按键完好，备用电源工作正常。

b）疏散指示灯安装牢固、无遮挡、无丢失、无损坏，指示方向正确。

3.4.2.6.7 消火栓系统

a）外观无遮挡、无锈、无尘、无渗漏、无掉漆。箱体、玻璃、门锁、封条完好。

b）消防水带、水枪及其配件齐全、摆放整齐，手动报警器（含玻璃、小锤及接地线）齐全、完好。

c）定期开展检查。

3.4.2.6.8 防火卷帘门系统

a）控制箱、卷帘门、导轨、电动机、限位开关等完好，导轨、卷帘未变形，油漆良好，螺钉紧固，门轴无卡塞。

b）控制中心试验正常，烟感器喷烟后卷帘门自动关闭，控制中心信号显示正确。

c）电机绝缘阻值不少于0.5 MΩ，线接头和继电器接触良好。

d）手动按钮开闭方向正确、灵活无卡塞、无异常响声，上下限位开关动作正确。

3.4.2.6.9 消防泵系统

a） 现场点动测试消防泵，运行声音无异响。

b） 控制柜接触器触头完好，未磨损、烧损和松动。接线头紧固，元件无破损、脱落。

c） 电动机、线路绝缘电阻不少于0.5 MΩ、无破皮裸露。

d） 线路标号清晰，柜门内配置电气原理图。

e） 电路连接正确，起停过程电器动作顺序正确。

f） 指示灯完好，操作按钮灵活，指示与实际相符。

g） 设备手动、自动起停正确。

h） 闸阀、止回阀灵敏密封良好。

i） 油圈齐全，油质合格，油量适中，不漏油。

j） 设备无油垢、无积尘，油漆完好。

k） 排水设施完好、无杂物，排水通畅。

3.4.2.6.10 消防广播系统

a） 扬声器安装牢固，未缺失、损坏、失效。

b） 定期在楼层分区域测试音质正常，全年完成覆盖。

3.4.2.6.11 消防电话

a） 无丢失、损坏、遮挡，消防固定电话及插孔专用电话直通可呼应，音质清晰无杂音。

b） 定期分区域对辖区检查消防电话，全年完成覆盖。

3.4.2.6.12 灭火器

a） 未丢失，外观无锈、无尘、无漏，保险栓完好，灭火器前未堆放杂物。

b） 压力表指针指示在绿区，并在有效期内。

3.4.2.7 电梯系统

3.4.2.7.1 电梯机房

a） 照明完好、无漏水、无异味。

b） 标识完好、正确；消防设施完好、有效。

c） 机房封堵严密，安装防鼠板，有设备责任人、安全责任人和标识标牌，环境温度0～40 ℃。

d） 盘车工具齐全，张贴悬挂盘车流程和平层表。

e） 电源柜双电源切换正常，断路器及避雷器完好、有效。

f） 柜体无积尘，接地线牢靠。

g） 控制线路、接线端连接牢靠，控制主板、接触器、放电电阻、放电电容等元器件无发热、异味。

h） 柜体无积尘，接地牢靠。

i） 曳引机及曳引轮运行正常，无异响，抱闸灵活、可靠。

j） 曳引轮无变形、磨损。

k） 钢丝绳无磨损、断股、打滑，限速器运行正常，无卡阻。

l） 减速箱表面无积尘及油污，油漆无剥落。

m） 箱体密封可靠，无漏油；运转无异常响声及振动。

n） 传动部件啮合状态良好，无异常温升。

o） 油位正常，无杂质。

3.4.2.7.2 轿厢

a） 轿内操纵箱及显示器按钮、开关无明显老化、损伤，标记清晰，功能正常。

b） 轿内检修盒面板锁有效，检修盒内各开关功能正常。

c） 显示器无破损，显示状态正确无误。

d） 轿门开关安装紧固、无松动。

e） 门机系统各部件固定可靠，运动机构传动灵活、润滑良好。

f） 开关门顺畅，无异响及卡阻。

g） 开关门装置的传动链、带不松弛和过度磨损。

h） 光电安全触板清洁无积尘，发射接收准确无误动作。

i） 各平层感应器表面清洁无积尘，感应器与感应片的各相关尺寸符合要求。

j） 轿厢运行时产生的位移不会导致感应器与感应片碰撞。

k） 电气连线固定可靠，接触良好。

3.4.2.7.3 底坑

a） 无显著的生锈、腐蚀，开关动作正常可靠。

b） 液压缓冲器的电气保护开关动作灵活，功能可靠。

c）安全钳及联动机构各部件齐全，无过量磨损及损坏。

3.4.2.7.4　定期测试

a）定期测试五方通话设备，通话正常。

b）定期测试电梯迫降，功能正常。

3.4.2.7.5　三角钥匙管理

a）电梯钥匙应实行专人专管，包括操作箱、机房门钥匙、电锁钥匙、厅门开锁三角钥匙等电梯钥匙，由电梯管理员收集并负责管理。如果电梯管理员出现变动，要做好三角钥匙的管理交接，不应交给无关人员保管和使用。

b）在电梯轿厢三角钥匙锁孔的周边贴有警示牌。

c）三角钥匙使用人员应经过专业培训并取得特种设备操作证件。

d）三角钥匙使用时，应放置安全警示牌，厅门开启时先确定轿厢位置。

3.4.2.7.6　电梯的维护保养应符合TSG T5002的要求。

3.4.2.7.7　电梯检验、检测应符合TSG T7001和TSG T7008的要求，并出具相关报告。

3.4.2.8　弱电系统

3.4.2.8.1　弱电机房

a）监控室、音控室、汇聚机房等设备房照明完好、无漏水、无异味。

b）标识完好、正确；消防设施完好、有效。

c）机房封堵严密，安装防鼠板，有设备责任人、安全责任人和标识标牌，环境温度0～40 ℃。

d）防静电地板无破损、缺失，弱电柜表面、电脑主机干净无明显浮尘。电脑主机无病毒，无非法软件。

3.4.2.8.2　入侵和报警系统

a）系统主机入侵报警、防破坏及故障报警、记录及显示、系统自检、系统报警响应时间、报警复核、报警声级、报警优先等功能正常工作。

b）探测器安装牢固、外观良好、控制范围有效、无误报，无干扰因素，定期抽样试验探测器动作，年度全覆盖。

3.4.2.8.3 视频监控系统

a）摄像机防水密封良好，聚焦清晰，景深变焦检查，红外夜视正常。接线良好，镜头清洁，安装牢固。

b）云台无明显浮尘，运转噪音无异常，接线良好，安装牢固，支架无锈蚀。

c）监视器、显示器无明显浮尘，工作温度在−10～50 ℃之间，环境湿度在30%～80%之间，防强光照射，显示器上无杂物。

d）矩阵键盘、摇杆灵活有效，显示屏显示正常，接线柱牢固。

e）硬盘录像机完好，录像清晰，定期检查并校准时钟，设置系统时间与北京标准时间应小于1 s。

f）调制器/解调器/分配器外观良好、接线紧固、清洁良好。

g）控制功能、监视功能、显示功能、存储功能、回放功能、报警联动功能和图像分析处理功能等系统测检正常工作。

3.4.2.8.4 门禁系统

a）公共通道电控门锁安装牢固、拉力正常，开锁时间3～5 s，外观无变形，接线紧固，表面卫生清洁。

b）公共通道出门按钮安装牢固，开锁正常，接线紧固，外观无变形，表面卫生干净。

c）非公共通道电控门锁、读卡器、出门按钮维保内容与公共通道相同，频次不同。

d）人脸识别摄像头位置准确、清晰，识别无误。

e）电动门/翼闸/道闸开闭正常，动作机构加油脂，防夹保护动作无异常。

f）应对门禁系统定期维护，对门禁控制系统的运行情况进行检查，并对各设备进行表面性检查，对需要保养的相关设备进行保养。

g）协助客户做好门禁系统后台数据录入和权限设置。

3.4.2.8.5 对讲系统

a）可视门口机视频图像清晰，键盘灵敏有效，呼叫室内机、管理机正常，开锁正常。

b）夜间LED补光正常，显示屏显示正常，安装牢固，外观良好，接线紧固，防水良好。

c）电磁锁安装牢固、拉力正常，延时3～5 s，外观无变形。

d）管理机键盘灵敏有效，呼叫室内机开锁正常，视频图像清晰，显示屏显示正常，外观良好，接线紧固。

3.4.2.8.6 信息发布系统

a）显示器正常，无松动、闪络、横杠。

b）定时开关控制器动作正确有效。

3.4.2.8.7 电子巡更系统

保持巡更时间、地点、人员和数据的显示、归档、查询及打印功能正常，巡更违规记录提示功能正常。

3.4.2.8.8 周界防范系统

a）定期维护保养，符合要求，主机表面无灰尘。

b）定期对系统周围环境进行巡视检查。

c）定期测试报警系统有效性，中心报警控制主机能准确显示报警或故障发生的信息，并同时发出报警信号。

3.4.2.9 停车场设施

3.4.2.9.1 规范电动自行车、机动车充电管理，建立巡查制度，定期巡查充电设施，发现问题及时处理和报告，并做好区域防患警戒隔离。

3.4.2.9.2 定期保养主机、道闸等主要设备，确保系统操作软件运行稳定。

3.4.2.9.3 道闸启闭灵活，摄像头无灰尘，视频线接头无松动，制卡功能正常，数据保存完好。

3.4.2.9.4 挡车杆完好，起落灵活，反光膜无脱落。

3.4.2.9.5 箱内各部件紧固，接触器动、静触头、电缆接头完好、无松动。

3.4.2.9.6 箱盖密封性能良好，内外整洁。

3.4.2.9.7 齿轮箱、各传动轴润滑良好。

3.4.2.10 立体停车设备

3.4.2.10.1 日常检查：包括是否有异常声音、异味、漏油、松动等现象，以及各个部件的连接是否牢固、稳定可靠，发现问题及时处理。

3.4.2.10.2　定期清洁：定期清除设备上的灰尘、污垢、杂物等，保持清洁干净。

3.4.2.10.3　定期润滑：定期对各个部件的摩擦点进行润滑，以减少磨损和噪音。

3.4.2.10.4　定期检修：定期进行检修工作，检查立体停车场的各个部件的性能和状态，对损坏或老化的部件进行更换或修理。

3.4.2.11　水景设施

3.4.2.11.1　配套设施无渗漏，电器设备、线路完好无破损、不漏电，喷水池水泵正常工作。

3.4.2.11.2　附属设施完好，有安全风险警示标志。

3.4.2.12　文体设施

3.4.2.12.1　文体设施无安全隐患，无尖锐硬物，无挂钩，无边沿未打磨和锋利的螺栓。

3.4.2.12.2　场地平整，沙坑无破砖块或碎玻璃，无影响文体场所使用的安全隐患。

3.4.2.12.3　有安全风险警示标志。

3.4.2.13　游泳池

3.4.2.13.1　游泳池开放应取得卫生许可证、经营许可证等相关证照。按国家标准的相关要求设置安全标志和救生器材，配备救生员，培训上岗，明确工作流程和制度规范。

3.4.2.13.2　工作人员培训上岗，具备必要的消毒知识，熟悉游泳池水的各种测量方法，了解各种药剂性能和正确使用方法。

3.4.2.13.3　专人负责池水管理，做好PH值、游离性余氯、浑浊度监测，加消毒药剂，更换池水。

3.4.2.13.4　循环、吸尘吸污、打捞等设施设备完好。

3.4.2.13.5　游泳池实行分区管理，标识清晰，儿童池、成人池、深水区、浅水区等无安全隐患。

3.4.2.13.6　非开放时间关闭各处通道，通道加门或使用隔离栏防护，防止不受控的开启。没有围墙或围墙存在缺陷的泳池应通过加装围墙或种植绿植的方式防止人员跌落。

3.4.2.14 垃圾回收设施

3.4.2.14.1 有详细的垃圾分类设施设备日常维护方案。

3.4.2.14.2 定期维护设施，垃圾收集房、大件垃圾投放点等设施完好。

3.4.3 设备机房安全管理

3.4.3.1 值班人员按照要求巡查机房，检查设备运行情况并在巡查记录表上做好记录。

3.4.3.2 设备机房严禁吸烟，严禁动用明火，室内要保持良好通风，消防器材有效。

3.4.3.3 无关人员不得进入机房，运行值班人员不得在值班机房会客，因工作需要进入机房的其他人员应得到工程管理人员的许可，同时做好出入登记。

3.4.3.4 机房门及设备钥匙值班人员随身携带一套，备用钥匙由工程组统一保管，严禁私自配钥匙。

3.4.3.5 设备机房属于项目内重要部位，关系生命和财产安全，机房门和检修观察口应上锁。

3.4.4 工器具检测

3.4.4.1 安全帽

3.4.4.1.1 每次使用前检查1次或每月检查不少于1次。

3.4.4.1.2 永久性标识、清晰齐全，各组件完好无缺失。

3.4.4.1.3 帽壳表面无裂纹、无灼伤、无冲击痕迹，帽衬与帽壳连接牢固，帽箍调节器开闭灵活，卡位牢固。

3.4.4.2 安全带

3.4.4.2.1 每次使用前、后检查1次或每月检查不少于1次，试验周期每年不少于1次。

3.4.4.2.2 标识清晰齐全，各部件完整无缺失、无伤残破损。

3.4.4.2.3 腰带、胸带、围杆带、围杆绳、安全绳无灼伤、脆裂、断股、霉变，各股松紧一致，绳子无扭结，腰带、围腿带表面无明显磨损，腰带完整，带子接触部分垫有柔软材料，边缘圆滑。

3.4.4.2.4 缝合线完整无脱线，铆钉连接平整牢固可靠。

3.4.4.2.5 金属配件表面光洁、无裂纹、无严重锈蚀和目测可见的变形，配件边缘呈圆弧形。

3.4.4.2.6 金属卡环（钩）应有保险装置，且操作要灵活。

3.4.4.2.7 钩体和钩舌的咬口应完整，两者不应偏斜。

3.4.4.3 人字梯

3.4.4.3.1 每次使用前、后检查1次，每月检查不少于1次。

3.4.4.3.2 踏板与梯梁连接牢固，整梯无松散现象，各部件无变形、无裂纹、无缺损。

3.4.4.3.3 梯脚防滑良好。

3.4.4.3.4 梯子竖立后平稳，目测无可见的侧向倾斜。

3.4.4.3.5 梯具上的五金件（如铆钉、螺栓等）完好。

3.4.4.3.6 人字梯限制开度装置牢固可靠。

3.4.4.3.7 拉伸式梯子操作绳无断股、打结等现象，升降应灵活，锁位准确可靠。

3.4.4.4 验电器

3.4.4.4.1 每次使用前、后检查1次或每月检查不少于1次，试验周期每年不少于1次。

3.4.4.4.2 工作触头的金属部分连接牢固，无放电痕迹。

3.4.4.4.3 验电器的绝缘杆表面清洁光滑、干燥、无裂纹、无破损、无绝缘层脱落、无变形及放电痕迹等明显缺陷。

3.4.4.4.4　握柄无裂纹、无破损、无有碍手握的缺陷。

3.4.4.4.5　验电器（触头、绝缘杆、握柄）各处连接牢固可靠。

3.4.4.5　绝缘杆

3.4.4.5.1　每次使用前、后检查1次或每月检查不少于1次，试验周期每年不少于1次。

3.4.4.5.2　操作杆的金属接头与绝缘杆的连接紧密牢固。

3.4.4.5.3　各组件完整，绝缘杆光滑，绝缘部分无气泡、无皱纹、无绝缘层脱落、无严重的机械或电灼伤痕，固定连接部分无松动、无锈蚀和断裂等现象。

3.4.4.5.4　手持部分（护套）与绝缘杆连接紧密、表面无破损，无相对滑动或转动。

3.4.4.6　绝缘手套

3.4.4.6.1　每次使用前、后检查1次或每月检查不少于1次，试验周期每半年不少于1次。

3.4.4.6.2　手套表面应平滑，无明显的波纹和铸模痕迹。

3.4.4.6.3　手套内外面无针孔、无疵点、无裂纹、无砂眼、无杂质、无霉变、无划痕损伤、无夹紧痕迹、无粘连、无发脆、无染料污染痕迹等各种明显缺陷。

3.4.4.6.4　不漏气检查方法：吹鼓手套，由袖口向手指方向滚卷，滚卷过程中未卷部分无漏气现象。

3.4.4.7　绝缘靴

3.4.4.7.1　每次使用前、后检查1次或每月检查不少于1次，试验周期每半年不少于1次。

3.4.4.7.2　靴底的防滑花纹磨损应不大于50%，不能磨透露出绝缘层。

3.4.4.7.3　绝缘靴整体各处无裂纹、无漏洞、无气泡、无灼伤、无划痕等损伤。

3.4.5 物业装修管理

3.4.5.1 施工前

3.4.5.1.1 施工申请办理

a） 施工单位填写施工申请，同时提供施工合同、施工图纸、营业执照等施工申请资料。

b） 由项目安全员进行现场安全确认，经物业服务企业主管部门审核，报物业使用单位备案。

3.4.5.1.2 出入证办理

由施工单位向物业服务企业提供施工人员身份证、证件照片等，填写出入证申请表，报物业使用单位负责人审核同意后办理出入证。

3.4.5.1.3 施工资料审核

a） 物业服务企业对施工单位提供的施工申请资料进行审核，涉及动火作业、高处作业、有限空间作业等中高风险作业，应持证上岗。

b） 涉及向政府相关部门备案的工程，施工单位需要提供相关备案资料（消防二次装修）。

c） 施工单位需要接驳临时水、电的工程，应填写临时用水、用电申请表，在项目安全员的监督下，于指定位置接驳。

3.4.5.1.4 签署文件

施工资料审核通过后，由施工单位负责人在装修承诺书、防火责任书、施工许可证等相关文件上签字确认后，发放施工许可证。

3.4.5.1.5 施工保护

施工开始前，要求施工方对行走路线、施工现场及周围成品进行保护。施工单位将装修许可证张贴于施工现场，便于巡视检查。

3.4.5.1.6 安全交底

施工开始前，由物业服务企业对施工负责人进行安全交底培训，宣读施工注意事项及禁止事项。

3.4.5.2　施工中

3.4.5.2.1　施工过程中，物业服务企业每日安排人员巡视，对装修材料、建筑垃圾运输、装修人员行为、工程质量、消防安全等方面进行严格管控，发现问题及时纠正。

3.4.5.2.2　按规定巡查施工许可证有效期，施工人员佩戴施工出入证，现场配备合格的灭火器。

3.4.5.2.3　施工现场做好必要的安全隔离围护措施，并设置明显的安全警示标志，无安全隐患。

3.4.5.2.4　对因施工原因影响正常办公秩序的，及时进行上报处理，并做好记录和拍照留存。

3.4.5.2.5　涉及动火作业、高处作业、有限空间作业等中高风险作业，应安排人员全程监护。

3.4.5.3　施工后

涉及向政府相关部门备案的工程，在政府部门验收通过后，由物业服务企业组织专业设备维保单位对消防、供配电、空调、给排水、土建及园区外观等方面进行验收，验收资料存档。

3.4.6　作业流程

3.4.6.1　上门维修服务

3.4.6.1.1　报修受理

a）接听报修电话，响铃不应超过三声，语调适中、温和。接听人员应先说“您好！这里是工程部！请问有什么我能帮到您吗？”，详细记录报修内容、房间号、联系人及电话等信息，将报修工单录入信息化系统。

b）挂机时说：“××先生/女士，请您稍候！我们会尽快派人去给您维修，再见！”

3.4.6.1.2　上门前

准备齐维修所需的工具和维修材料，带上鞋套、垫布、毛巾、垃圾袋等物品，整理好工作服、工鞋、工牌等个人形象。

3.4.6.1.3　入门前

a）进入客户房间前，按门铃一次或轻轻敲门三声（声音适中），若没有应答等候10 s左右，再第二次按门铃或敲门，如此循环三次。

b）客户打开门时，工程维修人员应与房门保持一定距离，静候客人开门，在征得客户同意后，方可进入房内进行维修。

c）如客户不在房间内，要事先预约上门服务，需提前与客户做好沟通，两人前往。

d）重点客户和重点区域应由专人陪同处理，进门前应先敲门，确认后方可进入房内进行维修。

e）进入房间前，应先套上鞋套，再进入房间维修地点。

3.4.6.1.4　维修前

a）维修开始前，先将垫布在地面铺放平整，将工具包（箱）及各类作业工具、材料等有序的摆放在垫布上，保持地面清洁。

b）做好防污染保护。若影响客户办公家私、电器设备、地面、墙面、天花等，应先征求客户意见，在获得同意，并做好防尘、防脏、防损坏保护后，方可进行维修。

c）若涉及停电、停水、停空调、使用电动工具或进行用力敲打等影响客户的工作时，应先征求客户意见获得同意。

3.4.6.1.5　维修中

维修服务过程中务必做到：“四个轻”“四个零服务”和“五不准”。

a）“四个轻”，即走路轻、动作轻、说话轻、操作轻。

b）“四个零”，即零干扰、零损失、零污染、零烦恼。

c）“五不准”，即不吸烟、不乱坐、不吃（喝）客户的食品、不接受馈赠、不闲聊。

d）对不能解决的问题要做好解释，并积极协助客户解决。

e）若因工具、材料等不齐须返回领取时，应先和客户（报修人）说明离开原因和返回时间，并按时返回维修现场。

f ） 若维修材料缺失时，应以商量语气征求客户（报修人）意见，并预约好下一次的上门维修时间。

g ） 若客户自己购买维修材料时，应清楚给其写明材料名称、产地、型号/规格、数量等。

h ） 若客户要求代购维修材料时，应向其说明物业服务企业采购过程、时间以及价格大致范围，同时应清楚地向客户说明，材料准确价格宜在采购后才能确定。

3.4.6.1.6 维修结束

a ） 清理现场。应将因维修工作已经移动的物品、办公家私、电器等恢复维修前的状态。收拾好工具，清理干净现场，将维修产生的垃圾、杂物放入随身携带的垃圾袋中，离开时一并带走。

b ） 确认评价。维修工作完成后，应先自行检查，在确认修复后，再请客户检查确认。工程维护人员说“您好！×××已修好，请您检查一下”，同时向客户讲解使用注意事项。客户确认修复后，工程维修人员应主动了解客户是否还有其他服务需求，向客户说：“您还有其他方面需要维修吗？我现在可以一并检查处理。”在客户确认不需要后，请客户对维修服务工作进行签字评价。

c ） 结束离开时，主动对客户说：“很高兴能为您服务！打扰了，再见！”出门时，背对门口缓慢退出房间，带走垃圾袋，并轻轻替客户关好门。

3.4.6.1.7 服务回访

a ） 如果有客户对维修服务提出建议或意见时，回复：“您提的建议（意见）很好，我回去一定转达上级，谢谢您！”

b ） 如果有客户对维修结果不满意时，回复：“此问题我回去跟进，给您一个满意的答复。”

c ） 由客户服务中心安排回访，确定客户满意度。

3.4.6.2　电梯困人处置

3.4.6.2.1　开展解救

a）电梯维保人员和工程维修人员到电梯机房，断开电梯动力电源，在曳引机轴尾装上盘车装置，一人把持盘车装置，另一人采取“渐进式”方法缓慢松开制动器，防止电梯意外过快移动，造成电梯失控。

b）电梯未超出顶层或底层的平层位置时，可向较省力的方向移动电梯，防止轿厢因自重产生的重力速度过快而失控。

c）按照重力方向将轿厢缓慢移动到平层150 mm位置。

d）电梯维保人员使用机械钥匙打开厅门，拉开轿厢门，协助被困客人撤出轿厢。

3.4.6.2.2　安抚慰问

被困客人安全解救后，客服人员检查被困客人的身体和精神状况，并进行安抚和慰问，视情况拨打“120”电话送医救治。

3.4.6.2.3　排除故障

电梯维保人员立即对故障电梯开展故障检查，排除故障。

3.4.6.2.4　恢复运行

工程维修人员和电梯维保人员在共同确认电梯修复后，重新投入使用，撤除安全警戒线。

3.4.6.2.5　注意事项

a）对于电梯困人事件，工程维修人员应配合电梯维保人员进行救援工作，不应私自违规操作解救被困人员。

b）《中华人民共和国特种设备安全法》《市场监管总局办公厅关于特种设备行政许可有关事项的实施意见》等法规规定，只有具有电梯安装、维保资质的公司，具有电梯修理（T）证书的人员，才有权利盘车及使用三角钥匙进行电梯困人的援救。

c）根据政府部门相关规定，物业服务企业无电梯安装、维保申请资格，且无权盘车及使用三角钥匙进行电梯困人的援救。

d）物业服务企业聘请的特种设备电梯安全管理员和电梯修理（T）证书人员，只能进行电梯设备的日常管理、巡查。

3.5　安保服务

3.5.1　出入管控

3.5.1.1　人员出入管控

3.5.1.1.1　物业使用单位人员凭工作证或工作牌等有效证件进入。

3.5.1.1.2　外来人员（访问者）出入非电力生产场所时，应查看其有效证件，并要求其说明来访目的、拜访人等，经接洽人同意、核实登记，办理来访人员临时出入证后方可进入，离开时应将证件收回。

3.5.1.1.3　外来人员（访问者）出入电力生产场所时，作业人员凭有效工作票及相关资质证明，经核实登记后进入；非作业人员凭有效证件，经主管部门同意，经核实登记后进入；离开时做好离场记录。

3.5.1.1.4　驻点或定期出入办公场所的外委工作人员、施工作业人员，应由相关业务部门办理登记备案手续，并定期更新人员信息。办理来访人员临时出入证，凭临时出入证进出办公场所。

3.5.1.1.5　外来办事人员（客户）出入供电营业场所对外营业区域应通畅，不必履行登记手续。

3.5.1.1.6　实行“白名单”的场所，检查其工作证，了解其工作事由，经核实登记后方可出入。

3.5.1.2　车辆出入管控

3.5.1.2.1　经报备的外来车辆，可通过智能识别系统直接通行。

3.5.1.2.2　未经报备的外来车辆出入时，应在来访登记处办理相关手续，经确认同意后方可进入，在车位允许的前提下，听指挥停泊在指定的临时车位。

3.5.1.2.3　若客户提前告知执行公务的特种车辆（如消防车、救护车、警车等），可直接放行。

3.5.1.3　物品出入管控

3.5.1.3.1　外来车辆在装有物品进入时，应与相关管理部门联系，经核查属实后，方可放行。

3.5.1.3.2　外来车辆在装运物品离开时，应凭物品所在部门开具的放行条，核查属实后方可放行。

3.5.1.3.3　外来车辆/人员（访问者）装载（携带）进入办公/电力生产场所的物品，应进行检查。严禁装载（携带）易燃易爆等危险物品进入办公/电力生产场所。

3.5.1.3.4　所有出入电力生产场所或周转仓的车辆和物品，应进行检查，履行车辆出入登记手续后方可出入，车辆按指定位置停泊，物品按指定地点摆放。

3.5.1.3.5　装运电力物资材料的车辆在出入电力生产场所和周转仓时，应凭物业使用单位相关管理部门核发的物资材料出入放行条，保安人员应进行检查，核实有效证件并办理登记手续后方可出入。

3.5.2　安全防范

3.5.2.1　巡查路线

3.5.2.1.1　保安经理/队长负责巡逻片区的划分，各片区的巡逻岗位设置，各巡逻岗位的巡逻路线、巡逻频次的设定。

3.5.2.1.2　巡逻员负责按指定的区域、路线、频次进行巡查，并做好巡查记录。

3.5.2.1.3　对于巡查中发现的问题，能够处理的，应当即处理，处理不了的，应及时反馈到相关部门或上级领导。

3.5.2.1.4　注意观察遇到的可疑人员或物品，对于突发情况，应及时报告相关部门或上级领导，妥善处理。

3.5.2.1.5　根据项目实际设计巡更路线图。

3.5.2.1.6　熟悉和了解服务区域内各类公共设施、设备、物品的位置和状态，利用“工业物业管理信息系统”巡检功能，发现和排除各种安全隐患及时处理和报告，防止发生火灾及各类治安事故。

3.5.2.2 楼层巡查

3.5.2.2.1 检查走廊灯、楼梯灯、办公室门、窗户、标识、扶手是否正常。

3.5.2.2.2 检查电梯按钮板、轿厢门是否处于完好状态。

3.5.2.2.3 检查楼道、楼梯间墙身、天花批荡是否出现剥落、脱漆，墙、地面瓷片是否完整无损。

3.5.2.2.4 检查消火栓标识是否完好、配件齐全，手动消防报警电话盒、安全出口指示牌、楼层疏散指示牌、应急灯、卷帘门是否完好，防火门是否关闭，消防疏散通道是否堵塞。

3.5.2.2.5 检查卫生状况是否良好，楼层地面清洁有脏污、杂物，巡查人员应及时报送工单（如“工业物业管理信息系统”），小件垃圾做到“人过地净”，对占用通道的行为进行制止。

3.5.2.2.6 对形迹可疑者应上前询问，对其所提供的信息进行核实，如不实立即将人员带离，同时上报班长。

3.5.2.2.7 如楼层内有打斗、哭叫、呼救声等情况，值班员应迅速循声前往了解情况，并及时报本班班长，参照相关工作规程执行。

3.5.2.2.8 有异常气味、异响、室内冒烟、水溢出迹象立即查实情况，并报本班班长，参照相关工作规程执行。

3.5.2.2.9 接到消防监控中心报警信息后，以最快时间赶到现场确认情况，确认情况后回复消防控制室，无异常通知消防监控中心复位，有异常及时上报班长处理，确认有火情立即使用现场灭火器进行扑灭，并立即报告班长通知附近岗位前来支援。

3.5.2.2.10 台风、暴雨的应急处理，参照相关工作规程执行。

3.5.2.2.11 非正常上班时间，对房门是否关闭进行例行检查，如检查发现房门未关闭且房内无人时，巡逻员不应擅自入内，应第一时间报本班班长，经确认后关好房门并做好记录。

3.5.2.2.12 按照规定协助班长在规定的时间内对楼层施工人员进行清场，检查留宿人员，统计加班人员部门、人数。

3.5.2.2.13 值班员对巡查中应报备情况并填写记录。

3.5.2.3 电梯巡查

3.5.2.3.1 检查电梯运转是否平稳，是否有异常响动。

3.5.2.3.2 检查轿厢内温馨提示、年检合格证是否有脱落，测试对讲是否畅通，电梯按钮等配件是否完好。

3.5.2.3.3 检查照明灯及安全监控设施是否完好。

3.5.2.3.4 检查卫生状况是否良好。

3.5.2.4 车场巡查

3.5.2.4.1 对车窗门未关闭、漏水、漏油等异常情况进行巡查。

3.5.2.4.2 查看地下室消火栓、喷淋头、烟感、温感、消防广播、手动消防报警电话盒、安全出口指示灯、灭火器、应急灯、消防门、排烟风阀、防火卷帘门、电梯按钮板、停车杆有无损坏，照明系统是否正常运行。

3.5.2.4.3 检查车位挡车杆、地沟盖有无损坏。

3.5.2.4.4 查看车场设备房门是否完好，屋内有无异常声响。

3.5.2.4.5 查看车场充电桩是否完好。

3.5.2.5 外围巡查

3.5.2.5.1 检查室外各种管线有无破损。

3.5.2.5.2 检查室外设施有无损坏、生锈、脱漆现象，标识是否完好。

3.5.2.5.3 检查交通设施是否完好。

3.5.2.5.4 检查各类雨、污水井盖是否完好，路灯、草坪灯、景观照明等是否齐全。

3.5.2.5.5 检查外立面窗户是否完好。

3.5.2.5.6 对可疑人员盘问与驱离、跟踪，并告知各相关岗位。

3.5.2.5.7 外围地面有脏污、杂物，绿化植物损坏等，巡查人员应及时报送工单，小件垃圾做到“人过地净”。

3.5.2.6　装修现场巡检

3.5.2.6.1　按规定巡查装修施工许可证有效期，施工人员佩戴施工出入证，装修现场配备合格的灭火器。

3.5.2.6.2　施工现场做好必要的安全隔离围护措施，并设置明显的安全警示标志，无安全隐患。

3.5.2.6.3　对因施工原因影响正常办公秩序的，及时进行上报处理，并做好记录和拍照留存。

3.5.2.7　安防监控

3.5.2.7.1　熟练掌握监控设备、红外线报警系统、电子围栏系统和“110”一键报警等安全防范系统的使用和操作，定期对监控设备进行日常维护保养，确保设备正常工作。

3.5.2.7.2　杜绝闲杂人员进入，如因工作需要进入安防监控室，应详细填写登记表，工作完成后不应逗留。

3.5.2.7.3　对钥匙、门禁进行分类整理、统一保管，所有钥匙、门禁应入柜存放，钥匙柜应安置双锁，钥匙由监控人员及当值班长共同保管。

3.5.2.7.4　值班人员严格遵守保密制度，调阅录像应有相关负责人审批，查阅人对查阅内容有保密义务。

3.5.2.7.5　图像清新，数据有记录，有值班记录，图像文件提取功能正常，重要部位监控录像保存不少于180日。

3.5.3　消防管理

3.5.3.1　消防监控

3.5.3.1.1　消防控制室应实行 24 h 值班制度，每班不少于 2 人；能够通过城市消防远程监控系统实现远程操作消防控制室所有控制功能的，每班不少于 1 人。

3.5.3.1.2　消防控制室值班人员熟练掌握消防设施、设备操作技能和常见故障处理办法，并取得符合要求的相应等级消防设施操作员证。

3.5.3.1.3　消防控制室应密切监控高位消防水箱、消防水池、气压水罐等消防储水设施水量，发现异常及时通知相关人员处理，并做好相关记录。

3.5.3.1.4　消防控制室值班人员接到火警信号后，应立即通知相关工作人员进行确认，如有火情按火灾应急预案处置。

3.5.3.1.5　交接班应将交接的设备、物品、交班人、接班人等情况及时、完整、准确地填写于交接登记本。

3.5.3.1.6　建立消防档案并妥善保存，存档备查。

3.5.3.2　防火巡查

3.5.3.2.1　检查防火门是否处于正常状态，机房门、电井门等是否锁闭及有无损坏。

3.5.3.2.2　检查各楼层办公房门以及停车场停放车辆的门、窗是否锁好。

3.5.3.2.3　检查消防设备、设施（即烟感、温感、手报、警铃、消火栓、灭火器、正压送风口、应急照明、安全出口指示灯等）是否完好。

3.5.3.2.4　协助开展消防安全大检查，及时纠正违反消防法规的行为。

3.5.3.3　志愿消防队

3.5.3.3.1　成立志愿消防队应急小组，制定消防应急预案。

3.5.3.3.2　定期开展消防训练和培训教育，采用多种形式进行消防安全知识宣传教育，并做好记录，与当地消防保持沟通。

3.5.4　停车场安全管理

3.5.4.1　交通管理

3.5.4.1.1　车辆出入口应设置岗位，提供停车场（库）的车辆的通行与停放，维护车辆出入与停放安全有序，保持消防通道畅通。

3.5.4.1.2　车流高峰期，将停车区域车位和各出入口流量情况及时通报，便于及时现场疏导及指挥安排。

3.5.4.2　停车场管理

3.5.4.2.1　规范的停车场标识标牌，划定交通标线和泊位标线，对停车泊位实施编号管理。

3.5.4.2.2　张贴安全停车的警示标语。

3.5.4.2.3　标明专用车位，保障车辆有序停放。

3.5.4.2.4　指引车辆规范停放，保持车辆车头统一朝外或规定方向。

3.5.4.2.5　非机动车应定点停放。

3.5.4.3　充电桩巡查管理

3.5.4.3.1　建立电动汽车停放、充电设备安全管理制度，明确安全责任人。

3.5.4.3.2　在显眼位置设置公示充电设备运营机构的名称、运营时间、服务范围、服务项目、收费标准、救援由话、监督热线及可供使用的设备情况等。

3.5.4.3.3　充电区域内应配备相应的消防器材，并对消防器材进行日常巡查和定期保养，应做好相关记录存档备查。

3.5.4.3.4　对充电设施进行日常巡查外，应定期同设备厂家进行维护保养，并做好相关记录存档备查。

3.5.5　特殊时期保供电

3.5.5.1　反恐防范

3.5.5.1.1　人防

设立24 h值班制度，对聘用人员严格审查，防止可疑人员上岗，定期对重点人员进行评估；定期组织反恐防范知识培训及应急演练。

3.5.5.1.2　物防

反恐怖物防配置应急装备包括但不限于：全自动液压升降柱、电动门、防盗门、便携式破胎器、人脸识别闸机、防盗栅栏、水马、拒马围挡等；配置防暴器材包括但不限于：防暴头盔、防刺服、防护服、防割手套、防暴盾牌、防暴、金属探测仪、小口径锁脚钢叉、大口径钢叉、T 型棍、哨子、伸缩警棍、防毒面具、防爆毯、防暴阻车钉及强光手电筒等，视实际情况配备巡逻车。

3.5.5.1.3 技防

技防设施包括但不限于：安防监控系统、便携式无人机防御系统、出入口车辆自动识别系统、人行闸机识别系统、电子巡更系统、红外线报警系统及公共广播系统；安防系统监控中心设有监控、红外线报警及一键报警，报警控制台设置监视、录像、存储、通信设备，系统有配备安全防护设施和消防设施，以及满足值班人员正常工作的辅助设备；设置公共广播系统，用于应对突发事件的广播，具有应急备用电源，紧急广播具有最高级的优先权，能在警报信号触发后立即投入使用。

3.5.5.1.4 联防

联合客户与属地公安、反恐部门建立联防联动联治工作机制，重要场所配合物业使用单位落实“一所一警”“一站一警”工作机制。

3.5.5.1.5 反恐怖防范应符合GA 1800.1的要求。

3.5.5.2 防社工攻击

3.5.5.2.1 营业厅

a）不向外来人员提供数据、信息资料，不接入外来人员提供的移动介质，不向外来人员提供直接访问系统的途径。

b）及时、准确识别出正常业务办理以外的行为（如：携带手提电脑、长时间操作自助缴费终端、试图操作键盘、插拔移动介质、插拔网线、四处张望游荡等）并做好防控。

c）如发现营业厅内异常，联合物业使用单位相关人员处置、及时制止。

3.5.5.2.2 电力生产场所

a）对重要部位加强巡逻，提醒工作人员出入电力调度机构/控制中心时应警惕人员尾随，防止无关人员跟随进入。

b）严格按照属地物业使用单位管控要求，配合落实重要电力生产场所“白名单”出入管控。

3.5.5.2.3 设有充电桩的非对外营业场所

a）准确识别电动汽车特征（一般为绿牌车），只允许电动汽车进入充电。

b）查验驾驶员和乘坐人员身份并履行登记手续。

c）加强盯防，发现异常情况及时处置。

3.5.5.2.4　做好信息报送，发现疑似社工攻击情况应第一时间上报至客户相关部门。

3.5.6　应急处置管理

3.5.6.1　治安维稳

3.5.6.1.1　建立应急最小单元，不定期开展治安维稳应急处置演习演练，熟练掌握相关应急处置流程和处置技能，熟练使用相关防暴器材装备。

3.5.6.1.2　发生信访、失窃、冲卡等异常事件或应急抢险，应根据客户相关应急预案、处置方案等开展处置工作。

3.5.6.2　初起火灾

3.5.6.2.1　当接到火警信号时，立即查看报警部位，并用对讲机呼叫（电话拨打）安保或者现场工作人员，或使用现场监控视频，确认是否真的发生火灾。

3.5.6.2.2　火灾确认后，立即将相关消防控制设施设置在自动状态（已经在自动状态的除外）。

3.5.6.2.3　拨打“119”电话报警。

3.5.6.2.4　向上级报告，启动单位火灾应急和疏散预案。

3.5.6.2.5　组织人员进行安全疏散指引，引导至安全地带。

3.5.6.2.6　组织志愿消防队开展初起火灾扑救。

3.5.6.2.7　配合消防队行动，按消防队指令进行相关操作。

3.5.6.3　防风防汛

3.5.6.3.1　灾前防

a）密切关注天气预警信息，及时做好防汛沙袋、挡水板、警戒带等防风防汛应急物资检查和准备，确保各类物资到位、可用。

b）对服务区域各类标示牌、树木倒伏、排水沟堵塞、屋顶、围墙、门窗、排水系统、地下停车场、低洼地带等进行全面隐患排查，发现问题及时处置或上报处理。

c）检查加固高空悬挂物、户外广告牌、公共设施设备等，防止发生高空坠落伤人事故。

d）加大室内巡查力度，检查各楼层门窗状态是否关闭。

e）关注停车场车辆安全，提醒客户车辆尽量勿停至大树下或地势低洼地带。发现此类情况的，联系客户移车至安全地带。

3.5.6.3.2　灾中守

a）加大安防监控力度，及时发现上报服务区域可能出现的财产受损、破坏情况。

b）应急队伍实行汛期24 h值守，确保通信畅通，信息反馈和响应及时。

c）在暴雨预警期间，密切关注天气情况，启动定时巡查机制。针对频发易发雨水堆积等重点区域加强巡查频次，发现情况立即处置，确保排水系统正常使用，保障人身财产安全。

3.5.6.3.3　灾后抢

a）对于服务区域可能出现的影响秩序、安全情况，在确保安全的前提下，第一时间做好警戒或临时应急处置工作。

b）做好服务区域环境、秩序的恢复工作，保障正常生产生活秩序，确保服务区域道路、各出入口畅通和电力抢修车辆正常出入。

c）及时组织人力物力，协助处理清扫污泥垃圾和做好卫生防疫工作，预防各类传染病的发生。

3.5.7　特色服务

3.5.7.1　电力设施保护

3.5.7.1.1　协助物业使用单位开展防范和打击盗窃破坏电力设施、窃电、非法收购电力设备等涉电力违法犯罪行为。

3.5.7.1.2 协助开展用电安全检查、无序用电整治、高损台区整治工作。

3.5.7.1.3 协助开展防止外力破坏、隐患治理、线下清障等工作。

3.5.7.1.4 配合属地政府有关部门开展电力行政执法工作。

3.5.7.1.5 协助开展电力设施保护相关的宣传教育工作。

3.5.7.2 无人机辅助服务

3.5.7.2.1 协助放飞工作

a）保安人员接到无人机放飞指令时，提前10 min将无人机从机箱搬至指定的停机坪（应在周围设置明显的标志和标识，以指示该区域为无人机专用区域，包括标明无人机起降的方向和指示）。

b）无人机在搬运过程中应轻拿轻放。

3.5.7.2.2 无人机回收保管

a）无人机飞行任务结束后，应换下无人机电池并对电池充电，擦净机身后将无人机及相关配件放置在机箱内。

b）存放环境要求安全、清洁、干燥，应做好防火、防盗、防潮工作，不应存放在明火或者有加热源的地方，存放周边不应有易燃易爆物品。

c）不同类型的设备分开隔离存放，如不应将机器与电池混放。

d）无人机由专人专柜进行保管，非执行任务情况下不应随意挪用。

3.5.7.2.3 无人机日常清洁

a）无人机清洁前先检查机器是否已断电，不能在没有断电情况下做清洁保养。

b）检查机身表面，如有附着物，使用软毛刷将表面污渍刷干净，如有灰尘，用专用无人机清洁布轻轻擦拭。

c）检查电池插头，如存在异物或杂质，应及时擦拭处理。不应使用酒精等可燃清洁剂对电池或充电设备进行清洁。

d）每次清洁完毕后，将无人机放置在对应的机箱内。

3.5.7.2.4 电池保养充电

a）电池安装或者取前应保持电池的电源关闭状况，电池应使用指定的充电器充电，不应私自更换充电器。

b）检查电池外壳、尾插卡扣，如有破损、变形、鼓包和漏液应及时报至客户。

c）如无人机长时间不使用，将电池单独取出，存放在阴凉、干燥环境中，不应让电池长期低电量存放，将充电电量保持在40%～60%之间，且补电每季度1次，以维持无人机的电池稳定。

3.5.7.2.5　无人机登记管理

做好无人机使用登记记录，包括放飞起落时间、充电时间、清洁保养时间等，以及做好交接手续。

3.5.7.2.6　安全注意事项

a）严禁近身起飞，无人机起飞应保持距离5 m以上。

b）严禁任何情况下手接降落无人机。

c）严禁无人机降落后，桨未停转或未自锁拿起无人机，务必保证无人机自锁后再行移动。

3.5.7.3　搬运服务

协助提供服务区域内的少量办公家具、器材和物资材料等短距离（如一楼A房间搬到二楼B房间）“小帮手”搬运服务。

3.5.7.4　礼宾服务

3.5.7.4.1　客户步行接待礼仪

a）形象礼宾员当值期间穿着礼宾服，以跨立或立正姿势在门岗（大堂）位置站岗，树立“第一卫士”形象，热情、礼貌接待每一位客户。

b）当客户进入时，形象礼宾员应在距离客户3 m时，以标准军礼向客户方位敬礼，目视受礼者，客户经过后礼毕，恢复立正姿势。

c）对于到访的客户，形象礼宾岗应随时观察其动向，对于同行人员密切关注动向，如有异常及时通知巡逻岗到场协助处理。

d）配合保洁部门对其岗位周边环境进行监控，发现问题及时通知相关人员进行处理。

3.5.7.4.2　车辆通行接待礼仪

来车距离岗位约5 m时，以标准军礼面向来车行驶方向转体敬礼，车辆通过后礼毕（可搭配车辆指挥手势），恢复立正姿势。

3.5.7.4.3　客户咨询接待礼仪

a）客户咨询时，迅速走下岗台，立正、敬礼、微笑问好（“您好！请问有什么可以帮到您？”）。

b）礼貌回答客户询问。

c）咨询完毕，立正敬礼，目送客户离开。

3.5.7.5　升旗服务

3.5.7.5.1　为客户在重大节日期间举行的庆典、活动开展升国旗仪式。

3.5.7.5.2　升、降国旗，国旗护卫队应准时到齐，统一穿着仪仗服，精神饱满，斗志昂扬。

3.5.7.5.3　到达国旗台后整理国旗，保持军姿，庄严肃立。

3.5.7.5.4　在国旗台上动作应规范大方、干净利落。

3.5.7.5.5　主旗手缓缓将旗升起，护旗手甩旗，全体敬礼，国旗撞顶后全体礼毕。

3.5.7.5.6　升旗结束后，立正，由队长下达口令，列队带回。

3.5.7.5.7　定期检查国旗及升旗设施，保持国旗干净、整洁，无破损；保证国旗升、降顺利。

3.5.7.6　代客泊车服务

3.5.7.6.1　在服务区域内提供重点客户泊车服务。

3.5.7.6.2　接车时，提醒客户将重要物品随身携带并快速检查车身完好情况，包括车身、车灯、车窗、后视镜、轮胎、车辆标志等，如发现问题应及时与客户说明。

3.5.7.6.3　泊车后对车辆的上述情况认真记录并请客户确认。

3.5.7.7　智慧安防巡逻

3.5.7.7.1　智能巡检机器人能代替或协助人类进行巡检、巡逻、安防等工作，能够按路径规划和作业要求，精确地执行并停靠到指定地点，对巡检设备提供红外测温、表计读数记录及异常状态报警功能，并实现巡检数据的实时上传、信息显示、报表生成等后台功能。

3.5.7.7.2 服务区域内若有烟雾浓度超出规定阈值，智能巡检机器人也可实时拍摄现场画面回传至终端，并发出警报。智能巡检机器人也配备了夜视功能，能够在低光照条件下进行监控和记录。智能巡检机器人为紧急事件的现场记录和指挥提供了重要的帮助。

3.5.7.7.3 保安人员可以通过机器人的实时画面，准确了解现场情况，迅速作出决策，采取行动。能够准确识别车辆违停、乱扔垃圾等违规行为，并进行劝诫和警示。智能识别功能可以有效维护园区的秩序和环境整洁。

3.5.8 作业流程

3.5.8.1 门岗进出管控

3.5.8.1.1 人员出入服务流程

a）值班员对不能自行刷卡进入服务区域内的人员问询时应使用：“您好，请出示证件”，重要客户进出时敬礼并通报各相关岗位。

b）无卡无证人员原则上不应进入服务区域内，如为属地客户，应通过工作证、通讯录等核验身份，并进行登记。

c）非本单位人员来访应核实，保安人员向来访人主动点头微笑示意，问询时使用“先生/女士，您好！”等问候语，并询问对方来访目的及受访对象，通过电话联系受访对象部门，对信息进行核实。

d）核实无误后，保安人员对来访人员有效证件进行验证，相符时凭有效证件换取临时出入证，并做好记录；离开时互换证件，做好记录并通知相关岗位，告知来访人员信息。

e）被访人确认无误后，但来访人无法提供或不愿提供有效证件的，值班员做好记录并要求被访人本人或授权人员持证到现场带领，在记录中签名后允许进入。

f）遇有被访人不愿接见、提供的被访人信息有误、证件与持有人不相符时，不予登记并不应进入服务区域内。

g）上、下班高峰期间（7：30～9：30，16：30～18：30）服务项目的当值管理人员、队员应在现场进行“晨迎晚送”、人员车辆疏导及秩序维护。

3.5.8.1.2 车辆进出服务流程

a）岗位应树立良好的职业服务意识，时刻注意自身形象，面带微笑，动作举止恭敬礼貌。

b）当有车辆进入服务区域，应及时在车场入口向来访车辆敬礼迎接，指引客户停放车辆，停稳后主动上前问好，致欢迎语：“先生/女士，您好，欢迎光临××××！”“您好，请出示证件！”“您好，请问您找哪位？”

c）为客户指引停车方位，提醒客户关好车门窗，并传递客户信息至相关岗位。

d）检查车窗是否关好，车辆外观是否有损伤，有损伤立即提醒客户，并做好记录，请客户签字确认。

e）遇客户携有重物，在征求客户同意后主动帮客户搬、提物品。

f）露天车场，遇雨天或天气炎热时节，在客户下车的同时主动为其撑伞；撑伞时站在客户左手边，并保持一定距离。

g）客户离开车辆开动后，致欢送语：“先生/女士，请慢走，欢迎再次光临！”

h）朝车辆驶离方向敬礼目送，直至车辆驶出视线范围。

3.5.8.2 消防控制室值班作业

3.5.8.2.1 室内严禁烟火，不应存放易燃易爆等危险品。

3.5.8.2.2 监控中心24 h服务电话实行严格管理，不应拨打与工作无关的电话，有需要使用时应做好记录。

3.5.8.2.3 接到火灾报警信号，按消防灭火相关工作规程执行。

3.5.8.2.4 值班员报火警内容：拿起电话拨“119”直至听到对方回应后，作以下内容汇报：我是×××项目消防值班员，现在×号楼××楼层发生火灾，起火原因是××，现请求你们支援，××位于××路×号。我们已安排工作人员在入口处迎接，我们的联系人是×××，联系电话××××××××，情况是否已清楚？待对方回应清楚后，才可放下电话。

3.5.8.2.5　消防广播内容：各位客户请注意，×号楼××楼层发生火灾，请各客户迅速从消防疏散通道有序疏散，严禁乘坐电梯，请听从我们现场疏散人员的指挥，以免造成混乱（循环播放）。

3.5.8.2.6　消防控制室与巡逻联动

a）消防控制室主机收到火警信号后，用对讲机通知最近的巡逻岗到报警位置查看。

b）巡逻员到现场查看后将现场情况用对讲机通知消防控制室值班人员。

c）消防控制室主机收到水流指示报警、气体等报警系统，用对讲机通知最近的巡逻岗到报警位置查看。

3.5.8.3　初起火警处理

3.5.8.3.1　火情确认

a）接到客户、工作人员、自动报警系统信号后，消防控制室值班人员应立即通过对讲机通知当值班长和巡逻员带着灭火器奔赴报警点核查。

b）若属误报，当值班长立即将信息返回消防控制室，对报警信号作消除、复位处理，并做好记录。

3.5.8.3.2　初起火灾

a）消防控制室值班人员将初起火灾情况报告当值班长与安保经理。

b）当值班长组织巡逻员依据现场条件立即实施灭火，通知本班其他人员迅即赶赴现场参与灭火。

c）当值班长将火情状况反馈给消防控制室值班人员，做好记录。

d）项目消防安全管理人应向物业服务企业消防安全责任人及物业使用单位相关部门报告。

e）项目消防安全管理人组织相关人员对火灾进行分析总结。

3.5.8.3.3　联动灭火

a）当值班长判断火情难以扑灭，立即反馈给消防控制室，由消防控制室报告项目负责人、安保经理或值班经理，由其三人之一担任总指挥，总指挥下令启动消防应急预案。

b）现场指挥，通知各岗位人员各就各位。

c）通报火警“119”和急救“120”。

d）开通消防广播，向楼内客户发出火情通告及疏散注意事项。

3.5.8.3.4　“119”消防灭火

a）“119”消防救援队到达后总指挥向消防指挥人员介绍火情。

b）确保消防救援成员以最快捷方式到达火灾楼层。

c）消防救援队开展灭火时，各小组按其要求予以配合，协同作战，尽快将大火扑灭，将火灾损失降到最低。

3.5.8.3.5　灭火善后工作

a）自救灭火处理，总指挥安排人员对现场进行拍摄记录完成后，组织对现场进行清理。

b）总指挥安排人员进行事故调查。

c）设施设备现场指挥安排人员恢复正常供电及设施设备的正常运行。

d）组织内部召开消防管理分析会并形成专项报告，提出纠正预防措施。

3.5.8.4　突发群体性事件处理

3.5.8.4.1　发现警情

值班人员接到信息或发现可疑现象，及时上报相关部门。

3.5.8.4.2　采取警戒措施

a）赶赴现场，维护现场秩序。

b）控制可疑人员，清查其他区域情况。

3.5.8.4.3　引导疏散

密切关注事态，做好客户引导疏散工作。

3.5.8.4.4　配合警方处置

警方或者处置部门到达现场后，全力配合做好相应工作。

3.5.8.4.5　记录总结

安保部门负责记录汇报，并恢复现场秩序。

3.6 餐饮服务

3.6.1 食材采购管理

3.6.1.1 菜谱编制

3.6.1.1.1 菜谱结合客户喜好、风俗习惯、饮食文化等因素，按“常吃常新鲜”“三餐四季”的理念定期更新。

3.6.1.1.2 菜式搭配应遵循健康、营养、节俭的标准制定。

3.6.1.2 市场调研

根据物业使用单位委托或自主采购需要，可结合实际情况，选取当地三家大型农贸市场或大型超市进行食材市场价格调查及数据分析，以此作为物业服务合同费用结算的参考数据。

3.6.1.3 食材采购

3.6.1.3.1 食堂每日根据次日菜谱列出所需食材清单，各类食材的用量应严格根据就餐人数合理确定，及时下单。

3.6.1.3.2 食材采购应在符合条件的情况下，优先选择绿色种植基地有机食品、绿色食品、无公害食品等，在下单时明确清晰备注。

3.6.2　食材验收管理

3.6.2.1　配送要求

3.6.2.1.1　检查运输人员、随运人员健康证明，供应商应相对固定人员进行配送，固定人员应进行资料备案报备，临时人员检查健康证明、身份证明及现场人员，确保“人证一致”。

3.6.2.1.2　检查运输车辆类型（冷链车运输标准）、车厢内温度、车厢内清洁度、货物分类包装、熟食密封情况等（符合标准予以验收，不符合标准，视情况退回）。

3.6.2.2　食材索证索票管理

3.6.2.2.1　应指定经培训合格的人员负责食品、食品添加剂及食品相关产品采购索证索票、进货查验和采购记录。

3.6.2.2.2　从业人员应当掌握餐饮服务食品安全法律知识、餐饮服务食品安全基本知识及食品感官鉴别常识。

3.6.2.2.3　从食品生产者采购食品的，查验其食品生产许可证和产品合格证明文件等。

3.6.2.2.4　采购食品添加剂、食品相关产品的，查验其营业执照和产品合格证明文件等。

3.6.2.2.5　从食品销售者（商场、超市、便利店等）采购食品的，查验其食品经营许可证等。

3.6.2.2.6　从食用农产品个体生产者直接采购食用农产品的，查验其有效身份证明。

3.6.2.2.7　从食用农产品生产企业和农民专业合作经济组织采购食用农产品的，查验其社会信用代码和产品合格证明文件。

3.6.2.2.8　从集中交易市场采购食用农产品的，索取并留存市场管理部门或经营者加盖公章（或负责人签字）的购货凭证。

3.6.2.2.9　采购禽畜肉类的，应索取动物产品检疫合格证明，并索取肉品品质检验合格证明。

3.6.2.2.10 采购食品、食品添加剂、食品相关产品的，应留存每笔购物或送货凭证。

3.6.2.2.11 采购种植类食材的，供应商应随货提供食材的农药残留检测证明。

3.6.2.2.12 采购有机绿色蔬果的，应索取有机绿色蔬菜相关证明文件。

3.6.2.2.13 采购油产品应索取质量报告单，采购大米应索取检测报告。

3.6.2.3 验收标准

3.6.2.3.1 食堂食品的验收，鲜货类采用两名食堂验收员、一名值班厨师同时验收的方式进行，干货类采用两名食堂验收员、一名库管员同时验收的方式进行。验收食品时一定要坚持“一看二闻三手感”的原则，有问题的食物坚决不能验收入库或使用。

3.6.2.3.2 供应商交付食品时，验收人员要进行外观查验和温度查验。

3.6.2.3.3 温度查验期间，尽可能减少食品的温度变化。冷藏食品表面温度与标签标识的温度要求不应超过3 ℃，冷冻食品表面温度不宜高于-9 ℃。

3.6.2.3.4 预包装食品的包装应完整、清洁、无破损，标识与内容物一致；冷冻食品无解冻后再次冷冻情形；具有正常的感官性状；食品标签标识符合相关要求；预包装食品剩余保质期不少于总保质期时长的2/3（不含鲜奶等总保质期极短的食品）。

3.6.2.3.5 检查米粮干货时，手摸符合品类干燥后硬度和光滑度，表面符合正常颜色感官，没有霉点、黑点、长虫等不良情况，气味正常。

3.6.2.3.6 检查蔬果类食品的感官性状，货品新鲜无腐烂，老叶、黄叶、断残情况符合正常，瓜果类根据外观情况判断是否切开抽查，有叶、梗，易木质化的蔬菜应通过折、撕、切、掰等手法检测蔬果的老化程度。

3.6.2.3.7 检查肉类、禽类食品的新鲜度和感官性状，通过看、闻、按、压等手法检查肉类品质。表皮、肉质、弹性、颜色、紧致度、气味符合正常，骨头类、蹄、翅、腿类拆解产品的大小符合成年动物尺寸标准，不存在过大、过小的情况，且性状感官正常；排骨的整条头、中、尾具备，没有被人为挑走中部，仅保留头尾等较次部位的情况。

3.6.2.3.8　检查水产类食材，通过看、闻、按、压、掰等手法检查水产类品质。鱼类眼睛、鱼鳃等关键部位符合新鲜鱼类特征，鱼鳞清理干净，鱼肚没有烂肚等不良情况，内脏清理干净，腹腔黑膜残留符合清理后标准，气味正常，肉质符合品类特征。虾蟹贝类表壳符合正常新鲜或冰鲜特征，无破损、非正常斑块等问题，气味正常，贝类、蟹类符合季节性肉质饱满程度，没有化水脱水过度的情况。

3.6.2.3.9　即时开展农药残留抽检，并做好登记；农残检测不合格商品不应收货。

3.6.2.3.10　食材到货后，应及时进行食材质量和数量验收，出现食材质量问题不予收货，食材重量现场复秤，复秤重量与数量应无差错。

3.6.2.3.11　双方约定由供应商负责削皮去筋等粗加工的，应在粗加工符合要求后再签收，签收数量应与粗加工前的实际复秤数量一致。

3.6.2.3.12　食材验收应在有摄像监控的收货区开展验收工作，验收过程对产品形状、数量等存在不合格的问题予以拍照记录，并建立每日的食材验收图片电子档案备查。

3.6.3　仓库管理

3.6.3.1　日常管理

3.6.3.1.1　指定专人负责原材料订货、验收、存储、使用等工作台账管理，做好各类登记统计和资料存档。规范原材料存储管理，根据进货和领用情况及时办理出入库手续。

3.6.3.1.2　原料储存应分区、分架、分类，离墙10 cm、离地10 cm存放食品。

3.6.3.1.3　散装食品（食用农产品除外）储存位置应标明食品的名称、生产日期或者生产批号、食用期限等内容。

3.6.3.1.4　每月开展库存盘点工作，同时检查预包装食品保质期情况，做到先进先出，无过期食品。

3.6.3.2 冷冻（藏）管理

3.6.3.2.1 存放于冷藏、冷冻设施中的植物性食品、动物性食品和水产品应分类摆放，并有明显标识。

3.6.3.2.2 存放于冷藏、冷冻设施中的原料、半成品和成品也应分类摆放，有明显区分标识；

3.6.3.2.3 冷冻（藏）库设有可正确指示库内温度的温度计。

3.6.3.2.4 厨房长时间休假前应将冷冻（藏）食品（含原料、成品、半成品）全部用完，确有不能用完的食品，厨房应交代厨房值班人员关注食品保存情况，防止假期内冷冻设施设备出现断电解冻再复冻的情况。

3.6.3.2.5 冷冻（藏）库及设备设施应设专人管理，专区专用，定期清理、消毒。

3.6.4 食品粗加工及切配管理

3.6.4.1 粗加工管理

3.6.4.1.1 厨房内要保持卫生干净，粗加工间保证操作台干净无积水。

3.6.4.1.2 食品原料的清洗池、加工台要按照植物类、动物类、水产类标识分开使用，不应混用。

3.6.4.1.3 加工前应认真检查待加工食品，发现有腐败变质迹象、超过保质期或者其他感官性状异常的，不应加工和使用。

3.6.4.1.4 蔬菜加工时应做到一拣（拣去腐烂的、不能吃的）、二洗、三浸（应在蔬菜浸泡池浸泡30 min）、四切（按需要切形状）。

3.6.4.1.5 加工后的蔬菜瓜果应无泥沙、杂物、昆虫。

3.6.4.1.6 肉类及水产品类食品要做到随进随加工，并及时冷藏或使用；加工后的肉类应无血、无毛、无污物、无异味，水产品无鳞、无内脏。

3.6.4.1.7 禽蛋在使用前应在禽蛋专用清洗池（盘）进行清洗，必要时消毒处理。破蛋应单独存放在暂存容器内，确认未变质后才能使用。

3.6.4.1.8 冷冻（藏）食品出库后，应及时加工制作，冷冻食品原料不宜反复解冻、冷冻。宜使用冷藏解冻或冷水解冻方法进行解冻，解冻时合理防护，避免受到污染。使用微波解冻方法的，解冻后的食品原料应立即加工制作。

3.6.4.1.9 应缩短解冻后的高危易腐食品原料在常温下的存放时间，食品原料的表面温度不宜超过8 ℃。

3.6.4.2 切配管理

3.6.4.2.1 每日应根据食材特点进行粗加工、初加工和半成品配置，按规定的形态要求进行加工。

3.6.4.2.2 丁、丝、条、块、段、片等要求达到厚薄、长短一致，粗细、大小均匀，形态美观的标准。

3.6.4.2.3 不同种类的原料应分开盛放，加工后的原料应随时使用保鲜膜封严或随用随切。

3.6.4.2.4 切制过程中的边角料与下脚料不应随便丢弃，应合理使用，做到物尽其用。

3.6.4.2.5 加工后食品原料要放入清洁容器内，不落地，有保洁、保鲜设施。

3.6.4.2.6 切配好的半成品应避免污染，与原料分开存放，并应根据性质分类放在层架上。

3.6.4.2.7 切配好的食材如不及时使用，应存放在冷库内储存。

3.6.4.2.8 需要腌制入味的品种应在刀工处理结束后，立即在专用盛器中，按规定的味型与投料比例，投放调味品，拌匀后用保鲜膜封严，放置保鲜库腌制。

3.6.4.2.9 加工制作或盛放不同类型食品原料的工具和容器应有明显区分标识（图片上墙）并分开使用。

3.6.4.2.10 加工制作或盛放畜肉类原料、禽肉类原料及蛋类原料的工具和容器宜分开使用。

3.6.4.2.11 加工工具、容器及设备应经常清洗，保持清洁并定位存放。

3.6.4.2.12 直接接触食品的加工用具、容器用前应消毒。

3.6.4.2.13 垃圾废弃物容器应加盖，并做到餐产餐清。

3.6.5 食品烹调加工卫生管理

3.6.5.1 烹调加工

3.6.5.1.1 烹调前应认真检查待加工食品，不使用有毒有害、超过保质期的调味品及食品添加剂。

3.6.5.1.2 炒、烧食品要勤翻动，烧熟煮透，防止外熟内生。隔夜、隔餐及外购熟食要回锅彻底加热后才能供应，食物中心温度应高于70 ℃。

3.6.5.1.3 煎炸食用油不应连续反复煎炸使用。

3.6.5.1.4 加工后的成品应与半成品、原料分开存放。直接入口食品存放柜不能存放非直接入口的食品和须重新加工的食品及其他物品、私人用品。

3.6.5.2 保存管理

烹调后至食用前存放时间超过2 h的食品，应做好保温或保冷措施。待用烧卤、熟肉、点心应存放在凉冻间（柜）。

3.6.5.3 烹调卫生

3.6.5.3.1 用于尝味用的筷子、勺子在每次使用前应清洗干净。

3.6.5.3.2 运输成品要有专用带盖的成品餐车，成品餐车要清洗、消毒，不应露空运输；出菜通道要洁净，不能堆放杂物。

3.6.5.3.3 加工用工具、容器要按照标识生熟分开使用，直接接触食品和雕刻用的加工用具、容器应彻底消毒；食品容器应放入专用保洁柜内，不能落地存放。

3.6.5.3.4 工作结束后，调料要加盖，做好工具、容器、灶上灶下、地面墙面的清洁卫生工作。垃圾随时清理，放入密闭的垃圾容器。

3.6.5.3.5 运水烟罩系统、抽排风口每周清洁，每年根据物业服务合同约定开展专业彻底清洁。

3.6.5.3.6 保持地面干净无污物、无积水，排水沟盖板密封完好，沟内通畅、无积水、无污物。

3.6.6 专间操作管理

3.6.6.1 操作人员注意事项

3.6.6.1.1 专用功能间（专间）是制作直接入口食品的专用区域。应达到“五专”要求，即专用房间、专人制作、专用工用具容器、专用冷藏设施、专用洗手消毒设施。

3.6.6.1.2 非专间加工制作人员不应擅自进入专间。

3.6.6.1.3 不应在专间内从事非清洁操作区的加工制作活动。

3.6.6.1.4 专间操作人员进入专间时，应更换专用工作衣帽并佩戴口罩，操作前应严格进行双手清洗消毒，操作中应适时清洗消毒手部。

3.6.6.1.5 不应穿戴专间工作衣帽从事与专间内操作无关的工作。专间内从业人员离开专间时，应脱去专间专用工作服。

3.6.6.1.6 在清洁操作区内不应随意摘掉帽子或口罩。

3.6.6.2 加工过程管理

3.6.6.2.1 供加工凉菜用的蔬菜、水果等食品原料应洗净消毒，食品原料未经洗净处理不应带入专间。

3.6.6.2.2 食品小包装以外的包装（纸箱、木箱等）不应进入专间。在切配带包装的食品前，先将食品包装清洗洁净后再开启使用，防止污染食品。

3.6.6.2.3 酱卤熟食加工后应在24 h内使用，冷盘食品当餐食用当餐切配。蔬菜、水果沙拉食品从加入沙拉酱后45 min之内应食用完毕，如未用完应废弃。

3.6.6.2.4 剩余尚须使用的熟食应放置在密闭容器内或使用保鲜膜等进行无污染覆盖，并存放于专用冰箱内冷藏或冷冻，食用前应彻底加热蒸透，中心温度应高于70 ℃。

3.6.6.3 其他要求

3.6.6.3.1 专间每次使用前，室内空气和操作台的紫外线消毒不少于30 min，并做好消毒记录。紫外线灯达到使用寿命后应及时更换，保证消毒效果。

3.6.6.3.2 专间内的工具、容器用前应消毒，用后应洗净并保持清洁。

3.6.6.3.3 食品传送窗在出餐时可打开，不出餐时应保持关闭。

3.6.6.3.4 不具体条件设置专用的粗加工、切配、烹饪、餐用具清洗消毒、备餐等专用功能分类区域的小型食堂，可按与食品供应方式和品种相适应的加工操作区域划分，总体按照原料进入、原料处理、半成品加工、成品供应的“生进熟出、单一流向”原则合理布局，防止食品在存放、操作中产生交叉污染。

3.6.6.3.5 无专用清洁工具存放场所的，清洁工具可存放在食堂场所外的专用清洁工具存放区。

3.6.7 面点间操作管理

3.6.7.1 操作管理

3.6.7.1.1 加工前认真检查各种食品原料与调味料，发现原料有生虫、霉变、异味、污秽不洁、腐败变质及其他感官性状异常的，不应进行加工。开封食品应用密闭容器存放，并标明相应说明。

3.6.7.1.2 面肥（引子）不应变质、发霉、有异味，发面应使用专用容器，不在和面机内发面。

3.6.7.1.3 使用烘焙包装用纸时，应考虑颜色可能对产品的迁移，并控制有害物质的迁移量，不应使用有荧光增白剂的烘烤纸。

3.6.7.2 存放管理

3.6.7.2.1 主食、糕点等要以销定产，糕点、馒头等应放入标有“熟”字标志的冰箱内存放。

3.6.7.2.2 含奶油、含水分较大和带馅的糕点及未用完的点心馅料、半成品点心等应放入标有半成品标志的冰箱内保存，要做到半成品与成品分开存放，并在规定存放期限内使用。

3.6.7.2.3 奶油类原料以及水分含量较高的含奶、蛋的点心应当在温度低于10 ℃的冰箱内存放。

3.6.7.3　卫生管理

3.6.7.3.1　生产、加工、贮存、运输、备餐使用的工具、机械、台案、包装材料、容器等应符合卫生要求。生熟工具、用具应分开使用，并有标识。

3.6.7.3.2　发面缸、盆、点心模子、蒸箱、笸箩、食品箱等用具，每天使用前洗刷消毒。

3.6.7.3.3　绞肉机、压面机等机械，使用前后认真洗刷，保持清洁。机械润滑用油应使用食用油。

3.6.7.3.4　加工制作直接入口食品、面点使用的工具、用具、工作台、容器等要专用，做到工具、用具、容器、机械及设备用后洗刷干净。

3.6.7.3.5　面点间应做到通风、干燥、防尘、防蝇、防鼠、防毒。

3.6.8　食品添加剂管理

3.6.8.1　采购管理

3.6.8.1.1　购入食品添加剂时，应当建立并落实索证索票、进货查验和采购记录制度。

3.6.8.1.2　应索取供应商加盖公章的营业执照复印件、购物凭证，并如实记录产品的名称、规格、数量、生产批号、保质期、供应单位名称及联系方式、进货日期等。

3.6.8.2　使用标准

严禁滥用食品添加剂，使用应符合GB 2760的规定，配备经校准的专用称量工具。

3.6.8.3　储存管理

3.6.8.3.1　落实食品添加剂“五专”管理制度，设专人采购、专人保管、专人领用、专人登记、专柜保存。

3.6.8.3.2　存放食品添加剂应做到专柜、定位存放并上锁，标示“食品添加剂”字样，不应与非食用产品或有毒有害物品混放。

3.6.8.3.3　使用容器盛放拆包后的食品添加剂，应在盛放容器上标明食品添加剂名称，并保留原包装。

3.6.8.4　安全使用管理

3.6.8.4.1　加工食品尽可能不用食品添加剂，如技术上确有必要，应在达到预期效果的前提下，尽可能降低使用量。不应以掩盖食品腐败变质为目的使用食品添加剂，不应由于使用食品添加剂而降低了食品质量和安全要求。

3.6.8.4.2　含柠檬黄、日落黄等合成色素的吉士粉、油性色素等不应用于面点、糕点、肉类加工。

3.6.8.4.3　油条、糕点、面食等常用的泡打粉等含铝膨松剂，应严格控制用量，以防止铝含量超标。应首选使用不含铝的酵母粉、塔塔粉等食品添加剂。糕点禁用苯甲酸、苯甲酸钠等防腐剂。

3.6.8.4.4　杜绝使用《食品中可能违法添加非食用物质和易滥用的食品添加剂品种名单》中的物品。不应采购、贮存、使用亚硝酸盐（包括亚硝酸钠、亚硝酸钾）。

3.6.9　备餐间管理

3.6.9.1　操作标准

3.6.9.1.1　备餐间要每餐一清扫，保持室内干净整洁。

3.6.9.1.2　备餐间（台）只能存放直接入口食品及必须用的食具、工用具，不应存放无关杂物及有毒、有害危险化学品。分碟小菜、调味品应存放在专用柜内。

3.6.9.2　运餐工具清洁

3.6.9.2.1　运餐前，应清洁运餐车和配送容器，对食品运输或传递设施进行清洁消毒。

3.6.9.2.2　使用传递设施（如升降笼、食梯、滑道等）的，应保持传递设施清洁。

3.6.10 食品留样管理

3.6.10.1 留样品类

食堂提供的每餐、每样食品（包括菜品、主食和汤水等），都应留样并记录，以便于必要时检验。预包装和水果等可溯源食品，可不留样。

3.6.10.2 留样标准

食品按照品种分别盛放于清洗消毒后的专用耐高温、密封性能好的塑料或其他符合食品安全标准的材料内，每种留样量不少于125 g，留样盒上应标明食品名称、餐次（早、中、晚）、留样时间、留样人。

3.6.10.3 留样管理

留样冰箱须由专人专用上锁管理，冰箱温度设定为0 ~ 5 ℃。留样食品应保留48 h后方可处理。

3.6.11 楼面服务

3.6.11.1 自助餐、分餐

3.6.11.1.1 餐前服务

a）开餐前做好场地、桌椅、分餐区、布菲台的清洁。准备好就餐所需餐饮具和各色自助酱料，物品摆放整齐。

b）开餐前30 min，将餐中菜品、汤品、水果及主食摆放到位。

c）使用智能餐饮消费系统（刷卡/人脸识别）的食堂，应安排专人监管就餐情况，做好现场排队秩序的维护。

d）及时开餐，所有餐前准备工作应在开餐前15 min完成。

3.6.11.1.2 餐中服务

a）分餐模式：分派菜肴、整理造型的工具使用前应清洗消毒。服务人员分餐前要洗手、佩戴帽子和手套，餐车、餐台要做到每餐消毒。分餐时礼貌询问就餐人员需求。

b）自助餐模式：提示就餐人员自觉排队、按需取餐，避免浪费。悬挂“杜绝餐饮浪费”的宣传口号或摆放宣传标识标志。

c）供餐过程中，应对食品采取有效防护措施，避免食品受到污染。

d）餐中服务人员及时补充食品，补充时应整盘替换并利用服务间隙整理食品及台面。

e）服务人员礼貌提醒就餐人员将餐后剩余残渣、碎骨餐巾纸等杂物清走，不应留在餐桌上，将自己所用的餐具送至收餐区，做好用餐秩序维护。

f）餐饮服务人员应对就餐秩序、菜品浪费等情况进行现场监督检查和提醒。

3.6.11.1.3　餐后服务

a）供餐结束后，服务人员应及时清扫台面，整理清洁地面卫生，做好餐厅地面、桌椅的消毒清洁，摆正桌椅，关闭门窗、电器。

b）做好每日餐余垃圾称重、登记监测。

c）餐厅垃圾做到餐产餐清，不留垃圾到下一次开餐前。

3.6.11.2　围餐

3.6.11.2.1　餐前服务

提前确认接待餐标、人数、时间、菜单等内容，做好场地清洁，做好场地准备，布置好现场，做好及时供餐的准备。

3.6.11.2.2　餐中服务

餐中做好上酒水、菜肴和加茶、加酒水饮料等工作，及时更换骨碟，细心耐心做好餐中服务。

3.6.11.2.3　餐后服务

餐后做好场地清洁、物品洗消、家具物品摆放等工作，日常不使用时，做好接待房的绿植养护和房间的防潮抽湿、通风换气、损坏报修等工作。

3.6.12　餐饮具清洗消毒

3.6.12.1　洗消标准

3.6.12.1.1　餐用具（接触直接入口食品的餐具、容器及其他工器具）使用前应按照要求洗净消毒，不应使用未经清洗消毒的餐用具。应做好每餐次餐用具消毒记录。

3.6.12.1.2　餐具、容器清洗消毒应在洗消间进行，间内设有专用的洗消设施，各类设施应明显标示用途，使用的洗涤剂、消毒剂应分别符合食品安全国家标准和有关规定。严格按照洗涤剂、消毒剂的使用说明进行操作。

3.6.12.1.3　餐具、容器首选热力消毒，因材料不能适应热力消毒的才使用化学消毒方法。如采用远红外线消毒（即高温热力消毒），应控制温度不少于120 ℃，并保持10分钟以上。

3.6.12.1.4　采用洗碗机进行清洗消毒的，应严格按洗碗机出厂说明使用。

3.6.12.2　定位存放

3.6.12.2.1　消毒后的餐具、容器、工器具存放在专用保洁柜或消毒柜内备用，保洁柜或消毒柜应有明显标记。洗净消毒后的容器应达到光、洁、涩、干的标准。

3.6.12.2.2　餐用具定位存放，已消毒和未消毒的应分开存放。

3.6.13　工器具及消毒管理

3.6.13.1　设备、工具、容器分类管理

3.6.13.1.1　接触食品的设备、工具、容器、包装材料等应符合食品安全标准，易于清洗消毒、便于检查。特别是盛放成品的容器应为食品级容器。

3.6.13.1.2　植物类食材原材料宜用有颜色的塑料筐，半成品用白色塑料筐；动物类食材原材料及半成品应采用食品级不锈钢容器。

3.6.13.1.3 用于原料、半成品、成品的容器和工用具，应有明显的区分标识（颜色或形状），存放区域分开设置；一般植物性食品用绿色，动物性食品用红色，水产类食品用蓝色。

3.6.13.1.4 不同类别食品的使用工具、容器应图示标识上墙，方便工作人员区分使用和管理人员的对照检查。

3.6.13.1.5 工具、容器和设备宜使用不锈钢材料，不宜使用木质材料。应使用木质材料时，应避免对食品造成污染。盛放热食类食品的容器不宜使用塑料材料。砧板建议采用木质或食品级其他材质。

3.6.13.2 厨房场地设施消毒

3.6.13.2.1 地面应使用热水混合消毒液拖地，拖地后开空调、风帘机吹干，频次为一日三次。

3.6.13.2.2 整体环境用紫外线灯消毒，午餐或晚餐备餐下班后操作，频次为一日一次。

3.6.13.3 餐厅场地设施消毒

3.6.13.3.1 地面应使用热水混合消毒液拖地，拖地后开空调、风帘机吹干，频次为一日三次。

3.6.13.3.2 抹干净桌椅、隔板后，用酒精擦拭消毒，每日不少于3次。

3.6.13.3.3 用紫外线灯全环境消毒，中午或下午下班后消毒，频次为一日一次。

3.6.13.4 厨具、砧板、刀具消毒

3.6.13.4.1 厨具用开水高温冲洗干净后开水浸泡消毒或高温消毒，频次为一日三次。

3.6.13.4.2 木质砧板洗净后，用开水高温煮沸或蒸汽消毒10 min，每日不少于3次，有条件的可增加紫外线消毒，频次为一日三次。消毒后立式存放。

3.6.13.4.3 胶质砧板洗净后用酒精擦拭消毒，频次为一日三次。有条件的可紫外线消毒，频次为一日三次。消毒后立式存放。

3.6.13.4.4 刀具放紫外线消毒箱消毒，频次为一日一次。

3.6.13.5 门把手消毒

随时采用酒精擦拭消毒，每日多次。

3.6.14 清洁工具管理

3.6.14.1 存放管理

3.6.14.1.1 设置独立隔间、区域或设施，存放清洁工具（拖把、扫把、抹布等）。

3.6.14.1.2 专用于清洗清洁工具的区域或设施，其位置不应污染食品，通常设置在粗加工区或靠近食品处理区的非食品处理区，并有明显的区分标识。

3.6.14.2 清洗管理

要设置用于晾晒清洁工具的吊挂设施（或烘干一体机等设备）及专用于清洁工具的清洗水池，如拖把清洗池、抹布清洗池等。

3.6.14.3 洗剂管理

设有存放清洗消毒工具、洗涤剂、消毒剂等物品的独立隔间或区域。

3.6.15 餐后废弃物处置

3.6.15.1 餐厨废弃油脂处置管理

3.6.15.1.1 餐厨废弃油脂设专人负责管理。

3.6.15.1.2 设置餐厨垃圾专用收集容器，存放厨房多次煎炸食品后淘汰下来的老油，容器应标明“餐厨废弃油脂（老油）专用”等字样。

3.6.15.1.3 经油水分离器或下水道隔油池分离处理后产生的油脂（地沟油），统一由专业且资质齐全的油脂回收企业打捞后存放于统一容器内运走。

3.6.15.1.4 食堂应与餐厨废弃油脂回收企业签订有效的回收协议。

3.6.15.2 餐厨垃圾处置管理

3.6.15.2.1 餐厨废弃物应分类放置、及时清理，不应溢出存放容器。容器定时清洗消毒。

3.6.15.2.2 餐厨垃圾交由具有从事城市生活垃圾经营性清扫、收集、运输的相关资质的单位进行回收，并与其签订收运合同，明确各自的食品安全责任和义务。

3.6.15.2.3 建立餐厨垃圾回收记录，填写餐厨垃圾的数量。

3.6.16 特色服务

3.6.16.1 应急供餐服务

3.6.16.1.1 防风防汛前根据响应等级应做好耐存食材物资储备工作和储水工作，保障应急供餐的及时性。

3.6.16.1.2 根据客户要求提供值班或加班送餐服务，送餐应及时，餐品搭配丰富、适当。

3.6.16.2 延伸服务

3.6.16.2.1 与员工激励、内训机制联动，开展厨师、点心师研发创新菜式、成本菜式等，必要时邀请客户参与试菜或开展新品菜式评价工作。

3.6.16.2.2 食堂针对员工个人喜好，准备辣酱、盐、糖、酱油等配料，满足员工个人口味偏好，并在每日餐品中标明餐品在糖尿病等慢性疾病的可食用警示，帮助就餐人员判断是否取用。

3.6.16.2.3 夏季为客户准备降暑凉茶，秋季准备润燥茶饮等；为重点客户提供煲药、病中餐、定制餐等服务。

3.6.16.2.4 协助客户开展熟食、卤味的烹饪和内供工作。

3.6.16.2.5 设立失物认领处，为客户提供一个遗留物品暂管处，便于失物的保管与认领。

3.6.16.3 送美食下基层活动

面向客户基层饭堂开展送美食活动，采用送成品美食或厨师至基层场所现场烹饪。

3.6.16.4 配合开展美食推广宣传

提供美食推文、职工食堂活动宣传推文等宣传推广活动，丰富客户员工活动。

3.6.16.5 营养配餐

3.6.16.5.1 定期开展低脂、低油、低盐、低糖健康餐饮推广活动，提供健康餐品。

3.6.16.5.2 根据春、夏、秋、冬四季饮食特点提供季节性健康餐品搭配，通过饮食助力客户员工身体健康素质的提升。

3.6.16.6 美食节活动

3.6.16.6.1 在中国传统节日期间开展美食活动，饭堂烹饪应节菜式，让客户感受节日气氛。

3.6.16.6.2 在“七一”、“八一”、“十一”等重大节日，联合客户党建宣传，开展红色美食活动，推广具有历史意义的菜品，助力客户打造良好企业风气。

3.6.16.7 反食品浪费服务

3.6.16.7.1 依据《中华人民共和国反食品浪费法》的相关要求，建立健全食堂用餐管理制度，制定、实施防止食品浪费措施，加强宣传教育，增强反食品浪费意识。

3.6.16.7.2 开展反食品浪费管控，制定食堂食品采购、存储、加工、就餐、厨余垃圾处理各环节反食品浪费管理及能源资源节约制度，明确具体措施。

3.6.16.7.3 通过宣传标语、广告海报和温馨提示牌等形式开展制止餐饮浪费宣传，向就餐人员发放文明餐桌倡议书，开展“光盘行动”，营造“节约光荣、浪费可耻”的良好氛围。

3.6.16.7.4　设置文明就餐监督员，提醒就餐人员少量多次、按需取餐，对剩餐较多的就餐人员进行提醒，发现确因饭菜质量问题而产生的浪费，应及时将情况反馈厨房查明原因并立即整改，促进就餐人员光盘行动，减少人为浪费。

3.6.16.7.5　分餐实行“半份菜”“小份菜”，自助餐倡导按需取餐，提高搭配灵活性，满足不同就餐需求，减少浪费产生。

3.6.16.7.6　开展“边角余料”成本菜式创新，科学确定各类原材料的净料率，严格按照规定要求和操作流程进行粗加工，适当回收各类剔除部分；充分利用“边角料”研发新菜品，提高原材料利用率，降低饭菜投料成本，减少粗加工环节的浪费。

3.6.16.7.7　各食堂应对就餐人员倾倒餐盘过程进行视频全程监控，并定期抽查视频拍摄的人为浪费情况，及时向客户汇报，协助客户治理就餐人员的浪费问题。

3.6.17　餐饮服务人员管理

3.6.17.1　人员健康管理

3.6.17.1.1　建立从业人员健康档案管理制度，从业人员健康档案包括《食品从业人员健康检查情况简要汇总》《从业人员健康体检登记表》《体检不合格人员“职业禁忌证”登记表》。

3.6.17.1.2　从事接触直接入口食品工作（清洁操作区内的加工制作及切菜、配菜、烹饪、传菜、餐饮具清洗消毒）的从业人员（包括新参加和临时参加工作的从业人员）应取得健康证明后方可上岗。设专人管理从业人员健康证明，检查证件有效期，建立健康记录本，做好“职业禁忌证”记录。

3.6.17.1.3　食品安全管理人员或主管人员应每天对从业人员上岗前的仪表（包括头发、指甲、工服等）、个人卫生、健康情况及精神状态进行晨检，填写晨检登记表，餐饮服务人员晨检合格方可上岗。

3.6.17.1.4　患有发热、腹泻、咽部炎症等病症及皮肤有伤口或感染的从业人员，应主动向食品安全管理人员报告，暂停从事接触直接入口食品的工作，必要时进行临时健康检查，待查明原因并将有碍食品安全的疾病治愈后方可重新上岗。

3.6.17.1.5　手部创伤者不应直接接触食品，应使用防水创可贴覆盖伤口，并佩戴乳胶手套等劳动保护用品，方可从事非接触直接入口食品的工作。

3.6.17.1.6　患有霍乱、细菌性和阿米巴性痢疾、伤寒和副伤寒、病毒性肝炎（甲型、戊型）、活动性肺结核、化脓性或者渗出性皮肤病等国务院卫生行政部门规定的有碍食品安全疾病的人员，不应从事接触直接入口食品的工作。

3.6.17.2　食品安全知识培训

3.6.17.2.1　物业服务企业应根据市场监督管理局的相关要求，每年对其从业人员进行一次食品安全培训考核，特定餐饮服务提供者应每半年对其从业人员进行一次食品安全培训考核。

3.6.17.2.2　从业人员入职前进行食品安全知识培训不少于10个学时，并进行考核，合格后方能上岗。

3.6.17.2.3　食品安全管理员应参加相关培训、考核，取得食品安全管理员证书后才能上岗。食品安全管理员每年至少参加1次由食品药品监督管理部门组织的继续教育培训。

3.6.17.2.4　每年制定在职从业人员食品安全知识培训计划并加以实施，学习内容包括食品安全法律、法规、规章、规范、标准、加工操作规程和其他食品安全知识等，同时要加强职业道德教育，每人每年不少于40个学时。

3.6.17.2.5　建立从业人员食品安全知识培训档案，将培训计划、实施方案、培训通知、培训教材、签到表、培训内容（电子版材料及书本等）、考核试卷、考试合格名单、培训照片、总结等资料形成档案。

3.6.17.3　从业人员形象卫生管理

3.6.17.3.1　从业人员应保持良好的个人卫生，从业人员个人衣物及私人物品不应带入食品处理区，个人水杯要集中存放在指定位置，并保持整洁。

3.6.17.3.2　从业人员应按规定统一着工作服和鞋帽。应定点存放，定期清洗更换。清洁操作区与其他操作区从业人员的工作服应有明显的颜色或标识区分。

3.6.17.3.3　从事接触直接入口食品工作的从业人员，其工作服宜每天清洗更换。工作服受到污染后，应及时更换。待清洗的工作服不应存放在食品处理区。

3.6.17.3.4　食品处理区内的从业人员不宜化妆，应戴清洁的工作帽，工作帽应能将头发全部遮盖住。

3.6.17.3.5　从业人员不应在加工场所吸烟、饮食、嚼口香糖及从事与食品加工无关的事情。工作时不做有碍食品卫生的动作，如：抓头发、剪指甲、掏耳朵、伸懒腰、剔牙、揉眼睛、打呵欠、吐痰等。咳嗽或打喷嚏时，要掩住口鼻，不对着食品。

3.6.17.3.6　佩戴口罩：从业人员在从事接触直接入口食品工作时（主要包括在烹饪区、熟食间、凉菜间、备餐间等区域工作的人员），应佩戴清洁的口罩。

3.6.17.3.7　佩戴手套：使用尺寸合适的手套，不重复使用一次性手套。使用手套不能代替洗手，佩戴前应对手部进行清洗消毒。手套应清洁、无破损，符合食品安全要求。手套使用过程中，应定时更换，出现“手部清洗、消毒”条款要求的重新洗手消毒的情形时，应在重新洗手消毒后更换手套。手套应存放在清洁卫生的位置，避免受到污染。

3.6.17.3.8　手部清洗：加工制作过程中应保持手部清洁，从业人员在加工制作食品前应洗净手部。手部清洗应符合“六步洗手法”，手腕皱褶处、腕部等容易接触到食物，应注意清洗到位。

3.6.17.3.9　以下情况应重新清洗手部：加工制作不同存在形式或不同类型的食品前；接触非直接入口食品后；清理环境卫生、接触化学物品或不洁物品（落地的食品、受到污染的工具容器和设备、餐厨废弃物、钱币、手机等）后；触摸头发、耳朵、鼻子、面部、口腔或身体其他部位后；咳嗽、打喷嚏及擤鼻涕后；使用卫生间、用餐、饮水、吸烟等可能会污染手部的活动后。

3.6.17.3.10　手部消毒方法：取适量的乙醇类速干手消毒剂于掌心，按照标准的清洗手部方法充分搓擦双手20～30 s，搓擦时保证手消毒剂完全覆盖双手皮肤，直至干燥。加工制作食品前应洗净手部并进行手部消毒。

3.6.17.3.11　进入食品处理区的非加工制作人员，应符合从业人员卫生要求。

3.6.18　安全生产管理

3.6.18.1　食品安全员持证管理

各食堂应配置专（兼）职食品安全管理员，供餐人数为500人以上的单位食堂应配备专职食品安全管理人员。

3.6.18.2　食品安全管理

3.6.18.2.1　建立健全食品安全规章制度，完善相应管理措施，做好食品安全台账。

3.6.18.2.2　定期组织食堂服务人员进行食品安全法律法规和应知应会知识培训。

3.6.18.2.3　根据客户需求和物业服务合同约定邀请相关检测机构对原材料、饭菜成品和餐具用具进行抽样检测，确保各项指标符合相关法律法规及标准要求。

3.6.18.2.4　与市场监管部门建立联合监管机制，定期对食堂食品安全情况进行检查，重点检查食品安全制度、餐饮服务规范、环境用具卫生和信息公开等情况。

3.6.18.2.5　与属地政府职能管理部门、专业救援机构队伍建立高效的沟通联络渠道。

3.6.18.2.6　对厨房实施“明厨亮灶”管理，增加食品安全卫生管控透明度。

3.6.18.2.7　根据物业服务合同约定开展餐具清洗后食源性致病菌的检验和水质检验（自建水井的食堂）的送检工作。餐具检验项目包括但不限于大肠杆菌、沙门氏菌、志贺氏菌、金黄色葡萄球菌等食源性致病菌的残留情况，检测不合格的应调整餐具清洗程序和清洗的到位程度、消毒操作等，直至检测合格为止。水质检验不合格的，与客户沟通更换供水方式或加装净水装置，改善水质。

3.6.18.3　设备安全使用管理

3.6.18.3.1　根据厨房设备类别分类建立台账。

3.6.18.3.2　按设备操作规定正确使用设备，并注意操作安全。

3.6.18.3.3　灶头、炒锅、蒸饭车、冷柜等厨房设备设施应按需维修，每月应至少维护1次。

3.6.18.3.4 设备设施如出现故障，厨具应在24 h内消缺，消费设备应在3日内消缺。

3.6.18.3.5 各类设备设施应由专人负责使用和管理，严格按照操作规程使用，定置摆放，定期进行维护保养，出现故障应及时予以排除或报请专业人员维修。

3.6.18.3.6 从业人员应正确掌握各种电气机械设备以及煤气灶具的使用方法及保养知识，熟悉电源开关的位置。

3.6.18.3.7 对安全风险较高的设备设施应加装防护措施，并定期开展设备设施安全操作培训。

3.6.18.3.8 从业人员应注意保持机械设备的清洁和电源开关的干燥。

3.6.18.3.9 电气设备严禁用水冲刷，以免发生短路漏电事故。

3.6.18.4 水、电、气安全使用管理

3.6.18.4.1 各种电器设备在使用前应对相关人员进行规范操作培训。各类电器设备每日专人开、关、检查，在不用时或用完后及时切断电源。

3.6.18.4.2 电气设备接头不牢或发生故障时，当班责任人应立即报修，修复后才能使用。

3.6.18.4.3 不应向未取得液化石油气专业配送企业资质的企业购买瓶装液化石油气。

3.6.18.4.4 应使用符合GB 5842《液化石油气钢瓶》、GB 15380《小容积液化石油气钢瓶》经质检部门定期检验合格的钢瓶。不应使用报废的钢瓶。

3.6.18.4.5 使用和备用液化石油气总重量超过100 kg、钢瓶总数超过30瓶的应设置专用气瓶间。气瓶间应靠建筑物外墙设置。气瓶间不应设置电器开关及存放易燃物品、杂物，并有通风设施。

3.6.18.4.6 煤气总阀门每餐专人开关、检查设备并签名、记录开关时间。厨房负责人每日开餐结束后应对煤气设备及开关记录进行检查签字。

3.6.18.4.7 燃气灶具、钢瓶、阀门等设施的维修、检修应由生产厂家或取得安装维修资格的专业人员负责。

3.6.18.4.8 燃气管道、燃气管道自动切断阀、瓶装液化石油气、调压装置、燃气灶具及阀门等应每天进行检查。

3.6.18.4.9　定期对燃气报警装置的传感器和报警器进行检查和测试，及时发现和处理故障。

3.6.18.4.10　每天清洗炉灶，每周清洗一次抽油烟机滤网，每半年清洗一次排烟管道。

3.6.18.4.11　炼油、烤炸食物时专人看管，不应离人。煮锅或炸锅不应超容量或超温度使用。

3.6.18.4.12　每日下班前，由厨房晚值人员对水、电、气等设备设施进行安全检查，关闭所有能源开关并记录。

3.6.18.5　消防安全

3.6.18.5.1　厨房配置的消防设备要齐全有效，设备包括但不限于消火栓设施、干粉灭火器、灭火毯、防毒面具等，各食堂根据实际情况增加配置，配置数量符合消防管理规定。

3.6.18.5.2　食堂从业人员应掌握处理意外事故的最初控制方法、报警方法和消防灭火知识。

3.6.18.5.3　每年最少开展2次可燃气体安全风险隐患排查，并对排查发现的安全隐患开展整改、督办、闭环管理。

3.6.18.5.4　使用胶燃气软管的，由承担更换方立行整改，更换为不锈钢胶软管。

3.6.18.5.5　燃气软管长度不应超2 m长，不应在软管上接三通，不应用燃气软管穿越墙体，燃气软管应套罩保护，定期检查消缺。

3.6.18.5.6　定期开展全员消防培训，关键岗位应充分掌握消防器材的使用方法。

3.6.18.5.7　实行消防安全责任制，确定消防安全责任人，严格执行消防法规，明确各岗位的防火责任区和消防职责。

3.6.18.5.8　确保疏散通道、安全出口通畅无阻：定期对消防设施、灭火器材和消防安全标识进行检查和维护保养，确保正常使用。

3.6.18.6　食品安全溯源检查

对原材料实行溯源管理，明确来源地区和供应渠道，不采购和使用可能来自疫情重点区域或存在安全隐患的食材；疫病流行期间，应重点查验冷链禽畜肉、水产及制品的相关疫病检测报告。

3.6.18.7　操作环节安全管理

3.6.18.7.1　食品加工过程中，生熟食材分开存放，生熟案板、刀具分开使用并标识清楚，烹饪制作饭菜应确保烧熟煮透。

3.6.18.7.2　确保餐厨场所有效通风换气，并尽量利用自然通风进行，使用中央空调时门窗不应完全闭合，定期对空调送风口等部位进行清洗、消毒或更换。

3.6.18.7.3　下班后，工具、用具要摆放整齐，不应乱扔乱放。同时，要做到“人走机停灯灭”。

3.6.18.8　应急管理

3.6.18.8.1　应制定食品安全事故应急处置方案、燃气泄漏事故处置方案、停水停电应急（供餐）处置方案、防风防汛应急（供餐）处置方案、人身伤害应急处置方案等。定期组织事故应急演练，确保食堂工作人员熟悉和掌握应急处置流程。应急处置流程内应明确突发事件处置外部联动机制，建立属地政企、行业联动机制，与属地政府职能管理部门、专业救援机构队伍建立高效的沟通联络渠道。

3.6.18.8.2　每年应根据物业使用单位应急预案要求至少开展一次食物中毒应急演练，并按要求及时将信息及演练照片报客户。

3.6.18.8.3　应记录安全事故处置全过程，做好资料归档。应根据卫生监督部门或相关机构的事故调查结果进行整改。

3.6.18.8.4　应定期评审应急准备与响应程序、应急预案的适宜性，必要时予以修订。程序及预案的修订应按照文件管理的要求实施控制。

3.6.18.8.5　发生安全事故或紧急情况时，应迅速将具体情况通知相关人员，并立即启动应急预案，必要时拨打“110”“119”“120”寻求紧急救助。发生食品安全事故时，应当立即根据食品安全事故应急处置方案采取措施，防止事故扩大，并及时向事故发生地县级人民政府食品安全监督管理部门报告。

3.6.18.8.6　建立临时性供餐任务的值班、响应、处理模式，联动食材供应商共同完成，明确各关键节点从发起到完成的总时长和责任界面，保障临时性供餐任务的及时响应和完成。

3.6.18.9　食堂安全自我检查管理

3.6.18.9.1　配备专（兼）职食品安全管理人员，食品安全管理人员应按规定参加食品安全培训。

3.6.18.9.2　食品安全管理员每天在操作加工时段，至少进行一次食品安全检查，检查各岗位是否有违反制度的情况，对发现的问题提出奖惩及限期改进意见。

3.6.18.9.3　由食品安全负责人牵头，食品安全管理员实施，食堂各区域负责人配合，每周组织对厨房各区域进行1～2次全面安全检查，并填写食品安全自查记录表备查。

3.6.18.9.4　定期清洁食品处理区设施、设备，保持地面无垃圾、无积水、无油渍，墙壁和门窗无污渍、无灰尘，天花板无霉斑、无灰尘。不锈钢工具、用具及台案等应每天进行清洗，保持原有本色，做到无污点、水点。

3.6.18.9.5　排水沟（含地漏）盖应每天清洗检查，至少每周高温清洗一次。

3.6.18.9.6　定期清洁就餐区的空调、排风扇、地毯等设施或物品，保持空调、排风扇洁净，地毯无污渍。

3.6.18.9.7　餐厅和厨房全面禁烟，任何人不应在禁烟场所吸烟或携带燃着的卷烟或烟斗等。

3.6.18.9.8　严禁不明身份人员进入食品处理区。确因工作需要进入的，应出示身份证件并进行登记，食堂相关人员要陪同外来人员工作，直至其离开。

3.6.18.9.9　外来人员进入厨房应在入口处做好一过性更衣防护动作，佩戴好口罩、一次性头套、一次性鞋套、防护外衣后方可进入厨房。

3.6.18.9.10　每年总结食堂安全管理出现的问题，制定相应的改进与提升计划。

3.6.19 有害生物防制

3.6.19.1 物防措施

3.6.19.1.1 餐饮服务场所的墙壁、地板无缝隙，天花板修葺完整。所有管道（供水、排水、供热、燃气、空调等）与外界或天花板连接处应封闭，所有管、线穿越而产生的孔洞，选用水泥、不锈钢隔板、钢丝封堵材料、防火泥等封堵，孔洞填充牢固，无缝隙。使用水封式地漏。所有线槽、配电箱（柜）封闭良好。

3.6.19.1.2 人员和货物进出通道、仓储门、专间门、备餐间门及半成品和成品储存场所的门应设有不锈钢材质的光滑防鼠板，门的缝隙应小于6 mm，防鼠板高度60 cm。

3.6.19.1.3 根据餐饮服务场所的布局、面积及灭蝇灯使用技术要求，确定灭蝇灯的安装位置和数量。

3.6.19.1.4 食品处理区、就餐区宜安装粘捕式灭蝇灯。使用电击式灭蝇灯的，灭蝇灯不应悬挂在食品加工制作或储存区域的上方，防止电击后的虫害碎屑污染食品。灭蝇灯应悬挂于距地面2 m左右高度，且应距食品加工操作场所1.5 m以外，距直接入口散装食品区域4 m以外。

3.6.19.1.5 餐饮服务场所内应使用粘鼠板、捕鼠笼、机械式捕鼠器等装置，不应使用杀鼠剂。餐饮服务场所外可使用抗干预型鼠饵站，鼠饵站和鼠饵应固定安装。

3.6.19.1.6 排水管道出水口安装的篦子宜使用金属材料制成，篦子缝隙间距或网眼应小于10 mm。

3.6.19.1.7 排水沟出口和排气口应有网眼孔径小于6 mm的金属隔栅或网罩，以防有害动物侵入。

3.6.19.1.8 与外界直接相通的通风口、换气窗外，应加装不小于16目的防虫筛网。

3.6.19.1.9 使用风幕机的，风幕应完整覆盖出入通道。使用防蝇胶帘的，防蝇胶帘应覆盖整个门框，底部离地距离小于2 cm，相邻胶帘条的重叠部分不少于2 cm。

3.6.19.2　人防措施

3.6.19.2.1　收取货物时，应检查运输工具和货物包装是否有有害生物活动迹象（如鼠粪、鼠咬痕等鼠迹，蟑尸、蟑粪、卵鞘等蟑迹），防止有害生物入侵。

3.6.19.2.2　定期检查食品库房或食品储存区域、固定设施设备背面及其他阴暗、潮湿区域是否存在有害生物活动迹象。发现有害生物，应尽快将其杀灭，并查找和消除其来源途径。

3.6.19.2.3　防制过程中应采取有效措施，防止食品、食品接触面及包装材料等受到污染。

3.6.19.2.4　应定期进行除虫灭害工作，但不应在食品加工操作时进行，且实施时对各种食品应有保护措施。

3.6.19.2.5　选择的卫生杀虫剂和杀鼠剂，应标签信息（农药登记证、农药生产许可证、农药标准）齐全并在有效期内。不应将不同的卫生杀虫剂制剂混配。宜使用低毒或微毒的卫生杀虫剂和杀鼠剂。

3.6.19.2.6　使用卫生杀虫剂和杀鼠剂的人员应经过有害生物防制专业培训。应针对不同的作业环境，选择适宜的种类和剂型，并严格根据卫生杀虫剂和杀鼠剂的技术要求确定使用剂量和位置，设置警示标识。不应在食品处理区和就餐场所存放卫生杀虫剂和杀鼠剂产品。

3.6.19.2.7　应设置单独、固定的卫生杀虫剂和杀鼠剂产品存放场所，存放场所具备防火防盗通风条件，由专人负责。各种有毒有害物品的采购及使用应有详细记录，包括使用人、使用目的、使用区域、使用量、使用及购买时间、配制浓度等。使用后应进行复核，并按规定进行存放、保管。

3.6.19.2.8　每月按需病媒生物消杀并做好记录（建议委托具有资质的外协单位定期消杀老鼠、苍蝇、蚊子、蟑螂等病媒生物，并留存有关的消杀记录，留存记录存档不少于2年）。

3.6.19.2.9　风幕机、灭蚊灯除下班时间，应保持常开使用。防蝇胶帘应保持垂放使用状态，不应人为卡挂导致胶帘变形失去作用。

3.6.20 食堂公示管理

3.6.20.1 设置食品安全信息公示栏，公示信息如下：食品经营许可证（在有效期内）、餐饮服务人员健康证（在有效期内）、食品安全管理员证书（继续教育资料存档）、餐饮服务食品安全等级标识、食品安全自查记录表（公示最近一周的）、食品添加剂使用情况（公示当天的）、农药残留快速检测结果（公示当天的）、食材检测检验情况（公示当天的）、主要食品原料来源（公示当年的）、投诉举报电话（可打通的）、食品安全责任书（所有签订层级的，本年度的）、食品安全承诺书（本年度的）。公示的各类证书、文件中，国家、行业、地方标准如要求公示原件，应公示原件，未作明确要求时，可使用复印件公示，原件存档备查。

3.6.20.2 厨房各功能区应在入口处有明显区域标识，各区域应在入口处公示区域负责人及负责人电话，明确区域职责。食品添加剂专用柜、食品留样冰箱等涉及食品安全的专用设施应设专人管理，并在设施上公示管理人员信息。

3.6.21 明厨亮灶

3.6.21.1 展示方式

3.6.21.1.1 通过透明玻璃窗（或玻璃幕墙）、开放式隔断矮墙、橱窗、监控视频显示、APP、设置参观活动等方式，将餐饮服务关键区域及有关环节对消费者进行展示。

3.6.21.1.2 展示画面应当清晰，符合有关规范建设的要求。

3.6.21.1.3 关键区域包括：食品烹调、专间、粗加工、面点间等食品操作间，餐具清洗消毒间，食品原料验收区，仓库等。

3.6.21.2 开放式厨房标准

3.6.21.2.1 开放式厨房食品烹调场所与就餐场所之间应有操作台或其他物理隔离设施。

3.6.21.2.2 就餐场所窗户应为封闭式或装有防蝇防尘设施，门应设防蝇防尘设施，宜设空气幕。

3.6.21.2.3 食品原料粗加工、餐具清洗消毒场所应与就餐场所物理隔断。

3.6.22 作业流程

3.6.22.1 蔬菜加工

3.6.22.1.1 拣

a） 接到蔬菜前，手部做好消毒工作，清理出泥沙杂物，然后拿到蔬菜摘除老叶、腐叶、坏叶等，去除不能食用的部分，遵循能吃的菜决不扔掉，不能吃的菜决不留，做到不浪费。

b） 择干净的菜要装筐离地码放整齐，同时蔬菜筐分三色进行区分，即粗菜筐、半成品筐、净菜筐要用不同颜色的框进行区分。

c） 清理好工作场地，做好清洁工作，把所用的器具都放到原来的位置。

3.6.22.1.2 洗

a） 叶菜类蔬菜的叶柄间往往带有泥沙、虫卵及其他污物，在初步加工时应将其清洗干净，并去除或杀死病源性微生物。

b） 通常多用清水反复清洗，去除表面的污渍和残留农药，可以加入适量的食盐或醋来杀菌消毒。切记，叶菜类加工时不应揉洗。

3.6.22.1.3 浸

浸泡要求使用0.3%浓度的淡盐水或食用碱、淘米水浸泡5 min以上。

3.6.22.1.4 切

a） 在使用刀具和各种加工设备时，一定要按照设备操作流程安全使用，严禁用手直接触碰设备旋转中的部位。

b） 切丁的蔬菜要求长宽不大于1.5 cm，切条要求长不大于2.5 cm、宽不大于1.5 cm，切丝、切片要粗细厚薄均匀；切配后用白色菜筐分装，菜筐离地15 cm以上。

c） 完成加工后做好地面、台面、用具设备等清洁和消毒工作，要求无积水、无油渍、无锈迹。

3.6.22.2 餐饮具洗消

3.6.22.2.1 清洗前

a）洗碗机添加清洗剂、催干剂；无洗碗机场所将水池放满45～50 ℃的热水，配好适量洗洁精。

b）洗消人员穿好围裙、防水手套、水鞋。

3.6.22.2.2 清洗操作

a）手洗按照一刮、二洗、三冲的程序进行清洗工作。

b）一刮：倒掉餐具内剩余残渣并刮干净。

c）二洗：将刮干净的餐具泡在配好洗洁精的热水中清洗干净。

d）三冲：将已经洗干净残渣油渍的餐具用流动水冲洗干净餐具上的清洗剂。或将简单经过泡洗的餐具快速放入洗碗机履带卡槽上，送入洗碗机内清洗。

3.6.22.2.3 消毒

所有已经清洗好的餐具采用高温消毒杀菌。

3.6.22.2.4 保洁

将消毒好的餐具整齐密封，装入保洁柜或餐具间内。

3.6.22.3 自助餐、分餐

3.6.22.3.1 场地清洁

开窗通风，清洁地面、座椅、分餐台、布菲台、明档等区域的清洁卫生和消毒工作。

3.6.22.3.2 物品准备

准备好补充自助调料区、餐台上的自助调料罐，调料瓶每周彻底倒空和清洗一次。补充纸巾、牙签等物品。

3.6.22.3.3 设备准备

打开空调、电视。

3.6.22.3.4　用餐准备

摆放好餐饮具、各类餐品、汤。

3.6.22.3.5　人员准备

服务人员、监督员洗手、戴好手套就位。收银员监督就餐人员交费。

3.6.22.3.6　分餐模式

分餐模式：根据就餐人员需求种类、分量提供。

3.6.22.3.7　自助模式

自助模式：就餐人员排队取餐。

3.6.22.3.8　餐品供应

服务人员维持好就餐人员秩序，及时补充餐品，利用服务间隙及时整理食品及取餐台面。

3.6.22.3.9　秩序维持

就餐人员取餐后找座位食用，监督员根据餐厅人流量情况及时予以提醒、疏导和分流，同时监督和制止提前占座等行为。

3.6.22.3.10　餐后服务

就餐人员就餐完毕后，自助将残余生活垃圾放入生活垃圾桶、餐饮垃圾倒入餐余垃圾桶，并将用过的餐饮具放入对应框内或传送带内，现场服务人员协助进行。

3.6.22.3.11　浪费监督

监督员监督浪费情况，对剩饭、剩菜特别多的品种进行记录，列入整改餐品种类；对于个别取餐量过多导致的浪费人员予以记录，并在餐后调取监控影像，每周汇总后提交客户主管部门负责人。

3.6.22.3.12　卫生清洁

a）停止供餐后，所有从业人员做好场所、设备、桌椅卫生。做好餐饮具、餐饮器具的清洗消毒、保洁工作。

b）做好每日餐余垃圾称重、登记监测。

c）餐厅垃圾做到餐产餐清，不留垃圾到下一次开餐前。

3.6.22.4　围餐

3.6.22.4.1　收到任务

通过前台、电话、工作群、工作单等方式收取客户预订信息。

3.6.22.4.2　信息确认

确认接待标准、用餐模式、用餐人数、开餐台数、开餐时间、用餐部门或单位、来宾情况，了解客人风俗习惯、饮食忌讳、特殊要求等。

3.6.22.4.3　拟定菜单

a）根据接待标准草拟菜单、饮品。

b）被接待客户由外地过来的，菜单宜搭配1～4道本地代表的特色菜式（包括点心），宜搭配1～3道客人家乡口味的菜式。

c）客人来自面食为主的地区，宜准备1～2道中式面点或包点。

d）有食物禁忌的应特别注意食材和烹饪方式，不应出现禁忌原料、食材等。

e）菜单总体成本应按接待标准和人数控制，菜式以常用接待菜式为主，同步考虑厨师技能水平。

3.6.22.4.4　审核菜单

a）菜单提交客户主管单位相关人员审核并修改，确定后形成最终菜单。

b）菜单确定时应确定当天供应茶水、小食、菜式、主食、水果、饮品种类以及位上餐品的要求等。

c）是否位上菜式以各食堂服务客户的相关主管单位要求为准。

3.6.22.4.5　试菜

特殊或重点接待任务，菜单内有厨房未出品过的菜式、点心，未供应过的饮品，餐厅负责人应提前与客户主管单位相关负责人协商，经同意后开展试菜和试饮品的工作，保障接待时的出品和质量。

3.6.22.4.6　设备设施检查

检查以下设备设施，并要求达到以下标准：

a）检查照明，外观洁净，无坏灯。

b）检查空调外观洁净、运作正常、无异响、无异味，空调温度保持在26 ℃。

c）检查电视机外观洁净无灰尘，屏幕无指印，电视调至新闻频道CCTV-13。

d）桌椅摆放整齐、无污渍、无摇摆。

e）转盘无油渍、无印痕、无灰尘，各项物品洁净且状态佳，不符合的马上更换。

3.6.22.4.7　餐厅卫生清洁

a）开餐前半天做好餐厅卫生，要求地面无垃圾、无污渍。

b）地脚线、墙身镜面无污渍、无灰尘、无印痕。

c）窗帘高度一致，窗台无灰尘、杂物。

d）门、屏风、衣帽架无灰尘、无污渍，工作间的门关好，门锁应正常。

e）装饰摆件无灰尘、无破损。

f）花架绿植无灰尘、无污渍、无黄叶。

g）工作台摆放有序、无垃圾、无杂物。

h）工作车无垃圾、无油渍、无杂物、车身灵活。

i）台裙无皱褶、无油渍。

j）各项物品洁净且状态佳，不符合的马上更换。

3.6.22.4.8　公共卫生间卫生清洁

a）卫生间门、拉手上无灰尘、污渍；洗手台、镜面上无积水、污渍、水印，地面上无污渍、水迹、垃圾，男卫小便器下方无尿渍。

b）便池内无尿渍、污垢，出水按钮无灰尘，隔板上无灰尘、污渍；垃圾桶的筒身内外洁净无污渍，桶内垃圾袋干净卫生完好，桶内无垃圾、无异味。

c）香薰保持香味持续散发，覆盖异味。

3.6.22.4.9　物品准备

a）备餐间指定位置放1份宴席菜单。

b）根据菜单的服务要求，准备好各种银器、瓷器、玻璃器皿等餐酒具。

c）根据菜品的特色，准备好菜品跟配的佐料。

d）根据用餐人数准备好餐具、席位牌、饮品、茶水、席巾等。

3.6.22.4.10　铺台摆位

a）按规定铺好台布和放置好台上用品。在每个餐位的水杯右侧立座位牌，菜单放在正副主位的左上侧。

b）备好茶、饮品、香巾，将各类开餐用具放在规定位置，保持厅内的整洁。

c）围餐接待要预留上菜位。摆台时检查席巾无皱褶、无污渍，餐具无污渍、无破损，摆位完毕后检查餐具是否齐全，纸巾、牙签是否整齐（有字的朝上面，所有牙签一个方向）。

3.6.22.4.11　摆放座位卡

桌次高低以离主桌远近而定，席位安排一般是右高左低，按用餐部门提供的座位表摆好座位牌，座位牌放于水杯右侧，摆位好后拍照再次确认。

3.6.22.4.12　人员准备

a）服务人员应熟悉宴席菜单和主菜的风味特色，以做好上菜、派菜和回答宾客对菜单提出询问的思想准备。

b）应了解每道菜品的服务程序，保证准确无误地进行上菜服务。

c）现场服务人员整理好仪容仪表，穿着统一制服，手部、面部清洁。

3.6.22.4.13　餐前备菜

a）开餐前15 min上凉菜，注意根据菜品的色调和分布，调整好菜品间的距离等。

b）开餐前10 min上炖汤（客人就座后再揭炖盅盖）。

3.6.22.4.14　迎接客人

开餐前15 min，站立在接待厅入口处恭候客人：“早上/中午/晚上好，这边请。”

3.6.22.4.15　引请入席

a）协助指引来宾入座。一般先引主宾，后引一般来宾依次入座，如遇到大型宴席，应先将一般客人引入座位，然后再请主宾入座。

b）客人至桌前时，应为客人拉椅后说“先生/女士，请坐”，并手势示意。

3.6.22.4.16　上热毛巾

a）客人就座后开始上第一次热毛巾（未准备热毛巾的，可准备独立包装湿巾），按先宾后主、女士优先原则，右侧为客人服务说“先生/女士，请用毛巾”。

b）毛巾以正好放于客人手上为宜，若客人在谈话，可放于毛巾碟中。

3.6.22.4.17　问茶

a）服务人员端托盘展示茶、饮品、果汁等各类饮品，按先宾后主、女士优先原则，右侧为客人服务逐个问茶和上茶服务："先生/女士，早上/中午/晚上好，今天准备了××茶、玉米汁、柠檬水，您需要喝哪一种？"

b）客人选定后，服务人员为其上对应饮品并以手势请对方饮用并说："请慢用。"问茶结束后将剩余饮品端回工作间，用于餐中添加。

3.6.22.4.18　揭汤盖

a）问茶的同时，另一名服务人员与问茶人员从主位开始揭开并收回汤盅盖子，行动规律与问茶的服务人员相反，以免出现2人同时服务一人的情况。

b）揭盖时，动作宜轻、快、准，全程不应发出较大的声音，揭盖后以手势邀请客人用汤"这是××（汤），请慢用"。汤盖收回后放至餐具框内。

3.6.22.4.19　上菜服务

a）客人开始用餐后即可开始上菜。

b）每上一道新菜，应将菜品转至主人与主宾之间位置，并报菜名："这是××（菜），请慢用。"

c）凡是鸡鸭鱼等整体菜或椭圆形的大菜盘，在摆放时头的一边朝向正主位（鱼不献脊，鸭不献掌，鸡不献头）。

d）多台宴席的上菜要看主菜或听指挥，做到行动统一，以免造成早上或迟上、多上或少上现象。

e）上菜顺序按凉菜、头盘、主菜、鱼、小炒、点心、主食的顺序。

3.6.22.4.20　上热毛巾

菜品有准备虾、蟹、螺等需要用手辅助食用的菜品时，在菜品食用到剩下1/4时（或视现场情况判断），上第二次热毛巾供客人净手使用。

3.6.22.4.21　斟酒倒茶

及时为客人斟酒倒茶，主动提供服务。

3.6.22.4.22　更换骨碟

服务人员随时留意用餐情况，在客人骨碟中食物残渣超过盘面1/3时，应主动为客人更换骨碟。换骨碟的同时清理桌面垃圾。

3.6.22.4.23 撤碟

客人用完主食后，撤下每个座位的骨碟、毛巾碟，清走桌面垃圾。

3.6.22.4.24 上水果及热毛巾

一人从主宾位按位上水果，一人反方向上热毛巾，毛巾应放在客人左前方。

3.6.22.4.25 上热茶

根据现场人员的就餐氛围和情况为客人重新准备热茶，如果就餐氛围较安静，不必另行准备热茶服务。

3.6.22.4.26 餐毕送客

a）客人起身时，主动为客人拉椅，并提醒客人带齐随身物品。

b）一名服务人员检查现场是否有客人遗留物品，如有，立即归还客人。

c）另一名服务人员引导就餐人员至电梯、至停车位置，礼貌道别：“再见，欢迎再次光临。”

3.6.22.4.27 注意事项

a）服务人员现场不应随意与就餐人员攀谈，紧密关注就餐人员示意，随时调整服务。

b）餐中如没有特殊服务时，服务人员应分立两侧待命。

c）2人同时服务时，不应出现2人同时站1人左右为其服务的情况。

d）上果盘时联系司机到场热车（夏天开空调，冬天开暖气），一名服务人员提前至电梯处控制电梯等候。

3.6.22.4.28 场地清洁

a）收倒餐余垃圾，收餐饮具，收餐巾，收餐垫，收台布，抹桌，重新铺台布。

b）餐饮具送洗消间清洗消毒，台布、餐垫、餐巾、热毛巾送洗衣店清洗。

c）清洁场地、公共卫生间，桌椅家具按定置摆放整齐。

3.6.22.4.29 清运垃圾

清走餐余垃圾、就餐和茶艺区垃圾、卫生间垃圾，清洗垃圾桶，沥干水后套新垃圾袋，摆放好。

3.6.22.4.30 关闭水电、设备

关闭现场电视、空调、水电设施设备等。

3.6.22.4.31　复盘总结

及时整理客人的用餐情况及相关资料，总结本次接待工作存在的问题并整改。

3.6.22.4.32　定期维护

日常做好植物养护和房间的抽湿换气工作，定期做好窗帘清洗更换。

3.7 公寓服务

3.7.1 前台服务

3.7.1.1 预订受理

3.7.1.1.1 前台服务人员受理房间预订时，确认预订房间客人姓名、单位名称、房间类型、房间数量、房间价格、预订日期、预住时长、付款方式、抵达时间、预订代理人信息、特殊要求等信息。

3.7.1.1.2 保存预订房间信息资料记录，实时更新房间状态系统，并将信息反馈至公寓服务负责人。对于有特殊要求的，提前通知相关人员做好准备工作。

3.7.1.2 办理入住

3.7.1.2.1 前台服务人员应随时做好待客准备，在距客人2 m处开始关注，1 m处微笑注视、礼貌地接待抵达的客人。如遇常客，应尽量用客人的姓氏称呼客人。

3.7.1.2.2 了解客人是否有预订：

a）若已预订房间，根据客人提供的预订信息，进行查询、核对，确认无误后办理入住手续。

b）若未预订房间，询问客人要求的房间类型、住宿时间等，根据公寓房间状态确认是否符合客人入住要求。

3.7.1.2.3 与客人确认可入住后，请客人出示有效证件并核对后进行登记。

3.7.1.2.4 询问客人付款方式，按需收取押金，并开具押金单和预订清单，用笔圈出注意事项，请客人签名确认。

3.7.1.2.5 制作房卡，确认退房日期和时间，把制作好的房卡放入卡套，并准确工整填写房号。将证件、房卡等双手递呈给客人。

3.7.1.2.6 应告知客人入住楼层、房间方位、用餐时间、餐厅位置、退房时间及房间无线Wi-Fi信息等，并曲臂、五指并拢，用手势为客人指引电梯方向。

3.7.1.2.7 宜向客人介绍公寓位置、周边环境、服务项目及设施等。

3.7.1.2.8 对于接收到团队预订信息的，应提前分配好房间，并做好房间安排表。

3.7.1.2.9 应为行李较多的客人做好行李的分送工作。

3.7.1.3 办理续住

3.7.1.3.1 当客人到前台时，目光关注客人并微笑问候，了解客人需求，结合住房情况给予客人办理续住手续。

3.7.1.3.2 确认客人续住后日期和时间，修改系统离店时间。

3.7.1.3.3 在读卡系统读取房卡，修改离店时间。

3.7.1.3.4 将房卡双手递呈给客人。

3.7.1.4 办理退房

3.7.1.4.1 当客人到前台时，目光关注并微笑问候，了解客人需求，确认是否办理退房。

3.7.1.4.2 请客人出示房卡，有押金单的客人，应收回押金单。

3.7.1.4.3 核验房卡和系统资料是否相符，通知楼层公寓服务人员检查退房房间，查询系统是否有行李寄存和物品借用。

3.7.1.4.4 等待楼层查房时，核对所有账单是否正确，检查有无漏收的费用，与客人确认金额。

3.7.1.4.5 服务员查退房时间应控制在3 min内，及时报告查房结果，以保证前台办理业务的效率：

a）对有问题的房间，可使用房内电话，避免报告内容影响客人和说不清楚。

b）对有丢失或损坏房间设施设备的，应及时报告前台及公寓主管，保留现场，待公寓主管或客人上房取证。

3.7.1.4.6 若有客人遗留物品，服务员立即报告前台告知客人领取，报告时讲明遗留物品的特征和数量。

3.7.1.4.7 询问客人付款方式，完成结账。打印账单给客人确认、签名。若客人要开具发票，根据客人提供的发票抬头信息、实际支付金额开具发票，发票签章清晰，并在账单上盖“已开发票”章。

3.7.1.4.8 将相关信息整理更新录入房态系统，整理相关的单据分类存放（发票、账单分开存放），登记已开发票信息。

3.7.1.5 行李寄存

3.7.1.5.1 当客人到前台时，目光关注并微笑问候，了解客人需求，确认是否办理行李寄存。

3.7.1.5.2 正确填写行李寄存卡，请客人签字和留下联系方式并提醒客人阅读背后条例，将寄存卡下联交给客人，向客人说明寄存和领取须知，上联寄存卡挂在客人行李上，将行李轻拿轻放，放在适当的位置上。

3.7.1.5.3 领取行李时向客人索取行李寄存卡下联，核对客人的姓名、房号、行李数和行李寄存卡编号。

3.7.1.5.4 请客人在行李寄存卡下联上签字，合订上下联并保存。

3.7.1.5.5 如客人遗失行李寄存卡下联，请客人出示有效证件，核对无误后复印证件，并请客人填写行李寄存卡遗失声明签字确认。

3.7.1.6 失物招领

3.7.1.6.1 服务人员在查退房时，若发现客人遗留物品，应立即电话通知前台，询问客人是否已离开公寓。如尚未离开公寓，应立即交还给客人；若客人已离开公寓，则将物品交予前台，由前台联系客人并填客人遗留物品登记表。

3.7.1.6.2 客人遗留物品由前台保管，前台在接到客人遗失物品后，应将其记录在客人遗留物品登记表上，要求填写日期、拾获地点、客人姓名、物品名称及特征、数量等。

3.7.1.6.3 客人遗留物品登记表记录的信息，应与客人遗留物品名称相符。

3.7.1.6.4 前台设立专门存放遗留物品的仓库，做好专门的登记记录，专人保管。

3.7.1.6.5 前台可提供24 h遗留物品咨询服务。

3.7.1.6.6 所有遗留物品应锁在柜内。存放时要将贵重物品与普通物品分开，贵重物品储存到保险柜内，普通物品由前台分类锁进柜内。

3.7.1.6.7　遗留物品由前台通过查询客人档案等方式通知客人来前台认领。

3.7.1.6.8　当客人前来认领时，前台负责核准，并请其在客人遗留物品登记表上签名。

3.7.1.6.9　客人回来认领时，应复述一次报失物品的内容、遗失地点，核准后如数交还给客人，如是贵重物品还应留下客人的有效证件复印件和联系电话。

3.7.1.6.10　认领方式：

a）直接认领。

b）请代领人领取的，核实失物者与代领人资料信息一致，无误后，请代领人签字，并留下有效证件复印件及联系电话。

3.7.1.7　房态更新

应及时将预订、入住及退房等相关信息整理、录入房间状态系统，进行房态更新。

3.7.2　公寓房间保洁

3.7.2.1　准备工作

3.7.2.1.1　公寓服务人员应做好房间保洁的准备工作。

3.7.2.1.2　根据分配的任务进行整理、清扫。

3.7.2.1.3　准备好清洁工具篮，包括：

a）蓝色、绿色、棕色、红色、白色抹布各1条。

b）短柄刷1把，用于清洁面盆。

c）长柄刷1把，专用于清洁马桶。

d）抹水器、玻璃刮各1把，用于清洁淋浴间。

e）清洁剂：全能玻璃水、洁而亮和洁厕灵，药棉酒精若干。

3.7.2.1.4　整理洁净工作车，将所需布草、公寓标配一次性消耗品等整齐摆放在车上。

3.7.2.1.5　根据公寓状态，决定清扫顺序：

a） 住客房：若挂“立即打扫”牌，优先清扫；若未挂“请勿打扰”牌，等客人外出后再打扫。

b） 走客房：应尽量先打扫，便于客人随时入住。

c） 迎客房：可根据客人抵达的时间，灵活安排打扫顺序。

d） 空房：可在最后做例行清扫工作。

3.7.2.2 房间整理清洁

3.7.2.2.1 客人入住前，公寓房间应经过全面的清洁和整理。同一客人在住期间的清洁和整理频次如下：

a） 固定公寓：应按与客人约定的方式和时间进行房间清洁和整理。

b） 临时公寓：入住一日一次。

3.7.2.2.2 房间门上如挂有“请勿打扰”牌或门口“请勿打扰”指示灯亮时，则暂勿进入房间。等客人外出后再进入房间整理清洁。如客人到中午还未出房间，应立即向公寓主管汇报。

3.7.2.2.3 应定期对公寓房间进行全面的卫生消毒，对卫生间内的各项卫浴设施应进行一客一消毒处理。定期对地毯、沙发、窗帘进行除尘和清洗，不留污渍。定期对冰箱、洗衣机、空调等电器进行清洁和消毒处理。

3.7.2.2.4 空房的清洁：

a） 检查房间是否缺少各种用品。

b） 房间整理是否完善，设备是否完好。

c） 每天擦拭清洁和开门通风。

3.7.2.3 布草更换及洗涤

3.7.2.3.1 固定公寓客人在住期间应每半月1次或按物业服务合同约定方式进行床上用品的更换，并及时进行清洗和消毒；临时公寓客人应一客一换。

3.7.2.3.2 将需要洗涤的布草按种类分开、点数，并做好记录，交由洗涤公司；有特殊污渍的布草，公寓相关服务人员应做好说明工作。

3.7.2.3.3 布草送洗应做到及时、合理。经洗涤洁净送回的布草，公寓服务人员应进行验收，合格后方可签收布草应分类、分规格存放在干燥、洁净、能上锁的地方。

3.7.2.3.4　各楼层待清洗的布草应存放在上锁布草柜内，防止蟑螂、老鼠等侵食。

3.7.2.4　一次性消耗品补充

3.7.2.4.1　公寓主管根据公寓房间数量、入住率和历史消耗数据，结合采购周期和到货时间等因素，制定房间一次性消耗物品最低存货标准。

3.7.2.4.2　采购物品应由公寓主管根据标准样板验收后方可接收入库。

3.7.2.4.3　公寓应配有专门仓库用于存放一次性消耗品。各楼层工作车须补充时，由公寓主管负责调整、统筹。

3.7.2.4.4　应做好一次性消耗品领用、盘点及记录等工作。

3.7.2.4.5　一次性消耗品采购品牌或等级应与客户沟通、协商。

3.7.2.5　公共通道及楼梯

3.7.2.5.1　楼层走道、电梯候梯厅地面、墙面无灰尘、污渍、积水、垃圾、杂物。

3.7.2.5.2　楼层开关、标识、送风口、排风口上无灰尘。

3.7.2.5.3　消防通道防火门、扶手上无灰尘、污垢。

3.7.2.5.4　电梯壁、电梯门无手印、污渍，保持光亮；轿厢、天花、地面、楼层按钮无灰尘、污渍。

3.7.2.5.5　天花、灯具上无积尘、蜘蛛网。

3.7.2.6　洗涤设备维护维修

公寓服务相关的洗涤设备应定期维护保养，运行良好，无噪音，安全完好、整洁、卫生和有效。

3.7.3　作业流程

3.7.3.1　办理预订

3.7.3.1.1　礼貌热情地问候客人。规范用语：“您好，请问有什么可以帮您？”

3.7.3.1.2　受理预订确认客人信息、预订房型和时间。

3.7.3.1.3　保存预订房间信息资料记录，实时更新房间状态系统。

3.7.3.2　办理入住

3.7.3.2.1　礼貌问候

面带微笑，礼貌热情地问候客人。规范用语：“您好，请问有什么可以帮您？”

3.7.3.2.2　查询预订

询问客人是否有预订，在系统中查询，与客人确认预订详细信息，包括预订姓名、渠道、房型、房量、天数、价格（如有）等。规范用语：“您好，请问您是否有预订？”

3.7.3.2.3　证件核对

a）如果有预订，请客人提供有效证件，并核对客人证件，确保人证一致及证件在有效期内。规范用语：“您好，已确认您的预订信息，麻烦提供您的证件，谢谢。”

b）如果无预订，第一时间查看系统，如果有房，且符合入住条件者，则应核对证件后办理入住。规范用语：“您好，未查到您的预订信息，这边帮您确认目前是否还有房间，请稍候。”

3.7.3.2.4　分配房间

按照客人订房要求为客人安排房间，介绍房间状况。

3.7.3.2.5　证件上传

读取证件信息上传系统，正确扫描证件信息并上传至公安系统。

3.7.3.2.6　收取押金、确认签字

询问客人付款方式，按需收取押金，并开具押金单和预订清单，用笔圈出注意事项，请客人签名确认。

3.7.3.2.7　制作房卡

在系统中制作房卡，确认退房日期和时间，把制作好的房卡放入卡套，并准确填写房号。

3.7.3.2.8　递呈房卡等物品

将证件、房卡等递呈给客人，告知入住楼层、用餐时间、餐厅位置、退房时间及房间Wi-Fi信息。

3.7.3.2.9 致谢道别

曲臂、五指并拢，用手势指示方向，告知电梯方向。

3.7.3.2.10 整理资料

将相关信息整理录入房态系统，整理相关的单据分类存放。

3.7.3.3 办理续住

3.7.3.3.1 礼貌问候

面带微笑礼貌热情地问候客人。规范用语："您好，请问有什么可以帮您？"

3.7.3.3.2 递呈房卡

核对房间预订情况，制卡确认续住时间。

3.7.3.4 办理退房

3.7.3.4.1 礼貌问候

面带微笑，礼貌热情地问候客人。规范用语："您好，请问有什么可以帮您？"

3.7.3.4.2 回收房卡、押金单

请客人出示房卡，有现金押金单的客人，应收回押金单。

3.7.3.4.3 读卡核对信息

核验房卡和系统资料是否相符，通知楼层房间退房检查房间，查询系统是否有行李寄存和物品借用。

3.7.3.4.4 确认消费

核对所有账务是否正确，看有无漏收费用，与客人确认金额。

3.7.3.4.5 结账

询问客人付款方式，根据客人的付款方式结账，打印账单，请客人确认无误后签名。

3.7.3.4.6 开具发票

询问客人是否需要开具发票，如需要则确认发票抬头信息，根据客人实际支付的金额开具发票，发票签章清晰。

3.7.3.4.7 递呈发票

将发票、找零整理放好，双手递呈客人。

3.7.3.4.8 礼貌道别

感谢客人并礼貌道别。

3.7.3.4.9 整理资料

将相关信息整理更新录入房态系统，整理相关的单据分类存放（发票、账单分开存放，登记已开发票信息）。

3.7.3.5 退房查房

3.7.3.5.1 前台通知客房查房

a）前台用对讲机清晰简扼地通知客房查房，标准用语：“××楼××房退房，请查房，谢谢。”

b）仔细倾听前台报告的离店客人房号，客房服务人员重复两遍回复：“××退房，收到。”

3.7.3.5.2 客房服务人员查房

a）收到前台报查退房房号时反应要迅速，放下手中的工作，迅速检查所退房间的衣柜、保险箱、酒水台、抽屉、床周边、门后和卫生间等处。

b）检查客房内设备设施、用品有无损坏或遗失；检查客房内是否有不安全的因素；检查客房内是否有客人的遗留物品，查房时间控制在3 min内。

3.7.3.5.3 报查房结果

a）对查退房间棉织品、设备设施、配备用品核实一切正常后，迅速向前台报告结果“前台，××房查房完毕”，无论客人有无消费均应将查房结果报前台。

b）查房时发现问题及时报告前台，请××房间客人稍等（对有问题的房间，可使用房内电话，避免报告内容影响客人和说不清楚）。

c）客房设备设施如有任何丢失或损坏，应及时报前台及客房领班，保留现场，留待领班、值班经理或客人上房取证。

d）若有住客遗留物品，立即报前台让客人上来领取，报房时要求话语清晰，讲明遗留物品的特征与数量。

3.7.3.5.4　注意事项

a）单一楼层房间数量较多，且须多人在同一楼层服务的公寓，应责任到人，明确查房人。

b）在住公寓工作期间接到查退房要求，应礼貌地向客人打声招呼：“不好意思，需要查退房，暂时走开一下。”然后轻轻退出，随手带上房门。

c）进入所查退房时有人在房间应礼貌退回同前台确认房号，不应粗鲁闯进有客的房间，以免引致客人投诉。

d）发现遗留物品和公寓物品缺损等及时报告前台。

e）对事件的处理由值班经理负责，公寓服务人员配合。

f）多间退房时，应请服务人员或领班协助查房，以保证退房速度与质量。

g）为避免客人遗留物品，应加强检查卫生间门后挂衣钩、衣橱、白色床单或枕头夹层、行李柜。

h）公寓设备设施丢失或损坏的常见有棉织品的丢失与烧烂及染色、地板及桌面被烟头烧坏或损烂、瓷器及玻璃器皿损烂、少遥控器及防毒面具开封等。

3.7.3.6　中式铺床

3.7.3.6.1　拉床垫

将床位拉离床头板。弯腰下蹲，将床架抬高，慢慢拉出距床头30～50 cm，将床垫拉正对齐。

3.7.3.6.2　铺床垫

站在床尾正中位置，用左手抓住床单的一头，右手将床单的另一头抛向床面，并提起床单的边缘角，顺势向右甩开床单，打松床单在床面。开单：将床头方向床单打开，使床单朝上中线居中。

3.7.3.6.3　包角

从床尾做起，将下垂部分床单掖进床垫下面，将侧面下垂床单拉起折角，右手将右角部分床单掖入床垫下面，然后将折角往下垂直拉紧包成直角掖入床垫下面。侧包法：包角要求内角45°、外角90°（包角均在床的长边上）四角紧包，表面平整。

3.7.3.6.4　套被罩

将被罩拉开，两手抓被角套入被罩，扎紧被罩绳，将下垂部分包住床垫。被子回折：回折宽度40 cm（若被子有压边线，回折宽度以压边线为准）。

3.7.3.6.5　套枕套

枕芯平放床上，打开枕袋口，并将枕芯塞入枕套里，把袋口封好。套好的枕头应四角饱满、平整且枕芯不外露。

3.7.3.6.6　放枕头

两个枕头叠放至床中线位置。下面枕头反压住被罩15 cm，放好枕头，床边两侧均匀。

3.7.3.6.7　复位检查

看一遍床铺是否整齐美观，对做得不够规整的地方进行整理。枕头四角饱满，外形平整、挺括，枕芯不外露，床面挺括美观。

3.7.3.7　房间清洁

3.7.3.7.1　敲

进入房间前先敲三次门（一长两短），并自报“您好，服务员”。房门开启1/3时，再报一次自己的身份，若有客人应答时，在征得客人同意后方可进入房间；若客人表示暂不方便时，了解可打扫时间并表示打扰后退出房间。

3.7.3.7.2　拉

进门前把“正在清洁”牌挂在门锁上，把窗帘拉开，增强光线。

3.7.3.7.3　撤

把床上的被套、床单、枕套，卫生间的面巾、浴巾、方巾、地巾等撤到布草袋。将客人使用过的杯具撤到工作车上，配上新的杯具。

3.7.3.7.4　倒

清理室内垃圾并更换新垃圾袋。

3.7.3.7.5　铺

按照铺床程序操作，铺床要求美观，整张床面平整、洁净，操作应快、巧、准。

3.7.3.7.6　扫

将房间、卫生间地板上的垃圾及头发等杂物清理洁净。

3.7.3.7.7　抹

a）将抹布洗干净、拧干，把房间从里到外抹一遍，电器设备、金属、镜面、灯泡等要用干抹布。

b）把浴室、烟灰缸清洗干净，并用抹布抹干净。

c）抹布不能混用。

d）将房间、卫生间地板拖干净、无积水，地毯要用吸尘器吸尘。

e）地面无纸屑、烟头、杂物等废弃物；墙面、天花、门窗、扶手、栏杆洁净，确保无污渍、无灰尘、无蜘蛛网。

f）消毒马桶并套上“已消毒，请放心使用”的消毒带。

3.7.3.7.8　补

把房间、卫生间所需的矿泉水、茶包、咖啡包、面巾、浴巾、地巾、方巾、卫生纸、洗漱用品等物品全部补齐，放回原处并摆放整齐，卫生卷纸向下叠成“▽”形。

3.7.3.7.9　看

全面检查一次房间内的设备是否正常，设施是否摆放好，物品是否补齐。将需要维修的设备设施报告公寓主管，及时报修。

3.7.3.7.10　拖

将房间、卫生间地板拖干净、无积水，地毯要用吸尘器吸尘。

3.7.3.7.11　关

关锁玻璃窗，拉好窗帘，调节空调，把门锁上，取回“正在清洁”牌。

3.7.3.7.12　登

登记进房、离开时间，登记房间清洁情况以及消耗品补充情况。

3.7.3.8　卫生间清洁

3.7.3.8.1　撤

撤出用过的用品、用具，清去垃圾、杂物。

3.7.3.8.2　冲

用水冲洁具、瓷片等。

3.7.3.8.3　擦

用清洁剂擦洗洁具、瓷片、地面等。

3.7.3.8.4　洗

洗去泡沫、污水。

3.7.3.8.5　抹

抹干净所有的设备物件。

3.7.3.8.6　封

消毒马桶并封马桶盖。

3.7.3.8.7　补

补充卫生间用品并摆放好（洗脸盆和马桶的清理工具不能混用）。

3.7.3.9　杯具清洁

3.7.3.9.1　准备

准备好清洁用具。

3.7.3.9.2　冲洗

倒掉杯中残留物，进行冲洗。

3.7.3.9.3　清洗

a ）加入洗涤剂，用杯刷去除残渣和污垢。

b ）将冲洗干净的杯具进行第一次清洗。

c ）逐个清洗两遍。

3.7.3.9.4　擦干

擦干杯中残留水渍。

3.7.3.9.5　消毒

将清洗沥干的杯具放入柜内网格上，杯口朝下，杯盖竖立排列放置。插上电源，按下键钮，指示灯亮，20 min内达到消毒的温度后指示灯会自动熄灭。

3.7.3.10　抹布使用与分类

3.7.3.10.1　抹布使用规范

a ）抹布应使用吸水性好、易清洁、不易掉色的超细纤维材质，尺寸大小应能满足卫生操作需要。客房和卫生间使用的抹布应设有明显颜色区分，操作中不应混用。

b）客房抹布用于清洁，用以抹家具、电器、镜面等的表面灰尘、污迹等，可根据情况至少配备干、湿抹布各1块。

c）所备抹布总数应满足需要，卫生间使用的抹布应1间1换。

d）备用的干净抹布和已用抹布应使用不同标识的存放设施分别放置，避免交叉污染。

3.7.3.10.2　专用抹布配置

应根据清洁部位配备不同的专用抹布：

a）蓝色毛巾：用于电器设备、五金材料、镜子。

b）绿色毛巾：用于洗漱台面、家具。

c）棕色毛巾：用于墙面、垃圾桶、地面。

d）红色毛巾：用于坐便器。

e）白色毛巾：用于漱口杯、水杯、咖啡杯。

3.7.3.10.3　抹布清洗

a）在容器中倒入适量清水。

b）在清水中倒入适量清洁剂（根据清洁剂使用说明配兑）。

c）将抹布浸泡清洗（不同颜色抹布应分开洗涤）。

d）用清水将抹布清洗干净，晾晒。

e）不要将清洁剂直接倾倒在抹布上，会造成清洁剂残留。

3.7.3.10.4　抹布消毒

a）将二氧化氯消毒粉和清水按照1 g：2 L的比例勾兑成消毒水。

b）将清洗后的抹布浸泡在消毒水内约10～15 min。

c）用清水将抹布清洗干净，晾晒。

3.7.3.10.5　使用范围

抹布干湿区别与可用范围：

a）干毛巾：晾干后的毛巾，手触干燥、柔软，无水分；适合轻轻拂去物体表面灰尘。适用于：电器设备（断电后）、图书、金属制品、纺织品、皮革、石膏、实木。

b）半干毛巾：在干毛巾上喷少量水，手触感觉潮湿；摩擦力比干毛巾小，适合硬度较小的物体。适用于：烤漆面板、玻璃、有机玻璃、塑料、陶瓷；不适用于：电器、灯具、纸制品、石膏。

c）湿毛巾：毛巾浸湿后用力拧干，无水滴滴落；适合可沾水清洁或需要浸泡清洁的物体。适用于：玻璃、有机玻璃、塑料、陶瓷；不适用于：电器、灯具、纸制品、金属制品、纺织品、皮革、石膏、实木家具。

3.7.3.10.6　抹布更换

抹布应定期更换，有以下情形的应进行更换：

a）有明显的污渍且污渍面积超过30%。

b）干毛巾变硬且划伤物体。

c）有破损且破损度影响使用。

d）使用时间超过3个月。

3.8 车辆驾驶服务

3.8.1 车辆检查

3.8.1.1 车况检查

3.8.1.1.1 转向机构方向盘游动间隙符合车型标准；行驶时转向机构无松动、无意向、无摇摆、无抖动。

3.8.1.1.2 制动有效，无跑偏，制动液充足，踏板符合车型标准，手刹有效。

3.8.1.1.3 轮胎无割伤、开裂或鼓包，磨损应符合技术系数要求（行驶6万km或使用4年需要更换，轮胎花纹深度磨至1.6 mm处应更换），胎压（备胎）气压符合车型标准，轮胎轮毂无积泥、油污。

3.8.1.1.4 车辆线路完整、电线无破损无异常，蓄电池电量充足、无严重氧化，灯光齐全有效。

3.8.1.1.5 车况应符合GB 7258的要求。

3.8.1.2 车容检查

3.8.1.2.1 车内操控台、仪表台、仪表板干净整洁，无物品摆放，且完好无异常。

3.8.1.2.2 座椅干净，无尘土和积水，调节自如，安全带齐全有效，收放自如，叠放整齐。

3.8.1.2.3 车内无异味，地板、踏步无污垢、无尘土、无杂物和垃圾。

3.8.1.2.4 车窗帘叠放整齐，绑定紧固，行李架（箱）紧固，无破损。

3.8.1.2.5 灭火器、三脚架、千斤顶应固定位置摆放、紧固，可以有效使用。

3.8.1.2.6 安全锤应固定摆放，取放方便，无损坏。

3.8.1.2.7　车窗玻璃整洁、明亮，门窗升降自如无异响，雨刮器运转自如无异响，无破损。

3.8.1.2.8　倒车镜紧固无异，车牌无遮挡，挡泥板齐全紧固，无损坏变形。

3.8.1.2.9　车身外表无积尘、泥垢。漆面无刮痕，整洁无污垢，无碰撞变形，无严重锈蚀。

3.8.2　车辆驾驶

3.8.2.1　出车前

3.8.2.1.1　驾驶员到岗后，每日首次出车前应进行酒精测试，做好驾驶员精神状态观察。

3.8.2.1.2　行车记录本或车辆管理系统上填写出车前公里数、检查情况、确认出车单等。

3.8.2.1.3　确认出车时间、地点、服务对象，确认目的地天气、路况等相关信息，提前规划多条出行路线，并确认电话畅通。

3.8.2.1.4　提前15 min把车辆驾驶到接送位置后按秩序停放车辆，并根据天气状况调整车内空调温度，保持车内空气的清新，车内无烟味、无异味。

3.8.2.1.5　下车迎候，双脚并拢自立，双手在身前（右手在上，左手在下）重叠于腹部，双目平视。

3.8.2.1.6　面带笑容，热情问好，请乘车人上车。

3.8.2.1.7　乘车人上车时，通常开后排右侧车门（是上座），站在车门外侧（即靠近副驾一侧），左手拉开车门，右手挡住车门上框，避免碰伤乘车人的头（特殊群体除外）。

3.8.2.1.8　主动帮助乘车人提拿物品，搬装行李。

3.8.2.1.9　确认乘车人上车并坐好后，提醒乘车人系好安全带，并再次确认目的地。

3.8.2.1.10　检查车门是否关好，行李是否放牢固，车尾盖是否关合，从车后方转到驾驶位置上车，做好起步准备。

3.8.2.2　行车中

3.8.2.2.1　不主动与乘车人交谈，不闲谈与工作无关的内容；严禁与乘车人发生争吵或冲突。

3.8.2.2.2　遵守交通法规，严禁酒后驾驶、超速超载、闯红灯及行车中抽烟、聊天、使用电话等各种不安全行为，不擅自改变行车路线。确因需要使用电话时，应将车辆停放在安全地带后方可接听或拨打电话。

3.8.2.2.3　保持安全车速、车距，避免急加速、急刹车；严禁争道、赛车等危险驾车行为。

3.8.2.2.4　做好保密工作，不透露乘车人行程及车上谈话内容。

3.8.2.2.5　车辆驾驶员等候时，不应翻动乘车人放在车内的物品。不能离开本车辆，若须离开，按规定停放车辆熄火、加防盗锁、锁好车门并随身携带保管好证件。

3.8.2.2.6　在外出差期间，应严格执行物业服务企业的各项规定，不能以任何理由谋私利、闹情绪。

3.8.2.2.7　遇到道路交通事故或车辆因故障无法继续执行任务时，及时报告情况，协调车辆更换、维修或事故处理。

3.8.2.3　收车后

3.8.2.3.1　到达目的地后，主动下车拉开车门，用手挡住车门上框（特殊群体除外），微笑地请客人下车，并提醒客人带齐随身物品。

3.8.2.3.2　乘车人下车后，立即检查车内有无遗留物品，如发现有物品留在车上，要及时通知乘车人或派车人，并及时归还物品。

3.8.2.3.3　任务结束后按照“两交一停”（交车辆钥匙、交行驶证，定点停放车辆），及时写行驶记录本或车辆管理系统，把车钥匙及相关证件归还给车班班长；如遇到车辆燃油少于50%应及时补充燃油。

3.8.3 车辆清洁

3.8.3.1 先除去车内的尘土，扫去大件污垢物，再用吸尘器吸地毯及座椅缝隙中的灰尘。

3.8.3.2 方向盘易老化和脆化，宜选择优质的表盘蜡喷涂，再用干净的棉布擦拭干净，保护减缓老化。

3.8.3.3 先做好仪表台的除尘，再使用绒毛清洁柔顺剂和软布擦洗。

3.8.3.4 清洗空调风道应先拆下空调出风口，将空调清洗剂的细管插入空调风道，喷入适量空调清洗剂。然后关闭空调出风口，打开空调内循环，启动发动机，怠速运转10 min左右即可，同时清洗空调滤芯。

3.8.3.5 门边框、门槛条、门铰链、脚踏板等边沿死角的泥巴、污垢清洗干净。同时降下玻璃，把仪表台、中控区、储物盒、储物箱、凹槽、边角、椅缝的灰尘吹除，再用吸尘器把座椅、地毯上的灰尘清除干净。

3.8.3.6 桃木内饰首先用湿布清洁灰尘，然后用少量内饰清洁剂清洗，再用柔软吸水的干布（如镜片布）擦拭红木上的水分。

3.8.3.7 车顶清洗首先用吸尘器吸掉桩顶的灰尘，用微湿润抹布轻轻擦拭整个桩顶表面，然后让桩顶自然晾干。不宜使用过湿的抹布，避免桩顶出现水渍或霉变。

3.8.3.8 皮质座椅的清洗宜喷洒适量的皮革清洁剂，将清洁剂覆盖在皮革表面，等待3～5 min，等待泡沫散去，使皮革清洁剂充分溶解污渍，再用柔软的干布将溶解的污渍与皮革清洁剂一起擦拭，达到清洗皮革表面的效果。

3.8.3.9 地毯的清洗用吸尘器吸走大颗粒的灰尘和石头，取出地毯拍去灰尘。对于水渍和轻微污渍，可用内饰清洁剂清除。

3.8.4 交通安全

3.8.4.1 安全教育

定期组织交通事故案例及经验教训、安全驾驶技能、结合季节特点（如高温、暴雨、凝冻等）针对性开展培训、车辆常见故障及异常的检查与处理、交通风险分析和防控措施、应急处理常识等交通安全培训，并做好记录。

3.8.4.2　行车安全

3.8.4.2.1　出车前、行车中、收车后对车辆各部件及随车物品和装载物品进行检查，保持车容整洁、车况良好，做好行车记录登记。

3.8.4.2.2　连续驾驶4 h停车休息不少于20 min，每日累计驾驶时间原则上不应超过8 h。

3.8.4.2.3　不应在夜间（2：00~5：00，特殊情况除外）及恶劣天气长途行车。

3.8.4.3　行为观察

3.8.4.3.1　观察驾驶员的行为

注意观察驾驶员的行为举止，包括是否系好安全带、是否注意交通信号灯、是否使用手机或其他电子设备等。可反映驾驶员的安全意识和行为规范。

3.8.4.3.2　进行面对面交流

与驾驶员进行面对面的交流，询问关于驾驶习惯、遵守交通规则以及安全意识等方面的问题。可了解驾驶员的态度和对安全行为的重视程度。

3.8.4.3.3　观察驾驶技巧

观察驾驶员的驾驶技巧，包括是否平稳刹车、转向是否准确、观察镜子的频率和调整等。可反映驾驶员对道路的觉察能力和对周围环境的敏感度。

3.8.4.3.4　检查驾驶记录

查看驾驶员的驾驶记录和历史，包括是否有过交通违规记录、事故记录等。可了解驾驶员安全驾驶的线索。

3.8.4.3.5　使用监控设备

在部分车辆中安装监控设备，记录驾驶员的行为和驾驶习惯。监控设备可以帮助了解驾驶员的实际驾驶行为，并及时纠正不安全的驾驶行为。

3.8.5 车辆管理

3.8.5.1 车辆年审及保险

协助跟进车辆年审并及时足额购买保险和各种税费。

3.8.5.2 车辆档案

协助建立车辆档案，根据车辆档案编制车辆信息清册，并动态更新，并建立抽查制度。

3.8.5.3 车况登记

根据车况对车辆实行分类管理，并动态更新。对不适合应急救灾、长途、高速、崎岖山路、恶劣天气等要求的车辆进行标记，年度滚动更新。

3.8.5.4 运行管理

3.8.5.4.1 车辆停放于指定的停车场，钥匙集中存放。

3.8.5.4.2 每逢节假日，对非生产运行车辆和非值班车辆实行“两交一停”（交车辆钥匙、交行驶证，定点停放车辆）。

3.8.6 车辆调度

3.8.6.1 车辆安排

3.8.6.1.1 根据用车申请内容，及时调度符合任务单要求的车辆、车辆驾驶员；要合理安排驾驶任务，避免疲劳驾驶。

3.8.6.1.2 向车辆驾驶员交代执行任务、出车时间、待命地点、随车物品、行车路线、主要风险与防范措施；根据气候、道路状况提醒车辆驾驶员遵章守纪，注意文明礼仪和安全行车。

3.8.6.1.3 对连续驾驶里程较远（普通公路400 km、高速公路600 km以上）、驾驶时间长（超过8 h），路况复杂的长途行车原则上应安排2名车辆驾驶员轮换驾驶。

3.8.6.2　回场登记

3.8.6.2.1　根据车辆驾驶员提供的数据，并做好台账记录。

3.8.6.2.2　督促车辆驾驶员在行车记录本或车辆管理系统上填写回场时间及回场公里数。

3.8.7　车辆维保

3.8.7.1　车辆日常维护修理由用车人或车辆管理员根据用车时所发现的车辆问题在车辆管理信息系统中填写车辆维修申请，车辆管理员结合车辆实际情况以及维修保养台账进行必要性审核，经由审批后到定点修理单位开展维修工作。

3.8.7.2　定点修理单位出具修理报价单并将维修前相关零件照片上传车辆管理系统。车辆管理员对须换修零件照片以及修理报价单（工时费、材料费）进行系统或现场核验，审批通过后维修单位开展维修。

3.8.7.3　车辆修理过程中需要增加修理费项目的，撤回系统审批流程，增加修理项目后重新办理审批流程。

3.8.7.4　车辆行驶途中发生故障的，按修理审批权限报告，车辆管理员及时通知就近定点修理单位人员赶往现场处理。如可现场维修解决的宜将修理前后的相关零件图片拍照上传至车辆管理系统，将更换下来具有一定价值的废旧零部件带回，交车辆管理员统一保管并按车建立台账。车辆管理员、送修驾驶员对修理过程及质量负责。

3.8.7.5　根据车辆技术状况，结合客户意见进行车辆大修，参照国产车行驶里程8万～10万 km、进口车行驶里程10万～12万 km进行安排。

3.8.7.6　根据车辆情况及实际需要，经客户同意后，可安排车辆到定点修理单位保养或维修。

3.8.8 车辆驾驶辅助服务

3.8.8.1 代办涉车业务

按时完成车辆年审、续（投）保和各种税费的缴纳，不出现车辆超期检验或脱保情况。

3.8.8.2 代办车辆费用结算

根据客户安排，定期到洗车场、车辆修理厂、加油站、ETC收款单位等开具票据，整理修理费、洗车费、油料费、高速路通行费、停车费等报账资料。

3.8.8.3 配备物品

根据实际情况配备安全帽、雨靴、反光衣、防滑链、逃生锤、灭火器、雨伞、雨衣等。

3.8.8.4 礼宾服务

3.8.8.4.1 统一穿着礼宾服，形象好气质佳，精神饱满，说话和蔼面带微笑，服务时佩戴白手套、工作牌。

3.8.8.4.2 服务时统一使用标准服务用语，说标准普通话，对外宾可使用简单的英语问候。

3.8.8.4.3 车上提供杂志、物业服务企业简介、口香糖、矿泉水（根据需求可提供不同种类）、充电宝、靠腰等多样化接待物资。

3.8.8.4.4 24 h随时待命，熟悉当地城市道路，做到起步不闯、转弯不晃、刹车不点头、行车一条龙、停车一条线。

3.8.8.4.5 接送客人主动微笑问好，主动开车门、搬运行李；客人下车后目送客人转身离开方可上车回场。

3.8.8.4.6 车辆做到车身、玻璃锃亮，车内座套平整、洁净，脚垫上无碎屑，烟灰盒里无烟头。不论风雨雪天，车里车外都保持干净、整洁。

3.8.9 作业流程

3.8.9.1 车辆调度

3.8.9.1.1 接到用车服务

通过车辆管理系统接收用车需求。

3.8.9.1.2 调度审核

确认座位数、用车时间、行车路线、到达目的地。

3.8.9.1.3 安排车辆及驾驶员

a）根据用车需求调配合适的车辆及驾驶员。

b）通过车辆管理系统对驾驶员下发工作单。

c）安排驾驶员前应先观察驾驶员的精神状态，出车前开展酒精测试。

3.8.9.1.4 反馈调度安排

给用车申请人反馈调度安排，并再次确认出车时间及目的地。

3.8.9.1.5 收车后检查

a）确认“两交一停”（交车辆钥匙、交行驶证，定点停放车辆），车辆停放位置、检查随车资料袋（车钥匙、行驶证、车辆年审和车辆保险等证件，属于电子版证件除外）。

b）检查回场工单填写完整性：回场时间、回场公里数。

3.8.9.2 车辆驾驶

3.8.9.2.1 接收任务单

通过用车管理系统接收调度工作单，接收任务后应第一时间与乘车人联系，再次确认出车时间及地点。

3.8.9.2.2 出车前

a）根据工作单找调度员领取钥匙袋，确认车钥匙、行驶证、驾驶证、身份证、车辆年审和车辆保险等证件是否在有效期内。

b）车辆性能检查项：转向机构转动无异响、车辆制动有效、轮胎纹路清晰无鼓包、线路无破损、蓄电池有电且无漏电情况。

c ） 车辆卫生检查项：车内操控台/仪表台整洁无物品摆放，座椅干净且收放正常，车内无异味，地板无污垢、无尘、土无杂物和垃圾，车窗帘叠放整齐；灭火器、三脚架、千斤顶可有效使用，安全锤固定摆放无损坏；车窗玻璃整洁、明亮，门窗升降自如无异响，雨刮器运转自如无异响、无破损；倒车镜紧固无异，车牌无遮挡，挡泥板齐全紧固，无损坏变形；车身外表无积尘、泥垢；漆面无刮痕、整洁无污垢、无碰撞变形、无严重锈蚀。

d ） 在行车记录本或车辆管理系统上填写出车前公里数、检查情况、确认出车单等。

e ） 确认出车时间、地点、服务对象，确认目的地天气、路况等相关信息，提前规划多条出行路线，并确认电话畅通。

f ） 提前15 min把车辆驾驶到接送位置后按秩序停放，并根据天气状况提前调整车内空调温度。

g ） 下车迎候，双脚并拢自立，双手在身前（右手在上，左手在下）重叠于腹部，双目平视。

h ） 面带笑容，热情问好，请乘车人上车。

i ） 乘车人上车时，要主动打开车门，同时用手挡住车门上框，避免碰伤乘车人的头（特殊人群除外）。

j ） 主动帮助乘车人提拿物品，搬装行李。

k ） 确认乘车人上车并坐好后，提醒乘车人系好安全带，并再次确认目的地。

l ） 检查车门是否关好，行李是否放牢固，车尾盖是否关合，从车后方转到驾驶位置上车，做好起步准备。

3.8.9.2.3　行驶中

a ） 不主动与乘车人交谈，不闲谈与工作无关的内容；严禁与乘车人发生争吵或冲突。

b ） 遵守交通法规，严禁酒后驾驶、超速超载、闯红灯及行车中抽烟、聊天、使用电话等各种不安全行为，不擅自改变行车路线。确因需要使用电话时，应将车辆停放在安全地带后方可接听或拨打电话。

c ） 保持安全车速、车距，避免急加速、急刹车；严禁争道、赛车等危险驾车行为。

d）做好保密工作，不透露乘车人行程及车上谈话内容。

e）驾驶员等候时，不应翻动乘车人放在车内的物品。不能离开本车辆，若须离开，按规定停放车辆并熄火、加防盗锁、锁好车门并随身携带保管好证件。

3.8.9.2.4 收车后

a）到达目的地后，主动下车拉开车门，用手挡住车门上框（特殊人群除外），微笑地请客人下车，并提醒客人带齐随身物品。

b）乘车人下车后，驾驶员应立即检查车内有无遗留物品，如发现有物品留在车上，要及时通知乘客或派车人，并及时归还物品。

c）任务结束后应及时补充燃油，并做好车辆清洗后，按照“两交一停”（交车辆钥匙、交行驶证，定点停放车辆）将车辆停放在指定位置，及时填写行驶记录本或车辆管理系统，把车钥匙及相关证件归还给车班班长。如遇到车辆燃油少于50%应及时补充燃油。

3.8.9.3 交通事故应急处置

3.8.9.3.1 确认情况

当发生交通事故时，驾驶员应立即停车，下车查看情况。

3.8.9.3.2 报案、报保险

驾驶员及时报警，拨打“110”，拨打“120”急救电话，报保险公司。

3.8.9.3.3 事故判定

a）轻微事故：轻微的车身碰剐，没有发生人员受伤。

b）重大事故：事故中有人员受伤，车辆受损严重的交通事故。

3.8.9.3.4 报告物业服务企业

向车辆管理员如实报告，如重大事故车辆管理员了解情况后及时向上级报告。

3.8.9.3.5 双方协商

如遇轻微事故责任明确，现场拍照保存证据，与对方协商撤离现场。

3.8.9.3.6 保护现场

当事人要设置安全警戒，保护现场，拍照保存证据，积极配合相关人员抢救伤员，等待处理。

3.8.9.3.7 事故处理

双方当事人将车辆开到市内就近交通事故处理点进行快速处理，如无快速处理点的地方，责任不明确，协商不了的等待交警处理。

3.8.9.3.8 勘查定损

按保险公司要求，指定地点定损、核价。

3.8.9.3.9 车辆维修

车辆送定点修理单位修理。

3.8.9.3.10 保险理赔

递交相关理赔资料。

3.8.9.3.11 总结存档

当事人编写事故经过，总结经验教训，资料存档。

3.9 物业辅助服务

3.9.1 风力发电机组清洗维护

3.9.1.1 清洗维护原则

3.9.1.1.1 定期检查与保养：定期对风力发电机组和设备进行全面的清洗和保养，确保设备的正常运行和发电效率。

3.9.1.1.2 预防性维护：在风力发电机组运行前进行先期检查，预防问题的出现。

3.9.1.1.3 安全优先：在进行清洗和维护工作时，始终把安全放在第一位，确保人员和设备的安全。

3.9.1.2 清洗维护步骤

3.9.1.2.1 齿轮箱清洗维护

a）外观检查：检查齿轮箱外观是否有脱漆、锈迹、油污，并记录情况。

b）泄漏检查：检查所有的接头和油管是否有泄漏，并排除所有的泄漏。

c）滤芯更换：滤芯检查每半年不少于1次，并根据需要随时更换。

d）噪音异常检查：定期对齿轮箱的噪音进行测定，检查是否有异常噪音存在。

e）连接螺栓检查：在每年年检时，检查齿轮箱上的连接螺栓是否紧固。

3.9.1.2.2 变桨轴承清洗维护

a）防腐检查：检查变桨轴承表面的防腐涂层是否有脱落现象。

b）清洁度检查：检查变桨轴承表面是否有油污或其他污染物，并清理干净。

c）密封检查：检查变桨轴承（内圈、外圈）密封是否完好。

d）噪声检查：检查变桨轴承是否有噪声，并查找噪声的来源。

e）连接螺栓检查：以规定的力矩检查变桨轴承与轮毂安装螺栓，并记录情况。

3.9.1.2.3 其他部件清洗维护

a）检查风电机组的其他部件，如叶片、发电机、控制系统等，确保其正常运行。

b）定期对润滑冷却循环系统中的软管进行更换，避免软管老化带来的风险。

3.9.1.2.4 其他事项

在清洗和维护过程中，详细记录各项检查和维护情况，包括发现的问题、采取的措施以及更换的部件等。

3.9.2 光伏板保洁

3.9.2.1 保洁频率

3.9.2.1.1 标准保洁频率为每季度、每半年或每年进行一次保洁，具体频率根据光伏板所在地的环境条件（如灰尘量、污染程度等）和光伏系统的性能需求而定。

3.9.2.1.2 在多尘环境下，应增加保洁频率，以保持光伏板表面的保洁，从而提高光伏系统的发电效率。

3.9.2.2 保洁条件

3.9.2.2.1 光伏板保洁工作应选择在清晨、傍晚或阴天进行，避免在中午阳光强烈时段操作，以防止光伏板过热和人员中暑。

3.9.2.2.2 在保洁前，应确保光伏系统已经断电，并且保洁人员具备相关的安全操作知识和技能。

3.9.2.3 作业流程

3.9.2.3.1 工具准备

光伏板清洗机、无尘擦拭布。

3.9.2.3.2　保洁方法

a）将清洗机移动到光伏板上方，调整喷头与光伏板的距离和角度。

b）开启清洗机，使用低压高流速的水柱进行清洗，避免高压水流损伤光伏板。

c）清洗过程中，注意观察清洗效果，必要时调整清洗机的移动速度和喷水压力。

d）清洗边框和接缝：光伏板的边框和接缝也需要注意保洁。使用无尘擦拭布沾上清水或温和的清洁剂，轻轻擦拭边框和接缝。

e）避免使用化学清洁剂：因为化学物质可能会对光伏板表面造成损害。如果必须使用清洁剂，应选择温和的清洁剂并按照说明书正确使用。

3.9.2.3.3　保洁后处理

a）清洗完毕后，应立即用干净的布擦干光伏板表面，确保其干燥。在安装时，也应确保光伏板表面无水滴或潮湿的痕迹。

b）定期对光伏板进行检查，确保其无裂纹、变形等损伤，并保持边缘的清洁。

3.9.2.3.4　安全要求

a）在进行光伏板保洁时，应穿戴个人防护装备，如手套、口罩、防护眼镜等，确保人员安全。

b）禁止踩踏光伏板、导轨支架、电缆桥架等光伏系统设备，以免损坏设备和影响光伏系统的正常运行。

c）在保洁过程中，应注意周围环境的安全，避免在潮湿、有水或高处等危险环境下进行保洁工作。

3.9.2.3.5　其他注意事项

a）建立保洁记录制度：对每次保洁的过程、发现的问题和采取的措施进行详细记录，以便后续跟踪和管理。

b）检查清洗机是否正常工作，包括电源、水源、喷头等。

c）确保清洗机的水源清洁，避免使用含有杂质的水。

d）在保洁光伏板时，应注意清洁工具的选择和使用，避免使用可能对光伏板造成损害的清洁工具。

e）在恶劣天气（如大风、冰雹等）后，应检查光伏板及支架的完好性，及时修复受损部件。

f ）光伏板的安装位置应符合当地气象条件和自然环境，避免阳光被遮挡或吸收。

3.9.3 水电站/抽水蓄能电站保洁与维护

3.9.3.1 生产场所厂房设备保洁

3.9.3.1.1 发电机层

a ）所有盘柜表面拭去灰尘、蛛网及其他异物，确保无污渍、无灰尘、无蜘蛛网，保洁频次为每月不少于2次。

b ）灭火器及底座、电话、照明开关表面拭去灰尘、蛛网及其他异物，确保无污渍、无灰尘、无蜘蛛网，保洁频次为每月不少于2次。

c ）机组机罩外部保洁，表面拭去灰尘、蛛网及其他异物。侧面使用抹布擦拭，顶部宜使用抹布（不应爬上机罩工作），确保无污渍、无灰尘、无蜘蛛网，保洁频次为每周不少于1次。

3.9.3.1.2 中间层

a ）所有盘柜表面拭去灰尘、蛛网及其他异物，确保无污渍、无灰尘、无蜘蛛网，保洁频次为每月不少于2次。

b ）机抽油雾装置，抽粉尘装置表面拭去灰尘、蛛网及其他异物，确保无污渍、无灰尘、无蜘蛛网，保洁频次为每月不少于2次。

c ）机组CO_2控制箱外部保洁，表面拭去灰尘、蛛网及其他异物，确保无污渍、无灰尘、无蜘蛛网，保洁频次为每月不少于2次。

d ）母线廊道设备和冷却管道外部保洁，表面拭去灰尘、蛛网及其他异物，确保无污渍、无灰尘、无蜘蛛网，保洁频次为每月不少于2次。

e ）灭火器及底座、电话、照明开关表面拭去灰尘、蛛网及其他异物，确保无污渍、无灰尘、无蜘蛛网，保洁频次为每月不少于2次。

3.9.3.1.3 水泵/水轮机层

a ）机下导及推力轴承冷却系统表面拭去灰尘、蛛网及其他异物，使用可以拭去油污的抹布擦干净表面油污和其他污渍，确保无污渍、无灰尘、无蜘蛛网，保洁频次为每月不少于2次。

b）高压注油泵表面拭去灰尘、蛛网及其他异物，使用可以拭去油污的抹布擦干净表面油污和其他污渍，确保无污渍、无灰尘、无蜘蛛网，保洁为每月不少于2次。

c）调速器集油箱及压油罐外部保洁表面拭去灰尘、蛛网及其他异物，使用可以拭去油污的抹布擦干净表面油污和其他污渍，确保无污渍、无灰尘、无蜘蛛网，保洁频次为每月不少于2次。

d）所有盘柜表面拭去灰尘、蛛网及其他异物，确保无污渍、无灰尘、无蜘蛛网，保洁频次为每月不少于2次。

e）灭火器及底座、电话、照明开关表面拭去灰尘、蛛网及其他异物，确保无污渍、无灰尘、无蜘蛛网，保洁频次为每月不少于2次。

f）机械刹车使用可以拭去油污的抹布擦干净表面油污和其他污渍，确保无污渍、无灰尘、无蜘蛛网，保洁频次为每月不少于2次。

g）水车室盖板油污保洁使用可以拭去油污的抹布擦干净表面油污和其他污渍，确保无污渍、无灰尘、无蜘蛛网，保洁频次为每月不少于2次。

3.9.3.1.4　蜗壳层

a）自流供水系统表面拭去灰尘、污渍，操作把手擦拭干净，确保无污渍、无灰尘、无蜘蛛网，保洁频次为每月不少于2次。

b）球阀集油箱及压油罐外部保洁表面拭去灰尘、蛛网及其他异物，使用可以拭去油污的抹布擦干净表面油污和其他污渍，清扫干净调速器顶部污渍，确保无污渍、无灰尘、无蜘蛛网，保洁频次为每月不少于2次。

c）水导轴承冷却系统表面拭去灰尘、蛛网及其他异物，使用可以拭去油污的抹布擦干净表面油污和其他污渍，确保无污渍、无灰尘、无蜘蛛网，保洁频次为每月不少于2次。

d）球阀外壳表面拭去灰尘、蛛网及其他异物，使用可以拭去油污的抹布擦干净表面油污和其他污渍，确保无污渍、无灰尘、无蜘蛛网，保洁频次为每月不少于2次。

e）主轴密封过滤器表面拭去灰尘、蛛网及其他异物，确保无污渍、无灰尘、无蜘蛛网，保洁频次为每月不少于2次。

f）灭火器及底座、电话、照明开关表面拭去灰尘、蛛网及其他异物，确保无污渍、无灰尘、无蜘蛛网，保洁频次为每月不少于2次。

g）管子廊道表面拭去灰尘、蛛网及其他异物，确保无污渍、无灰尘、无蜘蛛网，保洁频次为每月不少于1次。

3.9.3.1.5 厂房GIS室

a）风机设备、盘柜表面拭去灰尘、蛛网及其他异物，确保无污渍、无灰尘、无蜘蛛网，保洁频次为每月不少于1次。

b）电抗器室盘柜表面清理干净，确保无污渍、无灰尘、无蜘蛛网，保洁频次为每月不少于1次。

3.9.3.1.6 SFC室

a）SFC设备室表面拭去灰尘、蛛网及其他异物，确保无污渍、无灰尘、无蜘蛛网，保洁频次为每月不少于1次。

b）SFC变压器盘柜表面清理干净，确保无污渍、无灰尘、无蜘蛛网，保洁频次为每月不少于1次。

c）SFC电抗器室盘柜表面清理干净，确保无污渍、无灰尘、无蜘蛛网，保洁频次为每月不少于1次。

3.9.3.1.7 启动母线廊道

a）启动母线管道设备表面拭去灰尘、蛛网及其他异物，确保无污渍、无灰尘、无蜘蛛网，保洁频次为每月不少于1次。

b）400 V主变配电室各设备表面擦拭干净灰尘、蛛网和其他污渍，确保无污渍、无灰尘、无蜘蛛网，保洁频次为每月不少于1次。

3.9.3.1.8 主变廊道各室及厂变室

a）主变室管道、阀门、盘柜表面拭去灰尘、蛛网及其他异物，确保无污渍、无灰尘、无蜘蛛网，保洁频次为每月不少于1次。

b）厂高变室表面拭去灰尘、蛛网及其他异物，确保无污渍、无灰尘、无蜘蛛网，保洁频次为每月不少于1次。

c）SFC启动变室管道、阀门、盘柜各设备表面擦拭干净灰尘、蛛网和其他污渍，确保无污渍、无灰尘、无蜘蛛网，保洁频次为每月不少于1次。

d）喷淋系统设备表面拭去灰尘、蛛网及其他异物，确保无污渍、无灰尘、无蜘蛛网，保洁频次为每月不少于1次。

3.9.3.1.9 冷水机室

冷水机室各设备表面擦拭干净灰尘、蛛网和其他污渍，确保无污渍、无灰尘、无蜘蛛网，保洁频次为每月不少于1次。

3.9.3.1.10 空压机室

空压机室各设备（不包括高压气机）、配电盘外部清洁、各管道、平衡气罐、补偿气罐各设备表面擦拭干净灰尘、蛛网和其他污渍，确保无污渍、无灰尘、无蜘蛛网，保洁频次为每月不少于1次。

3.9.3.1.11 通风空调室

空器处理器风柜、通风空调配电、控制柜外部清洁各设备表面擦拭干净灰尘、蛛网和其他污渍，确保无污渍、无灰尘、无蜘蛛网，保洁频次为每月不少于1次。

3.9.3.1.12 10 kV配电室

10 kV盘柜外部清洁，设备表面擦拭干净灰尘、蛛网和其他污渍，确保无污渍、无灰尘、无蜘蛛网，保洁频次为每月不少于1次。

3.9.3.1.13 400 V主配电室

400 V主配电室盘柜外部清洁设备表面擦拭干净灰尘、蛛网和其他污渍，确保无污渍、无灰尘、无蜘蛛网，保洁频次为每月不少于1次。

3.9.3.1.14 通信机房

通信机房各盘柜外部清洁设备表面擦拭干净灰尘、蛛网和其他污渍，确保无污渍、无灰尘、无蜘蛛网，保洁频次为每月不少于1次。

3.9.3.1.15 直流配电室、蓄电池室

直流配电室、直流屏室、蓄电池室各盘柜外部清洁，各设备表面擦拭干净灰尘、蛛网和其他污渍，确保无污渍、无灰尘、无蜘蛛网，保洁频次为每月不少于1次。

3.9.3.1.16 溢洪道、进/出水口

a）盘柜、控制箱各设备表面擦拭干净灰尘、蛛网和其他污渍，确保无污渍、无灰尘、无蜘蛛网，保洁频次为每月不少于1次。

b）过滤器、管道、阀门设备表面擦拭干净灰尘、蛛网和其他污渍，确保无

污渍、无灰尘、无蜘蛛网，保洁频次为每月不少于1次。

c ） 尾闸设备表面擦拭干净灰尘、蛛网和其他污渍，确保无污渍、无灰尘、无蜘蛛网，保洁频次为每月不少于1次。

d ） 进出水口配电房设备表面擦拭干净灰尘、蛛网和其他污渍，确保无污渍、无灰尘、无蜘蛛网，保洁频次为每月不少于1次。

e ） 闸门控制室设备表面擦拭干净灰尘、蛛网和其他污渍，确保无污渍、无灰尘、无蜘蛛网，保洁频次为每月不少于1次。

3.9.3.1.17 配电室各盘柜外部

配电室各盘柜外部清洁，设备表面擦拭干净灰尘、蛛网和其他污渍，确保无污渍、无灰尘、无蜘蛛网，保洁频次为每月不少于1次。

3.9.3.1.18 控制室各盘柜外部

控制室各盘柜外部清洁，设备表面擦拭干净灰尘、蛛网和其他污渍，确保无污渍、无灰尘、无蜘蛛网，保洁频次为每月不少于1次。

3.9.3.1.19 安全规范及技术要求

3.9.3.1.19.1 主变压器、电抗器及其辅助设备清扫

a ） 操作人员应精神状态良好，无妨碍工作的病症，并且具备登高作业技能。

b ） 设备在带电情况下，保洁人员禁止登上主变压器、电抗器平台，防止保洁用具与其接触，以防触电。在登高作业的过程中，严格按规定系好安全带、固定安全绳，在移动的过程中，应确定安全带在正确使用的范围内，方可继续操作。

c ） 清理设备表面灰尘，再用潮抹布由前至后、从上至下逐步擦拭。设备保洁应见本色，无灰尘油污。

d ） 在保洁时，随身携带的保洁用具应放置于安全不易坠落的位置。严禁上下抛投保洁用具，因工作需要传递物品时，用安全绳和工具袋上下传送。严防工具坠落损伤设备与伤害他人。对于佩戴的安全带要正确使用，防止铁环左右大幅度摆动损坏设备。

e ） 对变压器、电抗器上平面进行吸尘，再用化油剂对设备表面进行雾状喷洒，油渍分解后，逐片进行擦拭，要求是设备见本色、无污垢灰尘。

f ） 对主变压器、电抗器四周保洁时，逐一对主变冷却器、消防水管、配电

柜外体进行保洁作业，应有一人操作一人扶梯监护，应注意在移动中安全带的使用方法。防止误碰误动冷却器上各类仪表的油温、温度指针，严禁踩踏主变压器高压母线防爆膜。

g）变压器、电抗器主体清扫完毕后，应及时清理清点保洁用具，防止遗留任何物品在变压器、电抗器上。

h）对主变压器、电抗器地面进行清扫，清除杂物，对地面石子进行湿拖。

i）保洁完毕后对整个保洁现场进行检查，检查保洁质量是否合格，是否遗留物品，再清点工具，锁上围栏门，撤离现场。

3.9.3.1.19.2　励磁变压器、厂高变、出口开关、制动开关、PT 柜设备外表面清扫

a）操作人员应精神状态良好，无妨碍工作的病症，并且具备登高作业技能。

b）在登高作业的过程中，要严格按规定系好安全带、固定安全绳，在移动的过程中，应在确定安全带在正确使用的范围内，方可继续操作。

c）将塑料布铺在设备上端的外壳上，用尘扫和棕毛木刷清扫励磁变压器、厂高变、出口开关、制动开关、PT 柜母线管上的灰尘。

d）母线管上时灰尘扫净后，用抹布擦拭母线管及外壳表面，应见本色。

e）擦拭励磁变压器、厂高变、出口开关、制动开关、PT柜的电缆线时，不允许将电缆作为扶手使用。

f）励磁变压器、厂高变、制动开关、PT 柜外壳上面的设备清扫完后，将外壳上面遮尘塑料布取下，取下时不得灰尘飞扬。清扫励磁变压器、厂高变开关，不能改变开关位置，开关上的灰尘用毛刷进行清扫，不得碰撞开关的操作传动机构和内部结构。

g）清扫励磁变压器、厂高变、出口开关、制动开关、PT 柜等设备外壳，架梯不得靠在外壳上，抹布湿度合适， 清扫柜门时，不得碰撞励磁变压器、厂高变测湿电源开关。

h）清扫励磁变压器、厂高变、出口开关、制 动开关、PT 柜周围地面，要干净见本色，全部清扫完后拆除临时电源，将保洁工器具全部清除现场。

i）监护人员验收、签单后，保洁人员撤离工作现场。

3.9.3.1.19.3 电气盘柜设备清扫

a）对电气盘柜内部清扫时，首先设置隔离带、安全标识，并对盘柜验电，挂设“在此工作”标识牌，方可进行操作。

b）操作时先使用吹风机或者是毛刷，对柜体内各部位进行除尘，再使用吸尘器，吸出柜内的杂物与灰尘。用酒精对可擦拭部位由上而下擦拭，在擦拭过程中应将干抹布折叠成小方块。

c）严禁使用含有水分的抹布，严禁触碰电气元件、接头等部位。

d）柜内清洁完毕后，关闭柜门。对框体外表面进行擦拭，可使用潮抹布进行保洁作业。在保洁的过程中，对柜顶保洁时，架梯应与柜体保持适当距离。梯子应平稳放置，严禁将梯子架在电器柜体上进行保洁。严禁站在盘柜顶部工作，以免上层凹陷对设备造成损害。

e）机组自用电、公用电供电点，照明电供电点，检修供电点，出线场供电点，尾水供电点，机组进水口供电点、泄洪洞进水口、工作门供电点带电保洁作业时，严禁开启电气盘柜柜门和变压器柜门。清扫过桥母线时不要用力过大，梯子不得靠在母线外壳上。

f）盘柜内外清扫完毕后，应将盘柜四周地面清理干净。

g）检查工具是否有遗留，监护人检查验收合格后撤离工作现场。

3.9.3.1.19.4 GIS 室电气设备保洁

a）保洁人员由上到下对设备擦拭、清扫、除尘，使用吸尘器进行除尘，保证设备干净。

b）先由上层母线开始，安全带要按规定挂好，工作人员在线管上要注意安全，保持平衡，上下传递工具时不能抛掷，要用安全绳传递。

c）侧面母线管在保洁过程中要注意活动架梯的轮子应卡好，活动架梯紧靠线管一侧，并用安全绳捆扎牢靠，移动时梯子上严禁站人。

d）清扫开关隔刀时，严禁踩踏和用手抓推隔刀的操作连杆，严禁踩踏上下排线槽。

e）使用安全带、安全绳时不要随意摆动，安全带挂钩应扣在挂环上，防止挂钩挂环撞击高压开关和母线管铝壳表面以防止损坏设备。

f）对母线管保洁时，用湿抹布和吸尘器清除设备上的灰尘，注意动作轻缓适度，防止扬起灰尘对保洁设备再次污染。

g）对外壳保洁时，首先用化油剂用雾状喷洒在外壳上，再用干净布对外壳及连接螺杆由上而下逐一擦拭。

h）对支架保洁时，由上而下，对正反两面逐一擦拭。支架下面地面先用吸尘器吸尘再用拖把拖干净。

i）由设备方监护人员检查验收合格后，工作人员撤离。

3.9.3.1.19.5 调速器设备清扫

a）压力罐清扫前，要检查伸缩梯是否完好，架设是否稳固，个人防护用品是否穿戴正确，检查合格后，方可登高作业。

b）保洁人员上到压力罐后，应用安全绳将伸缩梯顶端与压力罐吊环进行连接，并系好自身安全带，首先对压力罐外表面进行除尘，再使用潮抹布对罐体进行由上而下的擦拭。对于顽固的污垢，可使用化油剂进行处理。

c）在清扫过程中，要注意不要大幅度或将身体伸出进行作业。防止梯子侧滑，人员坠落、严禁在保洁过程中，误碰油标及传感装置。

d）对电动机压油泵进行保洁时，应有明显的标识“在此工作，禁止合闸”，防止突然来电，并设置隔离标示，禁止无关人员入内。

e）在保洁的过程中严禁对电源接头端子、接线板裸露部位喷洒含有水分的清洁用品，防止对电气设备造成损坏。

f）对散热片保洁时可使用毛刷或吸尘器进行清理，对电动机，散热叶片保洁时，要防止硬件落入网内，损坏叶片。

g）清理靠背轮时要注意转动部分，防止抹布卷入，对人身造成伤害。

h）对集油箱保洁时，应做好防滑措施。保洁人员应清楚电磁阀，安全阀、卸载阀、主配压阀、分段关闭阀、截止阀、差动阀和电气接点，插头所在的部位。清扫时防止误动误碰，先用化油剂清除表面油污，对油标进行清洁时，不要拉动接线端和接线，防止造成设备损坏。

3.9.3.1.19.6 水车室设备清扫

a）发电机下机架保洁：保洁人员戴防护用具，上至机架后，挂好安全带、用化油剂对机架表面进行雾状喷洒，再用净布对下机架各部位由上而下逐一擦拭。擦拭顺序：机架、电机、冷却器、循环水管及油管。

b）对水轮机大轴、油槽盖及相关设备保洁。在擦拭的过程中要注意：水导油槽循环泵出口过滤器下方的排污阀应在关闭的状态中，才能进行保洁。擦拭中严禁误碰传感装置，要求顶盖内无积水（油），设备见本色，无污渍灰尘。

c）对水轮机大轴及发电机下机架、水车室基坑里衬墙壁、水导油槽盖板保洁作业时，应做好防坠落与滑倒措施，先对设备表面进行除尘去油处理，再用化油剂擦拭，使设备见本色。

d）对控制环、接力器缸体连板、水导油槽、盖板及推力杆、拐臂、环行走道等部位作业时，先对设备进行去尘除油处理，而后对设备进行擦拭，要求见设备本色，严禁擦拭导叶接力位置、开关锁定装置及剪断销信号装置，水导油位信号装置。

e）日常保洁主要是在不停机情况下进行，保洁部位也有严格的程序控制和要求，清理工作现场，由监护人员检查验收合格后，工作人员撤离。

3.9.3.1.19.7　桥机设备清扫

a）桥机司机室保洁时，室内墙面、地面杂物清扫除尘；擦拭司机室前侧和下方玻璃，保洁时先用湿布清除污渍，再用净布擦拭；用净布、毛刷擦拭控制台及控制器表面。

b）桥机电气室保洁时，先清除电气室四壁蜘蛛网，清扫地面杂物；再使用吹风机对电器柜进行除尘；使用吸尘器清理电气柜内线头、杂物；使用酒精抹布和毛刷对电器柜进行逐一擦拭保洁；电器柜保洁完毕后，使用净布对电气室四壁及其附属设备进行逐一擦拭；湿拖地面，禁止倒退作业，防止误碰设备和损伤身体。

c）平台及大小卷扬机保洁时，作业人员应穿防滑鞋，正确使用、佩戴安全带，物品摆放有序，防止坠落；保洁大小卷扬机、电动机，上至卷扬机平台后，选择安全有利位置系好安全带，清除设备空间杂物及油污，使用强力化油剂对平台进行雾状喷洒，再由上而下逐一擦拭；擦拭电缆轨道及电缆保洁时，由专人扶梯、正确使用安全带，由上而下擦拭；平台保洁时靠近平台内侧应先系上安全绳，再将安全带正确系挂在安全绳上。

d）先清扫平台杂物、蜘蛛网，再逐一擦拭或湿拖平台，拖地时禁止倒退作业，防止高空坠落；对桥机本体两侧面进行保洁时，使用尘扫和伸缩杆进行除尘，保洁过程中防止工具坠落。

e）大小行车轮保洁时，保洁人员应系好安全带，由上而下对大小行车轮和桥机两端进行擦拭。

f）清扫地面，保洁完毕后对整个保洁现场进行检查，检查保洁质量是否合格，合格后清点工具，现场无遗留。

3.9.3.1.19.8　门机设备清扫

a）上门机工作时系好安全带，穿好防滑鞋，上至门机机房内挂好安全带，先对机房内蜘蛛网及高处积尘进行清扫。使用乐泰清洗剂对机房内卷扬机、变速箱、张紧轮、卷筒、减速器、电动机、配电箱、电动机电磁抱闸表面从上而下进行擦拭。

b）机房四壁用湿抹布进行擦拭，机房地面用吸尘器对其线槽里面的杂物进行吸尘，后用抹布对死角进行擦拭，确保地面无杂物、干净、见本色。

c）用化油剂对门机机房行走轮表面进行去油除尘，在此工作应挂好安全带，严禁倒退作业，防止高空坠落。

d）电气机房保洁同电器设备的保洁：司机室清扫时，保洁人员进入司机室工作首先对室内墙面、玻璃表面进行除尘。控制室、控制器作业，用干抹布对其表面除尘，严禁误碰、误动开关、操作杆，防止重物击碎观察孔的玻璃。

e）门机机体保洁时，从上而下对栏杆扶手、楼梯、照明灯表面进行擦拭，并对平台走道进行清扫。对走道楼梯、机体清扫蜘蛛网，并进行表面擦拭。大车轮保洁时，用强力化油剂对大车轮表面除尘、去油，使设备干净、无油污。

3.9.3.2　生产场所厂区地面保洁

3.9.3.2.1　主厂房

楼梯用半干的拖把拖干净，水渍应在短时间之内自然风干，不影响行人，栏杆应使用干抹布擦拭干净，保洁频次为每周不少于1次，位置包括：

a）发电机层地面、墙面、过道、楼梯（包含安装间、回车场）。

b）中间层地面、墙面、过道、楼梯（包含母线洞）。

c）水泵/水轮机层地面、墙面、过道、楼梯。

d）蜗壳层地面、墙面、过道、楼梯。

3.9.3.2.2　副厂房

a）启动母线廊道地面、过道、楼梯保洁为每周不少于1次，清扫干净，清理走垃圾，楼梯用半干的拖把拖干净，水渍应在短时间之内自然风干，不影响行人，栏杆应使用干抹布擦拭干净。

b）卫生间、电梯保洁每日不少于2次，保持卫生间干净无异味，保持电梯干净无异味、异物。

c）中控室（厂房）地面、墙面、窗户、台面保洁每周不少于1次，保持中控室地面清洁、台面整洁。

d）工作票室地面、墙面、窗户、台面、沙发保洁每日不少于2次，保持地面和台面清洁，保持沙发干净。

e）电缆夹层地面、墙面保洁每季度不少于1次，清扫地面，清理垃圾。

f）10 kV开关室地面、墙面保洁每月不少于1次，清扫地面，清理垃圾。

g）公用厂变室地面、墙面保洁每月不少于1次，清扫地面，清理垃圾。

h）SFC室地面、墙面保洁每月不少于1次，清扫地面，清理垃圾。

i）GIS室地面、墙面保洁每月不少于2次，清扫地面，清理垃圾。

j）尾闸室地面、墙面、过道、楼梯保洁每月不少于2次，清扫干净，清理垃圾，栏杆擦拭干净，不应将垃圾倒入旁边排水沟。

k）厂用配电室地面、墙面保洁每月不少于1次，清扫地面，清理垃圾。

3.9.3.2.3　外围

a）开关站直流室、LCU室、GIS大厅、400 V配电室、保护室、电源室及蓄电池室、楼梯、楼顶地面、墙面、窗户保洁每月不少于2次。

b）地面、楼梯清扫干净，栏杆擦拭干净，应将地面用拖把拖干净，清理走小动物尸体、昆虫尸体及其他异物；公共卫生间保洁每周不少于1次，保持卫生间干净无异味。

c）排风楼地面、墙面、窗户保洁每月不少于1次，清扫干净，清理垃圾。

d）高压电缆洞地面、墙面保洁每年不少于4次，清扫干净，清理垃圾。

e）生活用水处理室地面、墙面、窗户保洁每月不少于1次，清扫干净，清理垃圾。

f）进出水口闸门启闭机室、配电室地面、墙面、窗户，交通洞口附近地面保洁每月不少于2次，清扫干净，不应将垃圾杂物扫入下游水道，打扫过程中不应大量扬尘。

g）营地配电房配电室地面、墙面、窗户保洁每月不少于1次，清扫干净，清理垃圾。

h）垃圾回收，机组大、小修放置垃圾桶及回收垃圾每日不少于1次，清扫干净，清理垃圾。

3.9.3.3 生活用水系统维护

3.9.3.3.1 水处理设备（含初滤设备、纯水设备、二次供水设备）日常运行管理维护（含加药）

按照净化水系统说明书等要求进行日常巡检、反冲洗操作，定期更换滤芯、滤膜、石英砂、活性炭，添加消毒剂等，使设备正常运转，水质符合饮用水标准，频次为每月不少于4次。

3.9.3.3.2 纯水设备滤棉更换

按照净化水系统说明书等要求进行日常巡检、反冲洗操作，定期更换滤芯、滤膜、石英砂、活性炭，添加消毒剂等，频次为每年不少于6次。

3.9.3.3.3 纯水设备滤芯（反渗透膜）更换

按照净化水系统说明书等要求进行日常巡检、反冲洗操作，定期更换滤芯、滤膜、石英砂、活性炭，添加消毒剂等，频次为每两年不少于1次。

3.9.3.3.4 水处理设备材料（精密合成砂、椰壳活性炭）更换

按照净化水系统说明书等要求进行日常巡检、反冲洗操作，定期更换滤芯、滤膜、石英砂、活性炭，添加消毒剂等，频次为每两年不少于1次。

3.9.3.3.5 供水管网系统日常维护

生活水池、供水管道正常，无漏水，频次为每月不少于1次。

3.9.3.3.6 生活水池消毒

作业前通知客户人员，作业中做好操作记录，频次为每月不少于1次。

3.9.3.3.7 生活水池清洗

作业前通知客户人员，作业中做好操作记录，频次为每年不少于1次。

3.9.3.3.8 编写工作计划

每月5日前，向客户项目负责人递交本月工作计划，并在计划工作实施周第一天与项目负责人取得联系，在其认可下，进行消毒、设备维护等工作，记录、报告应有客户签字。

3.9.3.4 污水处理系统维护

3.9.3.4.1 污水处理系统巡视维护

设备正常运转，确保排污系统的有效运作，做好排放的监测工作。当排放指标达不到环保要求时，应及时向客户报告，以便采取相应的措施，使排放达到国家要求的排放标准，频次为每周不少于1次。

3.9.3.4.2 污水处理设备维护

处理故障要迅速，保证环境卫生、健康，确保系统正常有效运行，做好维护记录，如发生设备等故障，详细说明故障问题及位置，并提供可行性处理方案、处理结果报告及处理前后对比照片，每季度交给客户一份留作存档。

3.9.3.4.3 污水管网系统维护

做好巡检记录，详细说明发现问题及位置，并提供可行性处理方案、处理结果报告及处理前后对比照片，维护被破坏、损坏的设备，所需更换材料，应采用与原材料同品牌、同型号、同材质或同等质量下其他品牌（更换品牌要事先与客户商议确定），频次为每月不少于1次。

3.9.3.5 库区捞渣及垃圾清理

3.9.3.5.1 漂浮物打捞

对水库漂浮物进行打捞，并做好记录，及时清理水库漂浮物，清理后水面无明显杂物，频次为每周不少于3次。

3.9.3.5.2 库岸周边杂草割除清运处理

对水库库岸周边杂草进行割除清运处理，及时割除水库库岸周边杂草，保持水库清洁、卫生、美观，频次为每季度不少于1次。

3.9.3.5.3　漂浮物及库岸边坡垃圾清运处理

对水库漂浮物及库岸边坡垃圾清运处理，及时清理库岸边坡垃圾，频次为每周不少于1次。

3.9.3.5.4　主副坝排水设施及量水堰保洁清淤

清除垃圾、杂草、淤泥，保证水库坝排水设施及量水堰内无淤泥，无杂物，保证水流通畅，频次为每季度不少于1次。

3.9.3.5.5　坝顶公路路面清理

保洁区域内没有路障（非常施工时期除外）、杂草、垃圾和堆放物、明显的石块、石渣、泥沙、枯枝烂叶、包装袋等，频次为每月不少于1次。

3.9.3.5.6　坝顶花槽除草

对水库坝顶花槽杂草进行清除。及时清理水库坝顶花槽中的杂草，保持绿化整洁美观，频次为每月不少于1次。

3.9.3.5.7　坝顶花槽花树施肥及修剪

对水库坝顶花槽花树进行施肥及修剪，使花槽保持整洁美观，频次为每季度不少于1次。

3.9.3.6　水工建筑物日常维护

3.9.3.6.1　根据需求制作项目审批表，主要包括工程量清单、报价，施工方案、施工计划，报客户审批。

3.9.3.6.2　工程项目采用固定单价，包含材料费、人工费、机械费、管理费和利润等，综合单价不因为环境的变化、市场价波动、工程量的增减等因素而调整。措施费、规费、税金等费用单独报费，按照省（优先）或国家最新造价取费标准选取费率计算。若施工中出现施工图纸（含设计变更）与工程量清单项目特征描述不符的，应按新的项目特征确定相应工程量清单的综合单价。因分部分项工程量清单漏项或非承包人原因的工程变更，造成增加新的工程量清单项目，其对应的综合单价按物业服务合同确定。

3.9.3.6.3　项目开工实施前，应按照客户相关管理规定履行开工手续后方能开工。

3.9.3.6.4　使用的主要材料应符合国家及行业标准，提供合格证、检验报告，杜绝使用不合格品。

3.9.3.6.5　对风险较高的项目编制施工方案或技术交底，严格按方案及规范要求或技术交底施工。

3.9.3.6.6　具体项目施工工艺按照相应的技术规范实施。

3.9.3.6.7　施工遵循但不限于以下技术规范或标准（以上如有更新版本，以最新版本为准）：

a）GB 50268 给水排水管道工程施工及验收规范。

b）GB 50327 住宅装饰装修工程施工规范。

c）GB 50345 屋面工程技术规范。

d）GBJ 97 水泥混凝土路面施工及验收规范。

e）JGJ/T 235 建筑外墙防水工程技术规程。

f）JTG/T 3650 公路桥涵施工技术规范。

3.9.3.6.8　工程施工应满足客户制定的关于承包商安健环管理规定。

3.9.3.6.9　进出厂区车辆证照齐全，遵守交通规则，严禁烟火，密切注意山林防火安全及周边环境保护。

3.9.3.6.10　工程施工前，对参与本次施工的班组成员进行相应的安全技术交底，使每一位员工掌握施工的技术要领以及安全注意事项。

3.9.3.6.11　施工前对施工中使用的工器具、安全用具，安排专职人员进行检查，确保进入施工现场的工器具、安全用具符合安全标准要求。

3.9.3.6.12　各施工班组在每天工作开始前，应召开班前会，由班组负责人对当天的工作内容进行布置，对工作中存在的安全风险进行分析，并提出相应的安全应对措施，使每一位员工都清楚并掌握，经签字确认后方可开工。

3.9.3.6.13　进入施工现场，施工人员应按规定穿戴好防护用品，施工材料、工器具在施工现场应摆放整齐，工具箱、材料堆放区不应占用消防通道和设备操作区域。材料堆放区应用围栏相隔并悬挂一定的标示牌。

3.9.3.6.14　高空作业应正确佩戴安全带，作业人员高空中使用的工具、材料等，做好相关防护工作，以防坠落伤人或损坏设备；小型工具、材料等应放在专用的工具箱或工具袋内。

3.9.3.6.15　施工过程中搭设的脚手脚、工作平台等，应经专职安全员验收合格并悬挂合格证后，方可投入使用。

3.9.3.6.16　施工过程中，应加强文明施工。施工期间及时进行施工现场清理，拆除临时设施，多余材料及施工垃圾清运出现场，做到工完场清。

3.9.3.7　大坝表面变形监测

3.9.3.7.1　大坝监测系统

大坝检测主要包括主坝、副坝、溢流堰、库岸防护及导流洞堵头等建筑物的安全监测，每月1次。重点监测项目如下：

a）水位监测：水库水位。

b）环境量监测：包括水温、气温、湿度、风速风向、降雨量及蒸发量，以及河道淤积及下游冲刷监测等。

c）变形监测：包括库区变形监测网（平面网和高程网）、大坝表面水平及垂直位移、坝体内部水平与垂直位移、心墙与过渡料的错位变形、心墙周边缝位错变形、混凝土面板挠度以及坝体内部变形等。

d）温度监测：包括大坝沥青混凝土心墙及基础混凝土防渗墙内部温度监测。

e）大坝应力应变监测：包括混凝土面板与连接板结构应力、钢筋应力及温度等。

f）渗流渗压监测：包括渗漏量、渗透压力、绕坝渗流、地下水位、心墙周边缝渗漏及水质分析等。

g）溢洪道溢流堰监测：包括表面水平及垂直位移、基础扬压力等。

h）导流洞堵头监测：主要包括堵头与洞壁的开合度、堵头混凝土结构应力应变和温度、堵头与洞壁间的渗透压力及水质分析等。

i）边坡监测：包括边坡变形及支护结构应力应变等监测。

j）地震监测：包括主坝坝顶及大坝下游等部位的强震监测。

3.9.3.7.2　输水发电监测系统

输水系统由进/出水口、引水主洞（上平段、上弯段、上斜井、中平段、下斜井、下弯段）、高压岔管、引水支洞、尾水支洞、尾水调压室、尾水主洞等组成。地下厂房洞室群主要由主厂房、主变洞、母线洞、高压电缆洞等组成，每周1次，重点监测项目如下：

a）围岩变形监测：包括围岩表面收敛、围岩内部及表面变形和地质构造体变位等。

b）支护锚杆、锚索、混凝土结构及施工支洞堵头监测：包括锚杆应力、锚索荷载、混凝土应力应变、混凝土温度、外侧渗压及接触面变形等。

c）岩锚吊车梁监测：包括岩锚梁承载锚杆应力、混凝土与岩体接触面变形等。

d）发电系统渗压渗流监测：包括主厂房、主变洞、高压电缆洞等主要洞室围岩渗压，周边排水洞渗漏量，主厂房基础部位的渗压和渗流量，输水系统沿线山体内地下水位以及高压隧洞内水压力等。

e）机组监测：包括机组结构接缝位移、混凝土应力应变、温度、钢筋应力、钢板应力等。

3.9.3.7.3　巡检

大坝巡检每月不少于1次。

3.9.3.8　洞室路面及水沟清理

3.9.3.8.1　进厂交通洞

a）交通洞口、配电房及保安室四周清扫，清理垃圾，每日不少于1次。

b）交通洞路面清扫，清理垃圾，每周不少于1次。

3.9.3.8.2　主厂房、尾闸室、交通洞、主变廊道

岩措梁清扫，拱顶清扫，清理垃圾，每年不少于2次。

3.9.3.8.3　各施工支洞

路面及排水沟清扫，清理垃圾，每年不少于2次。

3.9.3.8.4　上中下层排水廊道

路面及排水沟清扫，清理垃圾，每年不少于2次。

3.9.3.8.5　自流排水洞

排水洞及洞口清扫，清理垃圾，每年不少于2次。

3.9.4 火力发电厂保洁

3.9.4.1 保洁频率

3.9.4.1.1 电厂主机区、锅炉区、汽轮机区等重要环节，保洁每日不少于2次。

3.9.4.1.2 水处理区、配电区、机房等次要区域，保洁每周不少于2次。

3.9.4.1.3 非关键区域，如门厅、厕所等，保洁每日不少于4次。

3.9.4.2 保洁步骤

3.9.4.2.1 设备表面保洁：包括锅炉、汽轮机、发电机等设备的外壳和表面。使用软布、吸尘器等工具进行除尘，确保设备表面无灰尘、无污垢。

3.9.4.2.2 内部保洁：对于锅炉内部、凝汽器等设备，采用化学清洗或高压水射流清洗等方式，去除水垢、油污等污染物，确保设备内部保洁。

3.9.4.2.3 烟囱清洗：定期清理烟囱内的烟灰和积碳，防止堵塞和污染环境。

3.9.4.2.4 废水处理：对火力发电厂排放的废水进行处理，确保符合环保标准。

3.9.4.3 安全注意事项

3.9.4.3.1 遵守安全规定：在进行保洁工作时，应遵守电厂的安全规定，确保人员和设备的安全。

3.9.4.3.2 使用合适的清洁工具和设备：根据设备的材质和保洁要求选择合适的清洁工具和设备，避免对设备造成损害。

3.9.4.3.3 防止二次污染：在保洁过程中要采取措施防止二次污染，如使用合适的清洁剂、避免清洁剂残留等。

3.9.4.4 其他事项

每次保洁工作完成后，应对保洁效果进行检查。通过目视检查、嗅检等方式，确保设备表面无灰尘、无污垢、无异味等。对于不符合要求的区域，应及时进行整改和重新保洁。

3.9.5 核电厂保洁

3.9.5.1 保洁原则

保证核电厂环境的卫生、整洁，提高环保意识，防止化学危害和伤害事故的发生，保障工作人员和公众的健康与安全。

3.9.5.2 安全要求

3.9.5.2.1 保洁人员应熟知核电厂的辐射环境和危险品情况，按照规定佩戴防辐射衣、口罩、手套、鞋套等防护装备。

3.9.5.2.2 保洁人员应按规定定期接受健康检查，发现早期病症及时治疗。

3.9.5.2.3 在进行保洁作业前，应先进行安全检查，确保清洁工具和设备的安全稳定，不得擅自拆卸设备。

3.9.5.2.4 在进行顶棚、管道、设备等高处保洁作业时，应使用扶梯等登高工具，并系好安全带，确保人身安全。

3.9.5.2.5 保洁人员在进行保洁作业时，应注意环保、节约水电，不得随意浪费公共资源。

3.9.5.2.6 在进行有毒有害物质保洁作业时，应佩戴相应的防护装备，并按照规定处置废物，确保不会影响环境和人体健康。

3.9.5.3 作业流程

3.9.5.3.1 吸尘作业

a）应使用专用吸尘器，并按照规定更换滤芯和吸尘袋，定期清洗吸尘器。

b）应将吸尘器吸尘口靠近操作区域，缓慢移动吸尘器，确保彻底清洁。

c）应及时更换吸尘袋，避免影响清洁效果。

3.9.5.3.2 擦拭作业

a）应使用湿拖把或湿拖布进行擦拭，避免灰尘飞散。

b）应使用电解水或其他环保清洁剂进行擦拭，不得使用含有有毒有害物质的清洁剂。

c）应注意擦拭时的力度，避免损坏清洁区域。

3.9.5.3.3　除尘作业

a）应使用专用除尘设备，按照要求操作除尘设备，确保除尘效果。

b）应定期更换和清洗除尘装置，避免除尘效果下降。

c）应注意除尘过程中的安全问题，避免尘埃对身体造成危害。

3.9.5.3.4　消毒作业

a）进行消毒前应佩戴防护用品，包括口罩、手套等。

b）应使用消毒剂或其他环保清洁剂进行消毒处理，确保消毒效果。

c）消毒结束后应清洗工具和设备，防止残留物影响环境和人类健康。

3.9.5.3.5　安全交底与培训

a）保洁人员工作前应经过理论和实践培训，确保知晓本规程要求。

b）保洁人员应定期接受继续教育和专项培训，深入了解新技术、新工艺和新材料，不断提高专业水平。

c）保洁人员应经过安全交底和技能交底，确保知晓作业中可能出现的风险和应对措施。

3.9.6　厂区照明维护

3.9.6.1　项目策划

物业服务合同签署20日内，提供《照明设备维护保养方案》《全年计划表》《月度计划表》《生产区域照明维保记录》《照度测量记录》《照明区域评估清单》《生产区域应急照明设备清单》。

3.9.6.2　维护保养服务

3.9.6.2.1　检查灯具、照明开关、照明配电箱

检查照明灯具是否损坏、照明开关是否正常、照明配电箱是否有报警，提交报告。对损坏的照明灯具、照明开关等进行更换，未经客户同意，不应更改所换灯具的品牌和型号，并做好记录，每月不少于1次。

3.9.6.2.2　检查路灯

检查路灯是否损坏。对损坏的照明灯具、照明开关等进行更换，未经客户同意，不应更改所换灯具的品牌和型号，并做好记录，每周不少于1次。

3.9.6.2.3　检查、清洁照明配电箱

a）对照明配电箱进行1次清洁，检查柜内是否存在积灰积尘，并紧固照明配电箱端子，并提交报告，每季度不少于1次。

b）检查照明配电箱内接线是否有松动等异常、端子排和电缆牌是否完好并提交报告，每季度不少于1次。

3.9.6.2.4　照度测量

按要求对照度进行测量，保存测量记录，根据测量结果提出改进措施要求，并提交报告，生产区域：每两年不少于1次；非生产区域：每年不少于1次。

3.9.6.3　其他

3.9.6.3.1　提交维保报告

每月5日前提供上月的维保报告，照明维保记录内容包括：工作情况的详细说明、各区域照明系统的整体状况、发现问题、原因分析、处理结果及相关建议。

3.9.6.3.2　遗留故障处理

物业服务合同签订1个月为遗留故障清查期，在此期间应对照明系统的故障进行全面清查及排除。遗留故障清查完成后，剩余无法排除的故障应向客户提供包含详细原因及后续应对措施的书面报告，由客户进行审核通过后进行备案。

3.9.7　零星修缮

3.9.7.1　建筑物构筑物及内部设施

3.9.7.1.1　建筑物本体修缮

对服务范围内建筑物本体发生的破损、坍塌，屋面漏水、墙体渗漏、外墙砖脱落等进行修缮。

3.9.7.1.2　建筑物内部结构修缮

对服务范围内建筑物内部破损的楼道栏杆、扶手，老化、破损的天花、顶棚，污损、老化的内墙，污损、老化、损坏的地面、地板等进行修缮。

3.9.7.1.3　构筑物修缮

对服务范围内损坏的道路、路牙、排水沟、电缆沟、围墙、栏杆、水池、天桥、过道、平台、爬梯等构筑物进行修缮。

3.9.7.2　修缮质量标准

零星修缮服务中的材料、设备、施工应达到如下标准：

a） GB 50207 屋面工程施工质量验收规范。

b） GB 50208 地下防水工程质量验收规范。

c） GB 50209 建筑地面工程施工质量验收规范。

d） GB 50210 建筑装饰装修工程施工质量验收规范。

e） GB 50242 建筑给水排水及采暖工程施工质量验收规范。

f） GB 50300 建筑工程施工质量验收统一标准。

g） GB 50303 建筑电气工程施工质量验收规范。

h） GB 50345 屋面工程技术规范。

i） JGJ 46 施工现场临时用电安全技术规范。

j） JGJ 80 建筑施工高处作业安全技术规范。

k） JGJ 146 建筑施工现场环境与卫生标准。

l） 其他现行相关的国家强制性标准和技术规范、规程。

3.9.8　公路保洁

3.9.8.1　路面清理

自养公路保持路况良好交通畅通，路面没有路障、垃圾和堆放物，做到路容整洁，每周不少于1次。

3.9.8.2 排水沟、截水沟清理

对排水沟、截水沟进行清理，做到排水沟、截水沟内无淤泥，无杂物杂草，保证排水畅顺，每月不少于1次。

3.9.8.3 行道树和路肩草坪修剪

对公路行道树和路肩草坪进行修剪，每月不少于1次。

3.9.8.4 零星破损处理修复

及时处理，发现公路路面、排水沟零星损坏及时修复。发现公路路面、边坡排水沟大范围破损，及时通知客户进行检修。

3.9.9 公务饮用水供应

3.9.9.1 公务饮用水供应

按需，及时采购补充公务饮用水，或根据客户需求供应、配送公务饮用水，并做好登记，供应及时、充足。

3.9.9.2 饮水机清洗

按规范清洗饮水机，饮水机外观干净整洁，内胆无水垢，每季度不少于1次。

3.9.10 搬运劳务服务

根据客户需求，提供搬运劳务服务，及时提供劳务人员，搬运过程规范、安全。

第四章

服务等级与标准

4.1 综合管理

4.1.1 五星级服务

4.1.1.1 人员要求

4.1.1.1.1 项目负责人

具备同行业项目负责人岗位工作经验不少于10年，年龄不大于50周岁，专业能力较强的，年龄可适当放宽。

4.1.1.1.2 客户熟悉度

入职两个月以上关键岗位员工，对服务的客户熟悉率不少于80%。

4.1.1.2 持证要求

项目负责人持有物业管理师/物业管理项目经理执业证书/注册消防工程师/注册安全工程师/金钥匙总经理结业证不少于1项。

4.1.1.3 服务保障

a）年度责任安全事故为“零”，群体性食物中毒事故为“零”。

b）年度客户满意率平均值高于95%。

c）年度有效投诉率不超于1%，且重大（群体）投诉（一级）每年不超于1次；投诉处理完成率100%。

4.1.2　四星级服务

4.1.2.1　人员要求

4.1.2.1.1　项目负责人

具备同行业项目负责人岗位工作经验不少于5年，年龄不大于50周岁，专业能力较强的，年龄可适当放宽。

4.1.2.1.2　客户熟悉度

入职两个月以上关键岗位员工，对服务的客户熟悉率不少于70%。

4.1.2.2　持证要求

项目负责人持有物业管理师/物业管理项目经理执业证书不少于1项。

4.1.2.3　服务保障

a）年度责任安全事故为“零”，群体性食物中毒事故为“零”。

b）年度客户满意率平均值高于95%。

c）年度有效投诉率不超于，且重大（群体）投诉（一级）每年不超于1次，投诉处理完成率100%。

4.1.3　三星级服务

4.1.3.1　人员要求

4.1.3.1.1　项目负责人

具备同行业项目管理岗位工作经验不少于5年，年龄不大于50周岁，专业能力较强的，年龄可适当放宽。

4.1.3.1.2　客户熟悉度

入职两个月以上关键岗位员工，对服务的客户熟悉率不少于60%。

4.1.3.2　持证要求

项目负责人持有物业管理师/物业管理项目经理执业证书不少于1项。

4.1.3.3　服务保障

a）年度责任安全事故为“零”，群体性食物中毒事故为“零”。

b）年度客户满意率平均值高于95%。

c）年度有效投诉率不超于1%，且重大（群体）投诉（一级）每年不超于1次；投诉处理完成率100%。

4.1.4　二星级服务

4.1.4.1　人员要求

4.1.4.1.1　项目负责人

具备同行业项目管理岗位工作经验不少于5年。

4.1.4.1.2　客户熟悉度

入职两个月以上关键岗位员工，对服务的客户熟悉率不少于50%。

4.1.4.2　持证要求

项目负责人持有物业管理师/物业管理项目经理执业证书不少于1项。

4.1.4.3　服务保障

a）年度责任安全事故为“零”，群体性食物中毒事故为“零”。

b）年度客户满意率平均值高于95%。

c）年度有效投诉率不超于1%，且重大（群体）投诉（一级）每年不超于1次；投诉处理完成率100%。

4.1.5　一星级服务

4.1.5.1　人员要求

4.1.5.1.1　项目负责人

具备同行业项目管理岗位工作经验不少于5年。

4.1.5.1.2　客户熟悉度

入职两个月以上关键岗位员工，对服务的客户熟悉率不少于50%。

4.1.5.2　服务保障

a）年度责任安全事故为“零”，群体性食物中毒事故为“零”。

b）年度客户满意率平均值高于95%。

c）年度有效投诉率不超于1%，且重大（群体）投诉（一级）每年不超于1次；投诉处理完成率100%。

4.2 客户服务

4.2.1 五星级服务

4.2.1.1 人员要求

平均年龄不大于23周岁（女），平均身高不低于170 cm（女）。

4.2.1.2 持证要求

持有金钥匙认证个人会员不少于4人、金钥匙培训班结业证书不少于6人。

4.2.1.3 前台服务

a）客服人员与客户总人数配比不少于1：30，且具备中、英双语服务。

b）提供个性化服务：电梯服务、失物认领服务、票务服务、报刊信件派送、礼宾服务和商务服务等。

c）提供茶水服务：生/熟普洱茶、西湖龙井、凤凰单丛、碧螺春、铁观音、正山小种、茉莉花茶、现磨咖啡、柠檬水等，品种不少于8款。

d）提供便民服务：便民医药箱、针线包、超声波眼镜清洗机、充电宝、数据线、雨伞、挂烫机、吹风机、打气筒、血糖仪、血压计、眼镜湿巾、薄荷糖、发夹、女性用品等（不少于12款）。

4.2.1.4 延伸服务

a）法定节假日布置不少于5次，布置彰显节日主题，设置相对应的节日花卉、景观。

b）提供特色饮品：品牌饮用水等。

c）提供茶歇服务：地方特色点心、应季水果。

d）提供绿植租摆、特殊节日鲜花布置、递送转交、接机、出租车预订、代驾、泊车、讲解、茶艺、宴会接待、会展礼仪、商务活动策划等一站式服务。

e）提供小语种翻译服务。

4.2.1.5 服务响应

a）紧急会议会场布置时间：15 min内完成20人的会场；30 min内完成100人的会场（仅限固定会场）。

b）前台热线电话响铃3声内接听，提供7 d×24 h值班制度。

c）重要楼层服务需求，客服人员不超过5 min内到达处理。

4.2.1.6 智能化引入

提供来访登记系统、智能识别系统、智能会议预订系统、无纸化会议系统、电子会议桌签、无线对讲系统。

4.2.2 四星级服务

4.2.2.1 人员要求

平均年龄不大于26周岁（女），平均身高不低于168 cm（女）。

4.2.2.2 持证要求

持有金钥匙认证个人会员不少于2人、金钥匙培训班结业证书不少于4人。

4.2.2.3 前台服务

a）客服人员与客户总人数配比不少于1：40。

b）提供个性化服务：电梯服务、失物认领服务、礼宾服务、报刊信件派送和商务服务等。

c）提供茶水服务：生/熟普洱茶、西湖龙井、凤凰单丛、碧螺春、铁观音、正山小种、茉莉花茶、现磨咖啡、柠檬水等，品种不少于6款。

d）提供便民服务：便民医药箱、针线包、超声波眼镜清洗机、充电宝、数据线、雨伞、挂烫机、吹风机、打气筒、血糖仪、血压计、眼镜湿巾、薄荷糖、发夹、女性用品等（不少于10款）。

4.2.2.4 延伸服务

a）法定节假日布置不少于3次，布置彰显节日主题，设置相对应的节日花卉、景观。

b）提供特色饮品：品牌饮用水等。

c）提供茶歇服务：地方特色点心、应季水果。

d）提供绿植租摆、鲜花布置、接机、递送转交等服务。

4.2.2.5 服务响应

a）紧急会议会场布置时间：25 min内完成20人的会场；45 min内完成100人的会场（仅限固定会场）。

b）前台热线电话响铃3声内接听，提供7 d×24 h值班制度。

c）重要楼层服务需求，客服人员不超过5 min内到达处理。

4.2.2.6 智能化引入

提供来访登记系统、智能识别系统、智能会议预订系统、无纸化会议系统、电子会议桌签、无线对讲系统。

4.2.3 三星级服务

4.2.3.1 人员要求

平均年龄不大于28周岁（女），平均身高不低于165 cm（女）。

4.2.3.2　持证要求

取得金钥匙培训班结业证书不少于4人。

4.2.3.3　前台服务

a）客服人员与客户总人数配比不少于1：60。

b）提供重要客户服务：电梯服务、商务服务、报刊信件派送等。

c）提供茶水服务：生/熟普洱茶、西湖龙井、凤凰单丛、碧螺春、铁观音、正山小种、茉莉花茶、现磨咖啡、柠檬水等，品种不少于4款。

d）提供便民服务：便民医药箱、针线包、超声波眼镜清洗机、充电宝、数据线、雨伞、挂烫机、吹风机、打气筒、血糖仪、血压计、眼镜湿巾、薄荷糖、发夹、女性用品等（不少于8款）。

4.2.3.4　延伸服务

a）法定节假日布置不少于2次，布置彰显节日主题，设置相对应的节日花卉、景观。

b）提供常规瓶装饮用水。

c）提供茶歇服务：地方特色点心、应季水果。

d）提供绿植租摆、鲜花布置、接机、递送转交等服务。

4.2.3.5　服务响应

a）紧急会议会场布置时间：25 min内完成20人的会场；45 min内完成100人的会场（仅限固定会场）。

b）前台热线电话响铃3声内接听，提供7 d×24 h值班制度。

c）重要楼层服务需求，客服人员不超过15 min内到达处理。

4.2.3.6　智能化引入

提供来访登记系统、智能识别系统、智能会议预订系统、无纸化会议系统、电子会议桌签、无线对讲系统。

4.2.4 二星级服务

4.2.4.1 人员要求

平均年龄不大于30周岁（女），平均身高不低于160 cm（女）。

4.2.4.2 前台服务

a）客服人员与客户总人数配比不少于1∶80。

b）提供重要客户服务：电梯服务、报刊信件派送等。

c）提供茶水服务：按客户要求提供。

d）提供便民服务：便民医药箱、针线包、超声波眼镜清洗机、充电宝、数据线、雨伞、挂烫机、吹风机、打气筒、血糖仪、血压计、眼镜湿巾、薄荷糖、发夹、女性用品等（不少于6款）。

4.2.4.3 延伸服务

a）法定节假日布置不少于1次，布置彰显节日主题。

b）重要客户提供递送转交服务。

4.2.4.4 服务响应

a）会场布置时间：按需在会议前布置会场。

b）按实际需求配置客服岗位。

c）重要楼层服务需求，客服人员不超过15 min内到达处理。

4.2.4.5 智能化引入

提供来访登记系统、智能识别系统、智能会议预订系统、无纸化会议系统、电子会议桌签、无线对讲系统。

4.2.5　一星级服务

4.2.5.1　人员要求

平均年龄不大于35周岁（女），平均身高不低于158 cm（女）。

4.2.5.2　前台服务

a）客服人员与客户总人数配比不少于1：100。

b）提供重要客户服务：电梯服务、报刊信件派送等。

c）提供茶水服务：按客户要求提供。

d）提供便民服务：便民医药箱、针线包、超声波眼镜清洗机、充电宝、数据线、雨伞、挂烫机、吹风机、打气筒、血糖仪、血压计、眼镜湿巾、薄荷糖、发夹、女性用品等（不少于4款）。

4.2.5.3　延伸服务

a）法定节假日布置不少于1次，布置彰显节日主题。

b）重要客户提供递送转交服务。

4.2.5.4　服务响应

a）会场布置时间：按需在会议前布置会场。

b）按实际需求配置客服岗位。

4.2.5.5　智能化引入

提供来访登记系统、智能识别系统、智能会议预订系统、无纸化会议系统、电子会议桌签、无线对讲系统。

4.3 保洁服务

4.3.1 五星级服务

4.3.1.1 室内保洁

a）大堂地面进行抛光每日不少于1次，使用晶面膏/粉结晶每月不少于1次，翻新每两年不少于1次，确保光泽度90° 以上。

b）大堂地面使用保洁剂湿拖每日不少于1次，使用消毒水湿拖每日不少于1次，清洗每周不少于1次；使用自动保洁、消毒机器人或人工进行消毒与保洁每周不少于3次。

c）电梯轿厢地面、四壁保洁每日不少于4次，灯饰及轿厢顶部保洁每两周不少于1次，电梯层门保洁每两周不少于1次。

d）2 m以下幕墙玻璃清洗每日不少于3次，2 ~8 m幕墙使用擦窗机器人清洗每周不少于2次。

e）不锈钢设施清洗每周不少于1次。

f）根据不同季节更换大堂香薰香型，更换每年不少于4次，根据特定传统节日配合项目活动主题当月更换合适节日主题香型。

g）公共卫生间保洁每日不少于8次，消毒每日不少于4次，使用臭氧机除臭每日不少于2次。香薰香型更换每季度不少于1次。

h）防烟楼梯间前室、消防电梯间前室、楼道、楼梯台阶清扫每周不少于2次，使用消毒水湿拖每周不少于2次。

i）楼梯扶手保洁每周不少于1次，栏杆、窗台、防火门、消火栓箱、指示牌等保洁每月不少于2次。

j）停车场沟渠、反光设施、减速带、消防设施保洁每日不少于1次，巡回保洁。管网除尘每两周不少于1次。

4.3.1.2　室外保洁

a）停车场及外围主干道路面使用智能化清扫机器人进行清扫每日不少于4次，石板、广场砖、马赛克使用高压水枪加全能水冲洗每周不少于1次。

b）路灯、高杆灯、射灯保洁每两周不少于1次，旗杆保洁每周不少于2次，旗杆基座保洁每日不少于1次。

c）景观水池发现杂物、落叶及时清理，使用除藻剂等药剂调节水质每三日不少于1次，使用吸底机对池底保洁每周不少于1次。

d）沙井、沟渠、管道保洁每周不少于1次。

e）垃圾桶清理每日不少于2次，消毒每日不少于1次。

f）雨棚清洗每月不少于1次。

g）天面、天台保洁每日不少于1次，汛前确保排水沟通畅。

4.3.1.3　办公场所

a）使用无线静音吸尘器吸尘每日不少于2次，使用全能水保洁每日不少于1次，消毒每周不少于1次。

b）使用三合一地毯抽洗机对地毯清洗每月不少于1次。

c）玻璃窗、门保洁每周不少于1次。

d）办公工位保洁、消毒每日不少于2次。

e）垃圾桶清理每日不少于4次。

4.3.1.4　外墙清洗

外墙立面玻璃、墙身清洗每年不少于1次。

4.3.1.5　石材养护

使用抛光剂分区域护理每日不少于1次，循环周期每月1次；使用晶面膏/粉进行结晶处理每月不少于1次，循环周期每月1次；石材翻新每两年不少于1次。

4.3.1.6 木地板养护

日常保洁每日不少于1次，深度保洁每月不少于1次，打蜡护理每月不少于1次。

4.3.1.7 地毯清洗

使用地毯专用清洗机清洗每月不少于1次。

4.3.1.8 皮质家具养护

轻度保洁每周不少于1次，使用碧丽珠等养护剂养护每月不少于1次。

4.3.1.9 不锈钢保洁

使用不锈钢养护剂深度保洁每月不少于1次。

4.3.1.10 化粪池清掏

清掏、冲刷池内每季度不少于1次。

4.3.1.11 油烟管道清洗

清理油污、清洗管道每季度不少于1次。

4.3.1.12 隔油池清掏/油水分离器冲洗

隔油池清掏每月不少于1次；油水分离器冲洗每月不少于2次。

4.3.1.13 四害消杀

使用自动喷雾机消杀蚊、蝇、蟑螂，每周不少于1次，检查鼠类活动轨迹，每月不少于1次，使用超声波驱鼠器驱鼠，每月不少于1次，专项消杀每月不少于1次。

4.3.1.14 有害生物防制

a）对项目及附近绿地巡查每周不少于1次，发现上述危险动物滋生地及时清理。

b）更新相关防护措施、组织修复裂缝或洞口每月不少于1次。

c）邀请专业防治人员对项目进行全面检查每季度不少于1次。

4.3.1.15 垃圾清理

a）垃圾分类明确垃圾房功能间隔，餐厨垃圾建立冷库存储阻隔异味，使用压缩机对生活垃圾进行压缩垃圾体积。

b）垃圾房、垃圾桶清洗每日不少于2次，使用紫外线灯消毒每日不少于3次，臭氧机除臭每日不少于2次。彻底清洗每周不少于1次。

4.3.1.16 智能化引入

提供智能化清扫机器人（外围、停车场）、擦窗机器人、自动保洁/消毒机器人、卫生间空气检测消毒仪、自动化石材养护机器人、景观水池吸底机、洗扫一体驾驶式洗地机、抗菌吸尘器、多功能高温蒸汽清洁机、地毯专用清洗机、布艺清洗机。

4.3.2 四星级服务

4.3.2.1 室内保洁

a）大堂局部地面抛光每日不少于1次，循环周期每月1次，使用晶面膏/粉结晶每月不少于1次，翻新每五年不少于1次，确保光泽度90° 以上。

b）保洁剂尘推大堂地面每日不少于3次，机洗每周不少于1次，使用自动保洁/消毒机器人或人工进行消毒与保洁每日不少于2次。

c）电梯轿厢地面、四壁保洁每日不少于3次，灯饰及轿厢顶部保洁每三周不少于1次，电梯层门保洁每月不少于1次。

d）2 m以下幕墙玻璃每周清洗每周不少于1次，2～8 m幕墙使用机器人清洗每月不少于1次。

e）不锈钢设施清洗每两周不少于1次。

f）根据不同季节更换大堂香薰香型每年不少于4次。

g）公共卫生间保洁每日不少于6次，消毒每日不少于3次，使用臭氧机除臭每日不少于1次。更换香薰香型每季度不少于1次。

h）防烟楼梯间前室、消防电梯间前室、楼道、楼梯台阶清扫每周不少于1次，消毒每周1次。

i）楼梯扶手保洁每周不少于1次，栏杆、窗台、防火门、消火栓箱、提示牌等保洁每月不少于2次。

j）停车场沟渠、反光设施、减速带、消防设施保洁每日不少于1次，巡回保洁。管网除尘每月不少于1次。

4.3.2.2 室外保洁

a）停车场及外围主干道路面使用驾驶式保洁车进行清扫每日不少于3次，使用高压水枪加全能水冲洗石板、广场砖、马赛克每周不少于1次。

b）路灯、高杆灯、射灯保洁每两周不少于1次，旗杆保洁每月不少于1次，旗杆基座保洁每日不少于1次。

c）景观水池发现杂物、落叶及时清理，使用除藻剂等药剂调节水质每周不少于1次，使用吸底机对池底保洁每周不少于1次。

d）沙井、沟渠、管道保洁每周不少于1次。

e）垃圾桶清理每日不少于2次，消毒每日不少于1次。

f）雨棚清洗每月不少于1次。

g）天面、天台保洁每日不少于1次，汛前确保排水沟畅通。

4.3.2.3 办公场所

a）使用无线静音吸尘器吸尘每日不少于1次，使用全能水拖洗、消毒每周不少于1次。

b）使用三合一地毯抽洗机对地毯清洗每两月不少于1次。

c）玻璃窗、门保洁每两周不少于1次。

d）办公工位保洁、消毒每日不少于2次。

e）垃圾桶清理每日不少于2次。

4.3.2.4　外墙清洗

外墙立面玻璃、墙身清洗每两年不少于1次。

4.3.2.5　石材养护

使用抛光剂分区域护理每日不少于1次，循环周期每月1次；使用晶面膏/粉进行结晶处理每月不少于1次；石材翻新每五年不少于1次。

4.3.2.6　木地板养护

日常保洁每周不少于1次，深度保洁每月不少于1次，打蜡护理每月不少于1次。

4.3.2.7　地毯清洗

使用地毯专用清洗机清洗每两月不少于1次。

4.3.2.8　皮质家具养护

轻度保洁每周不少于1次，使用碧丽珠等养护剂养护每月不少于1次。

4.3.2.9　不锈钢保洁

使用不锈钢养护剂深度保洁每月不少于1次。

4.3.2.10　化粪池清掏

清掏、冲刷池内每季度不少于1次。

4.3.2.11　油烟管道清洗

清理油污、清洗管道每季度不少于1次。

4.3.2.12　隔油池清掏/油水分离器冲洗

隔油池清掏每月不少于1次；油水分离器冲洗每月不少于2次。

4.3.2.13 四害消杀

使用自动喷雾机消杀蚊、蝇、蟑螂每周不少于1次，检查鼠类活动轨迹、专项消杀每两月不少于1次。

4.3.2.14 有害生物防制

a）对项目及附近绿地巡查每周不少于1次，发现上述危险动物滋生地及时清理。

b）更新相关防护措施、组织修复裂缝或洞口每月不少于1次。

c）邀请专业防治人员对项目进行检查每季度不少于1次。

4.3.2.15 垃圾清理

a）明确垃圾分类，餐厨垃圾与生活垃圾分开摆放。

b）垃圾房、垃圾桶清洗每日不少于2次，使用紫外线灯消毒、臭氧机除臭每日不少于2次。彻底清洗每周不少于1次。

4.3.2.16 智能化引入

提供智能化清扫机器人（外围、停车场）、擦窗机器人、自动保洁/消毒机器人、卫生间空气检测消毒仪、自动化石材养护机器人、景观水池吸底机、洗扫一体驾驶式洗地机、抗菌吸尘器、多功能高温蒸汽清洁机、地毯专用清洗机、布艺清洗机。

4.3.3 三星级服务

4.3.3.1 室内保洁

a）大堂局部地面抛光每月不少于1次，循环周期每季度1次；使用晶面膏/粉结晶每季度不少于1次，光泽度保持88°以上。

b）保洁剂尘推大堂地面每日不少于2次，机洗每周不少于2次，使用自动保洁/消毒机器人或人工进行消毒与保洁每周不少于1次。

c）电梯轿厢地面、四壁保洁每日不少于2次，灯饰及轿厢顶部保洁每月不少于1次，电梯层门保洁每月不少于1次。

d）2 m以下幕墙玻璃清洗每周不少于1次。

e）不锈钢设施清洗每月不少于1次。

f）根据不同季节更换大堂香薰香型每年不少于2次。

g）公共卫生间保洁每日不少于4次，保洁完成后喷空气清新剂除味、消毒每日不少于2次。

h）防烟楼梯间前室、消防电梯间前室、楼道、楼梯台阶清扫每两周不少于1次，消毒每周不少于1次。

i）楼梯扶手保洁每两周不少于1次，栏杆、窗台、防火门、消火栓箱、提示牌等保洁每月不少于1次。

j）停车场沟渠、反光设施、减速带、消防设施保洁每三日不少于1次，巡回保洁。管网除尘每两月不少于1次。

4.3.3.2 室外保洁

a）停车场及外围主干道路面使用驾驶式保洁车进行清扫每日不少于2次，使用高压水枪加全能水冲洗石板、广场砖、马赛克每周不少于1次。

b）路灯、高杆灯、射灯保洁每月不少于1次，旗杆保洁每月不少于1次，旗杆基座保洁每日不少于1次。

c）景观水池发现杂物、落叶及时清理，使用除藻剂等药剂调节水质每周不少于1次，使用吸底机对池底保洁每周不少于1次。

d）沙井、沟渠、管道保洁每周不少于1次。

e）垃圾桶清理每日不少于2次，消毒每日不少于1次。

f）雨棚清洗每两月不少于1次。

g）天面、天台保洁每周不少于2次，汛前确保排水沟畅通。

4.3.3.3 办公场所

a）使用无线静音吸尘器吸尘每日不少于1次，使用全能水拖洗、消毒每周不少于1次。

b） 使用三合一地毯抽洗机对地毯清洗每两月不少于1次。

c） 玻璃窗、门保洁每两周不少于1次。

d） 办公工位保洁、消毒每日不少于1次。

e） 垃圾桶清理每日不少于2次。

4.3.3.4　外墙清洗

外墙立面玻璃、墙身清洗每三年不少于1次。

4.3.3.5　石材养护

使用抛光剂分区域护理每周不少于1次，循环周期每季度1次；使用晶面膏/粉进行结晶处理每两月不少于1次。

4.3.3.6　木地板养护

日常保洁每月不少于1次，深度保洁、打蜡护理每季度不少于1次。

4.3.3.7　地毯清洗

使用地毯专用清洗机清洗每两月不少于1次。

4.3.3.8　皮质家具养护

轻度保洁每两周不少于1次，使用碧丽珠等养护剂养护每两月不少于1次。

4.3.3.9　不锈钢保洁

使用不锈钢养护剂深度保洁每两月不少于1次。

4.3.3.10　化粪池清掏

清掏、冲刷池内每半年不少于1次。

4.3.3.11　油烟管道清洗

清理油污、清洗管道每季度不少于1次。

4.3.3.12　隔油池清掏/油水分离器冲洗

隔油池清掏每月不少于1次；油水分离器冲洗每月不少于2次。

4.3.3.13　四害消杀

使用自动喷雾机消杀蚊、蝇、蟑螂每周不少于1次，检查鼠类活动轨迹、专项消杀每季度不少于1次。

4.3.3.14　有害生物防制

a）对项目及附近绿地巡查每两周不少于1次，发现上述危险动物滋生地及时清理。

b）更新相关防护措施、组织修复裂缝或洞口每两月不少于1次。

c）邀请专业防治人员对项目进行检查每季度不少于1次。

4.3.3.15　垃圾清理

a）明确垃圾分类，餐厨垃圾与生活垃圾分开摆放。

b）垃圾桶、垃圾房清洗每日不少于2次，彻底清洗、消毒每周不少于1次。

4.3.3.16　智能化引入

提供智能化清扫机器人（外围、停车场）、擦窗机器人、自动保洁/消毒机器人、卫生间空气检测消毒仪、自动化石材养护机器人、景观水池吸底机、洗扫一体驾驶式洗地机、抗菌吸尘器、多功能高温蒸汽清洁机、地毯专用清洗机、布艺清洗机。

4.3.4 二星级服务

4.3.4.1 室内保洁

a）大堂局部地面抛光每月不少于2次，循环周期每季度1次；使用晶面膏/粉结晶每季度不少于1次，光泽度保持88°以上。

b）保洁剂尘推大堂地面每日不少于1次。

c）电梯轿厢地面、四壁保洁每日不少于2次，灯饰及轿厢顶部保洁每月不少于2次，电梯层门保洁每月不少于1次。

d）2 m以下幕墙玻璃清洗每两周不少于1次。

e）大堂局部地面抛光每两月不少于1次，循环周期1次/季；使用晶面膏/粉结晶每季度不少于1次，光泽度保持88°以上。

f）不锈钢设施清洗每季度不少于1次。

g）公共卫生间保洁每日不少于3次，保洁完成后喷空气清新剂除味、消毒每日不少于1次。

h）防烟楼梯间前室、消防电梯间前室、楼道、楼梯台阶清扫每月不少于1次，消毒每两周不少于1次。

i）楼梯扶手、栏杆、窗台、防火门、消火栓箱、提示牌等保洁每月不少于1次。

j）停车场沟渠、反光设施、减速带、消防设施保洁每周不少于1次，管网除尘每季度不少于1次。

4.3.4.2 室外保洁

a）停车场及外围主干道路面使用手推式保洁车进行清扫每日不少于2次，使用高压水枪加全能水冲洗石板、广场砖、马赛克每周不少于1次。

b）路灯、高杆灯、射灯保洁每两周不少于1次，旗杆保洁每月不少于1次，旗杆基座保洁每日不少于1次。

c）景观水池发现杂物、落叶及时清理，使用除藻剂等药剂调节水质每周不少于1次，使用吸底机对池底保洁每周不少于1次。

d）沙井、沟渠、管道保洁每两周不少于1次。

e）垃圾桶清理每日不少于1次，消毒每日不少于1次。

f）雨棚清洗每季度不少于1次。

g）天面、天台保洁每周不少于2次，汛前确保排水沟畅通。

4.3.4.3　办公场所

a）使用吸尘器吸尘每日不少于1次，使用全能水拖洗、消毒每周不少于1次。

b）使用三合一地毯抽洗机对地毯清洗每季度不少于1次。

c）玻璃窗、门保洁每月不少于1次。

d）办公工位保洁、消毒每日不少于1次。

e）垃圾桶清理每日不少于1次。

4.3.4.4　外墙清洗

外墙立面玻璃、墙身清洗每五年不少于1次。

4.3.4.5　石材养护

使用抛光剂分区域护理每两月不少于1次，使用晶面膏/粉进行结晶处理每季度不少于1次。

4.3.4.6　木地板养护

日常保洁每两月不少于1次，深度保洁、打蜡护理每季度不少于1次。

4.3.4.7　地毯清洗

使用地毯专用清洗机清洗每季度不少于1次。

4.3.4.8　皮质家具养护

轻度保洁每月不少于1次，使用碧丽珠等养护剂养护每季度不少于1次。

4.3.4.9 不锈钢保洁

使用不锈钢养护剂深度保洁每两月不少于1次。

4.3.4.10 化粪池清掏

清掏、冲刷池内每半年不少于1次。

4.3.4.11 油烟管道清洗

清理油污、清洗管道每季度不少于1次。

4.3.4.12 隔油池清掏/油水分离器冲洗

隔油池清掏每两月不少于1次；油水分离器冲洗每月不少于1次。

4.3.4.13 四害消杀

使用自动喷雾机消杀蚊、蝇、蟑螂每月不少于2次，检查鼠类活动轨迹、专项消杀每季度不少于1次。

4.3.4.14 有害生物防制

a）对项目及附近绿地巡查每月不少于1次，发现上述危险动物滋生地及时清理。
b）更新相关防护措施、组织修复裂缝或洞口每季度不少于1次。
c）邀请专业防治人员对项目进行检查每半年不少于1次。

4.3.4.15 垃圾清理

a）明确垃圾分类，餐厨垃圾与生活垃圾分开摆放。
b）垃圾房、垃圾桶清洗每日不少于1次，彻底清洗、消毒每周不少于1次。

4.3.4.16 智能化引入

提供智能化清扫机器人（外围、停车场）、擦窗机器人、自动保洁/消毒机器人、卫生间空气检测消毒仪、自动化石材养护机器人、景观水池吸底机、洗扫一体驾驶式洗地机、抗菌吸尘器、多功能高温蒸汽清洁机、地毯专用清洗机、布艺清洗机。

4.3.5 一星级服务

4.3.5.1 室内保洁

a）大堂局部地面抛光每两月不少于1次，循环周期每季度1次；使用晶面膏/粉结晶每半年不少于1次，光泽度保持85°以上。

b）保洁剂尘推大堂地面每三日不少于1次，消毒每周不少于1次。

c）电梯轿厢地面、四壁保洁每日不少于2次，灯饰及轿厢顶部保洁每两月不少于1次，电梯层门保洁每两月不少于1次。

d）2 m以下幕墙玻璃清洗每两周不少于1次。

e）不锈钢设施清洗每季度不少于1次。

f）公共卫生间保洁每日不少于2次，保洁完成后喷空气清新剂除味、消毒每日不少于1次。

g）防烟楼梯间前室、消防电梯间前室、楼道、楼梯台阶清扫每月不少于1次，地面使用消毒水湿拖每两月不少于1次。

h）楼梯扶手、栏杆、窗台、防火门、消火栓箱、提示牌等保洁每月不少于1次。

i）停车场沟渠、反光设施、减速带、消防设施保洁每周不少于1次，管网除尘每季度不少于1次。

4.3.5.2 室外保洁

a）停车场及外围主干道路面使用手推式保洁车进行清扫每日不少于2次，使用高压水枪加全能水冲洗石板、广场砖、马赛克每周不少于1次。

b）路灯、高杆灯、射灯保洁每两周不少于1次，旗杆保洁每月不少于1次，旗杆基座保洁每日不少于1次。

c）景观水池发现杂物、落叶及时清理，使用除藻剂等药剂调节水质每周不少于1次，使用吸底机对池底保洁每周不少于1次。

d）沙井、沟渠、管道保洁每两周不少于1次。

e）垃圾桶清理每日不少于1次，消毒每日不少于1次。

f）雨棚清洗每季度不少于1次。

g）天面、天台保洁每周不少于1次，汛前确保排水沟畅通。

4.3.5.3 办公场所

a）使用吸尘器吸尘每三日不少于1次，使用全能水拖洗、消毒每两周不少于1次。

b）使用三合一地毯抽洗机对地毯清洗每半年不少于1次。

c）玻璃窗、门保洁每月不少于1次。

d）办公工位保洁、消毒每两日不少于1次。

e）垃圾桶清理每日不少于1次。

4.3.5.4 外墙清洗

外墙立面玻璃、墙身清洗每五年不少于1次。

4.3.5.5 石材养护

使用抛光剂分区域护理每两月不少于1次，使用晶面膏/粉进行结晶处理每季度不少于1次。

4.3.5.6 木地板养护

深度保洁、打蜡护理每季度不少于1次。

4.3.5.7 地毯清洗

使用地毯专用清洗机清洗每半年不少于1次。

4.3.5.8　皮质家具养护

轻度保洁每两月不少于1次，使用碧丽珠等养护剂养护每季度不少于1次。

4.3.5.9　不锈钢保洁

使用不锈钢养护剂深度保洁每季度不少于1次。

4.3.5.10　化粪池清掏

清掏、冲刷池内每半年不少于1次。

4.3.5.11　油烟管道清洗

清理油污、清洗管道每季度不少于1次。

4.3.5.12　隔油池清掏/油水分离器冲洗

隔油池清掏每两月不少于1次；油水分离器冲洗每月不少于1次。

4.3.5.13　四害消杀

使用自动喷雾机消杀蚊、蝇、蟑螂每月不少于2次，检查鼠类活动轨迹每半年不少于1次。

4.3.5.14　有害生物防制

a）对项目及附近绿地巡查每月不少于1次，发现上述危险动物滋生地及时清理。

b）更新相关防护措施、组织修复裂缝或洞口每季度不少于1次。

c）邀请专业防治人员对项目进行检查每半年不少于1次。

4.3.5.15　垃圾清理

a）明确垃圾分类，餐厨垃圾与生活垃圾分开摆放。

b）垃圾桶、垃圾房清洗每日不少于1次，彻底清洗、消毒每周不少于1次。

4.3.5.16 智能化引入

提供智能化清扫机器人（外围、停车场）、擦窗机器人、自动保洁/消毒机器人、卫生间空气检测消毒仪、自动化石材养护机器人、景观水池吸底机、洗扫一体驾驶式洗地机、抗菌吸尘器、多功能高温蒸汽清洁机、地毯专用清洗机、布艺清洗机。

4.4　绿化服务

4.4.1　五星级服务

4.4.1.1　室内绿化日常养护、巡查

有绿化专业人员，编制绿化养护措施和工作计划，并组织落实绿化巡查工作。绿化档案齐全，绿植巡查每周不少于5次。

4.4.1.2　室内绿化浇水排灌

a） 室内植物：绿萝、如意、红掌、白掌、黑美人、碧玉、翡翠等叶面植物，浇水每周不少于3次。

b） 耐干旱植物：发财树、富贵树、巴西铁木、金钱树以及仙人掌科类各种多肉植物如金琥、仙人球等，浇水每月不少于1次。

4.4.1.3　室内绿化施肥

木本类、绿篱施肥每月不少于1次，盆栽植物视生长情况适量施复合肥每月不少于1次。

4.4.1.4　室内绿化修剪

绿篱修剪每年不少于4次，木本类修剪每年不少于2次，造型修剪每年5次。

4.4.1.5　室内绿化病虫害防治

日常养护时重点巡查植物病虫害，发现虫害、菌害1 h内完成扑灭、杀菌处理。

4.4.1.6　室内绿植更换

更换同类型规格摆放植物每季度不少于1次，提供节假日时花、年花年橘布置以及微型组景设计服务。

4.4.1.7　室外绿化日常养护

有绿化专业人员，编制绿化养护措施和工作计划，并组织落实绿化巡查工作。绿化档案齐全，日常养护每周不少于5次，绿化完好率不低于95%。

4.4.1.8　室外绿化除草、培土

全面除杂草每月不少于1次，草坪内无杂草，留茬高度经常保持在6～8 cm，除缀花草坪外，草坪内杂草率不高于，春季草坪返青率不低于95%。

4.4.1.9　室外绿化施肥

a）草坪：结合打孔施肥每年不少于4次，每年早春、晚秋各施1次全效复合肥；每3次草坪修剪后薄施1次速效复合肥、氮肥；节庆期间追施叶面肥或草坪增绿剂。
b）灌木、绿篱：早春或入冬前施有机肥或复合肥1次；生长季每2个月追施复合肥1次。
c）乔木：早春施有机肥或复合肥1次；每年5月、6月追施复合肥1次。

4.4.1.10　室外绿化浇水排灌

a）草坪：生长季（非雨季）浇水每周不少于3次；非生长季（非雨季）浇水每月不少于8次。
b）灌木：生长季（非雨季）浇水每周不少于3次；非生长季（非雨季）浇水每月不少于8次。
c）乔木：生长季（非雨季）浇水每周不少于3次；非生长季（非雨季）浇水每月不少于8次。
d）绿篱：生长季（非雨季）浇水每周不少于3次；非生长季（非雨季）浇水每

月不少于8次。

4.4.1.11　室外绿化修剪

绿篱修剪每年不少于4次，乔木修剪每年不少于2次，造型修剪每年不少于6次。

4.4.1.12　室外绿化种植、移栽或补植

按需移栽乔木，补植不超过3日完成。

4.4.1.13　室外绿化病虫害防治

植物生长完好率100%，病虫害病发率不高于1%，菌害率不高于3%，虫害率不高于3%。

4.4.1.14　防风防汛

汛前对2 m以上乔木进行风险评估，存在隐患的立刻修剪1次并加固。灾后2 h内进行扶树、护树，清除断枝、落叶和垃圾，排除积水。

4.4.1.15　智能化引入

提供喷药植保无人机、智能灌溉系统。

4.4.2　四星级服务

4.4.2.1　室内绿化日常养护、巡查

有绿化专业人员，编制绿化养护措施和工作计划，并组织落实绿化巡查工作。绿化档案齐全，绿植巡查每周不少于3次。

4.4.2.2　室内绿化浇水排灌

a）室内植物：绿萝、如意、红掌、白掌、黑美人、碧玉、翡翠等叶面植物，浇水每周不少于2次。

b）耐干旱植物：发财树、富贵树、巴西铁木、金钱树以及仙人掌科类各种多肉植物如金琥、仙人球等，浇水每月不少于1次。

4.4.2.3　室内绿化施肥

木本类、绿篱施肥每两月不少于1次，盆栽植物视生长情况适量施复合肥每两月不少于1次。

4.4.2.4　室内绿化修剪

绿篱修剪每年不少于3次，木本类修剪每年不少于1次，造型修剪每年4次。

4.4.2.5　室内绿化病虫害防治

日常养护时重点巡查植物病虫害，发现虫害、菌害2 h内完成扑灭、杀菌处理。

4.4.2.6　室内绿植更换

更换同类型规格摆放植物每半年不少于1次，提供节假日时花、年花年橘布置服务。

4.4.2.7　室外绿化日常养护

有绿化专业人员，编制绿化养护措施和工作计划，并组织落实绿化巡查工作。绿化档案齐全，日常养护每周不少于3次，绿化完好率不低于92%。

4.4.2.8　室外绿化除草、培土

全面除杂草每年不少于10次，留茬高度经常保持在6～8 cm。除缀花草坪外，草坪内杂草率不高于%，春季草坪返青率不低于95%。

4.4.2.9　室外绿化施肥

a）草坪：结合打孔施肥每年不少于3次；每年早春、晚秋各施1次全效复合肥；每2次草坪修剪后薄施1次速效复合肥、氮肥；节庆期间追施叶面肥或草坪增绿剂。

b） 灌木、绿篱：早春或入冬前施有机肥或复合肥1次；生长季每2个月追施复合肥1次。

c） 乔木：早春施有机肥或复合肥1次；每年5月、6月追施复合肥1次。

4.4.2.10　室外绿化浇水排灌

a） 草坪：生长季（非雨季）浇水每周不少于2次；非生长季（非雨季）浇水每周不少于1次。

b） 灌木：生长季（非雨季）浇水每周不少于2次；非生长季（非雨季）浇水每周不少于1次。

c） 乔木：生长季（非雨季）浇水每周不少于2次；非生长季（非雨季）浇水每周不少于1次。

d） 绿篱：生长季（非雨季）浇水每周不少于2次；非生长季（非雨季）浇水每周不少于1次。

4.4.2.11　室外绿化修剪

绿篱修剪每年不少于3次，乔木修剪每年不少于1次，造型修剪每年不少于4次。

4.4.2.12　室外绿化种植、移栽或补植

按需移栽乔木，补植不超过5日完成。

4.4.2.13　室外绿化病虫害防治

植物生长完好率99%，病虫害病发率不高于2%，菌害率不高于4%，虫害率不高于4%。

4.4.2.14　防风防汛

汛前对2 m以上乔木进行风险评估，存在隐患的立刻修剪1次并加固；灾后4 h内扶树、护树，清除断枝、落叶和垃圾，排除积水。

4.4.2.15 智能化引入

提供喷药植保无人机、智能灌溉系统。

4.4.3 三星级服务

4.4.3.1 室内绿化日常养护、巡查

编制绿化养护措施和工作计划，有绿化档案，绿植巡查每月不少于2次。

4.4.3.2 室内绿化浇水排灌

a）室内植物：绿萝、如意、红掌、白掌、黑美人、碧玉、翡翠等叶面植物，浇水每周不少于1次。

b）耐干旱植物：发财树、富贵树、巴西铁木、金钱树以及仙人掌科类各种多肉植物如金琥、仙人球等，浇水每月不少于1次。

4.4.3.3 室内绿化施肥

木本类、绿篱施肥每季度不少于1次，盆栽植物视生长情况适量施复合肥每季度不少于1次。

4.4.3.4 室内绿化修剪

绿篱修剪每年不少于2次，木本类修剪每年1次，造型修剪每年3次。

4.4.3.5 室内绿化病虫害防治

日常养护时重点巡查植物病虫害，发现虫害、菌害4h内完成扑灭、杀菌处理。

4.4.3.6 室内绿植更换

更换同类型规格摆放植物每半年不少于1次，提供节假日时花布置服务。

4.4.3.7　室外绿化日常养护

有绿化专业人员，编制绿化养护措施和工作计划，并组织落实绿化巡查工作。绿化档案齐全，日常养护每周不少于2次，绿化完好率不低于88%。

4.4.3.8　室外绿化除草、培土

全面除杂草每年不少于8次，留茬高度经常保持在6～8 cm；除缀花草坪外，草坪内杂草率不高于2%，春季草坪返青率不低于92%。

4.4.3.9　室外绿化施肥

a）草坪：结合打孔施肥每年2次；每年早春、晚秋各施1次全效复合肥；每2次草坪修剪后薄施1次速效复合肥、氮肥；节庆期间追施叶面肥或草坪增绿剂。
b）灌木、绿篱：早春或入冬前施有机肥或复合肥1次；生长季每3个月追施复合肥1次。
c）乔木：早春施有机肥或复合肥1次；每年5月、6月追施复合肥1次。

4.4.3.10　室外绿化浇水排灌

a）草坪：生长季（非雨季）浇水每周不少于1次；非生长季（非雨季）浇水每月不少于2次。
b）灌木：生长季（非雨季）浇水每周不少于1次；非生长季（非雨季）浇水每月不少于2次。
c）乔木：生长季（非雨季）浇水每周不少于1次；非生长季（非雨季）浇水每月不少于2次。
d）绿篱：生长季（非雨季）浇水每周不少于1次；非生长季（非雨季）浇水每月不少于2次。

4.4.3.11　室外绿化修剪

绿篱修剪每年不少于2次，乔木修剪每年1次，造型修剪每年不少于2次。

4.4.3.12 室外绿化种植、移栽或补植

按需移栽乔木，补植不超过8日完成。

4.4.3.13 室外绿化病虫害防治

植物生长完好率不低于98%，病虫害病发率不高于3%，菌害率不高于5%，虫害率不高于5%。

4.4.3.14 防风防汛

汛前对2 m以上乔木进行风险评估，存在隐患的立刻修剪1次并进行加固；灾后6 h内进行扶树、护树，清除断枝、落叶和垃圾，排除积水。

4.4.3.15 智能化引入

提供喷药植保无人机、智能灌溉系统。

4.4.4 二星级服务

4.4.4.1 室内绿化日常养护、巡查

编制绿化养护措施和工作计划，有绿化档案，绿植巡查每月不少于1次。

4.4.4.2 室内绿化浇水排灌

a）室内植物：绿萝、如意、红掌、白掌、黑美人、碧玉、翡翠等叶面植物，浇水每月不少于2次。

b）耐干旱植物：发财树、富贵树、巴西铁木、金钱树以及仙人掌科类各种多肉植物如金琥、仙人球等，浇水每月不少于1次。

4.4.4.3 室内绿化施肥

木本类、绿篱、垂直绿化、花坛施肥每季度1次。

4.4.4.4　室内绿化修剪

绿篱修剪每年不少于1次，木本类修剪每年不少于1次，造型修剪每年不少于2次。

4.4.4.5　室内绿化病虫害防治

日常养护时重点巡查植物病虫害，发现虫害、菌害当天完成扑灭、杀菌处理。

4.4.4.6　室内绿植更换

更换同类植物每年不少于1次，提供节假日时花布置服务。

4.4.4.7　室外绿化日常养护

有绿化专业人员，编制绿化养护措施和工作计划，并组织落实绿化巡查工作。绿化档案齐全，日常养护每周不少于1次，绿化完好率不低于83%。

4.4.4.8　室外绿化除草、培土

全面除杂草每年不少于4次，留茬高度经常保持在10 ~ 12 cm。除缀花草坪外，草坪内杂草率不超过5%，春季草坪返青率不低于90%。

4.4.4.9　室外绿化施肥

a）草坪：结合打孔施肥每年不少于1次；每年施1次全效复合肥；每4次草坪修剪后薄施1次速效复合肥、氮肥。
b）灌木、绿篱：早春或入冬前施有机肥或复合肥1次；生长季每3个月追施复合肥1次。
c）乔木：早春施有机肥或复合肥每年不少于1次。

4.4.4.10　室外绿化浇水排灌

a）草坪：生长季（非雨季）浇水每周1次；非生长季（非雨季）浇水每月1次。
b）灌木：生长季（非雨季）浇水每周1次；非生长季（非雨季）浇水每月1次。

c） 乔木：生长季（非雨季）浇水每周1次；非生长季（非雨季）浇水每月1次。

d） 绿篱：生长季（非雨季）浇水每周1次；非生长季（非雨季）浇水每月1次。

4.4.4.11 室外绿化修剪

绿篱修剪每年不少于1次，乔木修剪每年1次，造型修剪每年1次。

4.4.4.12 室外绿化种植、移栽或补植

按需移栽乔木，补植不超过8日完成。

4.4.4.13 室外绿化病虫害防治

植物生长完好率不低于97%，病虫害病发率不高于3%，菌害率不高于6%，虫害率不高于6%。

4.4.4.14 防风防汛

汛前对2 m以上乔木进行风险评估，存在隐患的立刻修剪1次并加固；灾后10 h内进行扶树、护树，清除断枝、落叶和垃圾，排除积水。

4.4.4.15 智能化引入

提供喷药植保无人机、智能灌溉系统。

4.4.5 一星级服务

4.4.5.1 室内绿化日常养护、巡查

生长季节，绿植巡查每月1次。

4.4.5.2 室内绿化浇水排灌

a） 室内植物：绿萝、如意、红掌、白掌、黑美人、碧玉、翡翠等叶面植物，浇水每月1次。

b） 耐干旱植物：发财树、富贵树、巴西铁木、金钱树以及仙人掌科类各种多肉植物如金琥、仙人球等，浇水每月1次。

4.4.5.3　室内绿化施肥

木本类、绿篱、垂直绿化、花坛施肥每年1次。

4.4.5.4　室内绿化修剪

绿篱修剪每年1次，木本类修剪每年1次，造型修剪每年1次。

4.4.5.5　室内绿化病虫害防治

发现病虫害，3日内完成扑灭、杀菌处理。

4.4.5.6　室内绿植更换

更换同类植物每年1次。

4.4.5.7　室外绿化日常养护

有绿化专业人员，编制绿化养护措施和工作计划，并组织落实绿化巡查工作。绿化档案齐全，日常养护每月不少于1次，绿化完好率不低于80%。

4.4.5.8　室外绿化除草、培土

全面除杂草每年不少于2次，留茬高度经常保持在10 ~ 12 cm。除缀花草坪外，草坪内杂草率不高于5%，春季草坪返青率不低于88%。

4.4.5.9　室外绿化施肥

a） 草坪：全效复合肥施肥每年1次。

b） 灌木、绿篱：早春或入冬前施有机肥或复合肥1次。

c） 乔木：施有机肥或复合肥每年1次。

4.4.5.10　室外绿化浇水排灌

a）草坪：生长季（非雨季）浇水每月2次；非生长季（非雨季）浇水每月1次。
b）灌木：生长季（非雨季）浇水每月2次；非生长季（非雨季）浇水每月1次。
c）乔木：生长季（非雨季）浇水每月2次；非生长季（非雨季）浇水每月1次。
d）绿篱：生长季（非雨季）浇水每月2次；非生长季（非雨季）浇水每月1次。

4.4.5.11　室外绿化修剪

绿篱、乔木修剪每年1次。

4.4.5.12　室外绿化种植、移栽或补植

按需完成移栽乔木，补植。

4.4.5.13　室外绿化病虫害防治

植物生长完好率不低于95%，病虫害病发率不高于5%，菌害率不高于7%，虫害率不高于7%。

4.4.5.14　防风防汛

汛前对2 m以上乔木进行风险评估，存在隐患的立刻修剪1次并加固；灾后24 h内进行扶树、护树，清除断枝、落叶和垃圾，排除积水。

4.4.5.15　智能化引入

提供喷药植保无人机、智能灌溉系统。

4.5　工程服务

4.5.1　五星级服务

4.5.1.1　持证要求

持有高级技师/技师电工证不少于1人；电梯管理（A）/电梯维修（T）持证不少于2人。

4.5.1.2　房屋结构

a）检查房屋的梁、柱、地基基础等主要承重构件，未出现变形、凹凸、剥落、开裂、倾斜、移位和非收缩性裂缝，无钢筋外露等现象每月不少于2次。

b）配合客户对房屋进行安全鉴定，同时采取必要的防护措施，按照鉴定结果配合客户进行修缮。

4.5.1.3　建筑部件

a）检查楼板、楼梯、屋檐等建筑部件每周不少于1次。

b）检查墙壁、门、窗户、阳台、雨罩、空调室外机支撑构件等建筑部件每周不少于1次。

c）检查地面、踏步、台阶等建筑部件每周不少于1次。

d）汛前和强降雨对后屋面防水和雨水落水管等开展专项检查。

4.5.1.4　附属构筑物

a）检查扶手、石材墙面、围墙、围栏、沟渠等每日不少于1次。

b）检查顶棚吊顶、抹灰面层等每日不少于1次。

c）检查休闲椅、凉亭、雕塑、景观小品等每日不少于1次。

d）检查天台女儿墙，对天台进行有效的规范管理等每日不少于1次。

4.5.1.5 外立面

检查外立面每月不少于2次。特殊时期加强巡查频次，发现外墙开裂、脱落及时采取安全防范措施并报告。

4.5.1.6 防雷装置

a）检查建筑物防雷装置（接闪杆、接闪带、接闪线、接闪网和电涌保护器）每年不少于4次。

b）检查重要机房配电柜及设备等电位连接情况每年不少于4次。

c）防雷装置检测每年不少于1次，爆炸和火灾危险环境场所防雷装置检测每半年不少于1次。

4.5.1.7 供配电

a）高、低压配电房巡视检查每日不少于3次（每次间隔不大于8 h）。

b）变压器、高压开关柜维护保养每半年不少于1次。

c）低压开关柜维护保养每半年不少于1次。

d）补偿电容器维护保养每半年不少于1次。

e）柴油发电机房巡视检查每日不少于3次（每次间隔不大于8 h）。

f）柴油发电机维护保养每月不少于1次，试运行每月不少于2次，每次运行10～15 min；带负荷运行每半年不少于1次，每次运行60 min；活化蓄电池每半年不少于1次。

g）直流屏维护保养每月不少于1次。

h）电缆桥架检查维护每季度不少于1次。

i）楼内照明巡视检查每日不少于3次，一般故障2 h内修复，其它复杂故障8 h内修复。

j）楼外照明巡视检查每日不少于3次，一般故障8 h修复，其他复杂故障12 h内修复。每周调整1次时间控制器，路灯、楼道灯完好率不低于98%。

k）对计划性限电、停电至少提前5日通知客户。

4.5.1.8 供水系统

a）水泵房巡视检查每日不少于3次（每次间隔不大于8 h）。

b）电动机及水泵日常保养，检查密封填料，加润滑油每月不少于1次。每周手动切换1次备用水泵。

c）开关、按钮转换操作每月不少于1次。

d）控制线路及水位控制器检查维护每月不少于1次。

e）控制箱内外清洁除尘每月不少于1次。

f）控制箱接线螺丝保养紧固每月不少于1次。

g）控制柜内电器触点检查紧固每月不少于1次。

h）电动机绝缘阻值检测每季度不少于1次。

i）泵体、管道检查、除锈刷漆每季度不少于1次。

j）生活水池（箱）清洗每半年不少于1次。水质检测符合GB 5749的要求，清洗前书面通告客户。

k）对计划性限水、停水至少提前5日通知客户。

4.5.1.9 排水系统

a）有防汛和浸水预案，演练每半年不少于1次。

b）防汛物资台账检查更新每半年不少于1次。

c）污水泵，汛期巡视检查每日不少于3次，平时巡视检查每周不少于2次；检查设备运行状态每月不少于1次，每次巡视进行1次手动启动测试。

d）化粪池巡查每周不少于1次，清掏每季度不少于1次，发现异常及时清掏。

e）隔油池巡查每周不少于1次，清掏每月不少于2次，发现异常及时清掏。

4.5.1.10 空调系统

a）空调机房巡视检查每日不少于3次（每次间隔不大于8 h）。

b）空调主机维护保养每季度不少于1次。每年供冷前对冷水机组、循环水泵、冷却塔、风机、风机盘管、水处理等设施设备进行系统检查。

c）暖通系统供冷/暖期空调风柜过滤网清洗每月不少于1次。

d）盘管风机过滤网清洗每月不少于1次。

e）冷却塔清洗、消毒，空调水质处理每月不少于1次。

f）膨胀水箱检查维护每月不少于1次。

g）管道、阀门除锈、检查维护每半年不少于1次。

h）分体空调过滤网清洗每月不少于1次。

4.5.1.11　消防系统

a）火灾报警主机日常检查每日不少于3次（每次间隔不大于8 h）。维护保养每月不少于1次。烟（温）感探测器每月按比例测试，全年完成覆盖。

b）自动喷淋系统保养测试每月不少于1次。

c）正压送风机、排烟排风机检查保养每月不少于1次，每次运行不少于”5 min。

d）消防泵检查保养，点动测试每月不少于1次。

e）消防广播系统检查测试每月不少于1次。

f）消防电话维护保养每月不少于1次；每月分区域按比例对辖区消防电话进行检查，全年完成覆盖。

4.5.1.12　电梯系统

a）电梯机房巡视检查每日不少于3次（每次间隔不大于8 h）。

b）电梯轿厢巡视检查每日不少于1次，维护保养每月不少于2次。

c）检查电梯底坑每月不少于2次。

d）五方通话设备检查测试每月不少于2次。

e）电梯迫降功能检查测试每月不少于2次。

f）每年至少对电梯安全管理人员进行2次特种设备安全培训。

g）有电梯突发事件应急预案，演练每半年不少于1次。发生电梯困人事件时应及时采取措施，工程服务人员应在10 min内到达现场安抚受困乘客，专业维修人员应在30 min内到达现场。未及时恢复正常运行的电梯应贴告示。

4.5.1.13　弱电系统

a）监控室、音控室、汇聚机房等弱电机房巡视检查每周不少于4次。

b）入侵和报警系统维护保养每月不少于1次。

c）视频监控设备维护保养每月不少于1次。

d）门禁系统维护保养每月不少于1次。

e）对讲系统（可视）调试与维护保养每月不少于1次。

f）信息发布系统检查保养每月不少于1次。

g）电子巡更调试保养每月不少于1次。

h）周界防范系统检查保养、主机清洁每月不少于1次。

i）报警系统有效性测试每月不少于1次。

4.5.1.14　停车场设施

a）电动自行车、机动车充电设施巡视检查每日不少于3次（每次间隔不大于8 h）。

b）主机、道闸、摄像头、刷卡器、出卡器等设备维护保养每月不少于1次。

c）挡车杆、反光膜检查保养每月不少于1次。

d）接触器动、静触头和电缆接头检查紧固每月不少于1次。

e）箱门、箱盖密封性能检查以及各部件紧固，内外清洁每月不少于1次。

f）齿轮箱、传动轴检查保养、加油润滑每月不少于1次。

g）检查清洁摄像头、视频线接头，测试刷卡器、出卡器等功能每月不少于1次。

4.5.1.15　水景设施

使用期间对喷水池、水泵及其附属设施、安全风险警示标志等进行巡视检查每日不少于1次。

4.5.1.16　文体设施

a）检查文体设施、游乐场所使用安全隐患每日不少于1次。

b）聘请专业检测机构对文体设施进行安全检测每年不少于1次。

4.5.1.17　游泳池

a）做好PH、游离性余氯、浑浊度等监测，加消毒药剂每日不少于1次。

b）检查循环、吸尘吸污、打捞等设施设备完好，如有故障及时清除每日不少于1次。

c）检查游泳池安全无隐患每日不少于1次。

4.5.1.18　垃圾回收设施

检查垃圾分类投放点、垃圾收集房、大件垃圾投放点，发现损坏及时组织更换、维修每日不少于1次。

4.5.1.19　服务响应

工程人员上门维修服务不超过15 min内到达；突发事件工程人员10 min内到达现场处置。

4.5.1.20　智能化引入

提供智能巡检系统、通信传输智能化、消防自动化系统、楼宇自动控制系统、智能建筑传感器系统。

4.5.2　四星级服务

4.5.2.1　持证要求

同时持有高压、低压电工证人员比例不低于40%，电梯管理（A）/电梯维修（T）持证不少于1人。

4.5.2.2　房屋结构

a）检查房屋的梁、柱、地基基础等主要承重构件，未出现变形、凹凸、剥落、开裂、倾斜、移位和非收缩性裂缝，无钢筋外露等现象每月不少于1次。

b）配合客户对房屋进行安全鉴定，同时采取必要的防护措施，按照鉴定结果配合客户进行修缮。

4.5.2.3 建筑部件

a）检查楼板、楼梯、屋檐等建筑部件每月不少于2次。

b）检查墙壁、门、窗户、阳台、雨罩、空调室外机支撑构件等建筑部件每月不少于2次。

c）检查地面、踏步、台阶等建筑部件每月不少于2次。

d）汛前和强降雨对后屋面防水和雨水落水管等开展专项检查。

4.5.2.4 附属构筑物

a）检查扶手、石材墙面、围墙、围栏、沟渠等每周不少于2次。

b）检查顶棚吊顶、抹灰面层等每周不少于2次。

c）检查休闲椅、凉亭、雕塑、景观小品每周不少于2次。

d）检查天台女儿墙，对天台进行有效的规范管理等每周不少于2次。

4.5.2.5 外立面

检查外立面每月不少于1次。特殊时期加强巡查频次，发现外墙开裂、脱落及时采取安全防范措施并报告。

4.5.2.6 防雷装置

a）检查建筑物防雷装置（接闪杆、接闪带、接闪线、接闪网和电涌保护器）每月不少于1次。

b）检查重要机房配电柜及设备等电位连接情况每月不少于1次。

c）防雷装置检测每年不少于1次，爆炸和火灾危险环境场所防雷装置每半年不少于1次。

4.5.2.7 供配电

a）高、低压配电房巡视检查每日不少于2次（每次间隔不大于12 h）。

b）变压器、高压开关柜维护保养每半年不少于1次。

c）低压开关柜维护保养每半年不少于1次。

d）补偿电容器维护保养每半年不少于1次。

e）柴油发电机房巡视检查每日不少于2次（每次间隔不大于12 h）。

f）柴油发电机维护保养每月不少于1次，试运行每月不少于2次，每次运行10～15 min；带负荷运行每半年不少于1次，每次运行60 min；活化蓄电池每半年不少于1次。

g）直流屏维护保养每月不少于1次。

h）电缆桥架检查维护每半年不少于1次。

i）楼内照明巡视检查每日不少于2次，一般故障4 h内修复，其它复杂故障12 h内修复。

j）楼外照明巡视检查每日不少于2次，一般故障12 h内修复，其它复杂故障24 h内修复；每半月调整1次时间控制器。路灯、楼道灯完好率不低于95%。

k）对计划性限电、停电至少提前3日通知客户。

4.5.2.8 供水系统

a）水泵房巡视检查每日不少于2次（每次间隔不大于12 h）。

b）电动机及水泵日常保养，检查密封填料，加润滑油每月不少于1次。每半月手动切换1次备用水泵。

c）开关、按钮转换操作每月不少于1次。

d）控制线路及水位控制器检查维护每月不少于1次。

e）控制箱内外清洁除尘每月不少于1次。

f）控制箱接线螺丝保养紧固每月不少于1次。

g）控制柜内电器触点检查紧固每月不少于1次。

h）电动机绝缘阻值检测每半年不少于1次。

i）泵体、管道检查、除锈刷漆每半年不少于1次。

j）生活水池（箱）清洗每半年不少于1次。水质检测符合GB 5749的要求，清洗前书面通告客户。

k）对计划性限水、停水至少提前3日通知客户。

4.5.2.9 排水系统

a）有防汛和浸水预案，演练每半年不少于1次。

b）防汛物资台账检查更新每半年不少于1次。

c）污水泵，汛期巡视检查每日不少于2次，平时巡视检查每周不少于1次；检查设备运行状态每月不少于1次，每次巡视进行1次手动启动测试。

d）化粪池巡查每月不少于2次，清掏每季度不少于1次，发现异常及时清掏。

e）隔油池巡查每月不少于2次，清掏每月不少于2次，发现异常及时清掏。

4.5.2.10 空调系统

a）空调机房巡视检查每日不少于2次（每次间隔不大于12 h）。

b）空调主机维护保养每半年不少于1次。每年供冷前对冷水机组、循环水泵、冷却塔、风机、风机盘管、水处理等设施设备进行系统检查。

c）暖通系统供冷/暖期空调风柜过滤网清洗每月不少于1次。

d）盘管风机过滤网清洗每月不少于1次。

e）冷却塔清洗、消毒，空调水质处理每月不少于1次。

f）膨胀水箱检查维护每月不少于1次。

g）管道、阀门除锈、检查维护每半年不少于1次。

h）分体空调过滤网清洗每月不少于1次。

4.5.2.11 消防系统

a）火灾报警主机日常检查每日不少于2次（每次间隔不大于12h）。维护保养每月不少于1次。烟（温）感探测器每月按比例测试，全年完成覆盖。

b）自动喷淋系统保养测试每月不少于1次。

c）正压送风机、排烟排风机检查保养每月不少于1次，每次运行不少于3 min。

d）消防泵检查保养，点动测试每月不少于1次。

e）消防广播系统检查测试每月不少于1次。

f）消防电话维护保养每月不少于1次；每月分区域按比例对辖区消防电话

进行检查，全年完成覆盖。

4.5.2.12 电梯系统

a）电梯机房巡视检查每日不少于2次（每次间隔不大于12 h）。

b）电梯轿厢巡视检查每周不少于3次，维护保养每月不少于2次。

c）检查电梯底坑每月不少于2次。

d）五方通话设备检查测试每月不少于1次。

e）电梯迫降功能检查测试每月不少于1次。

f）每年至少对电梯安全管理人员进行1次特种设备安全培训。

g）有电梯突发事件应急预案，演练每半年不少于1次。发生电梯困人事件时应及时采取措施，工程服务人员应在15 min内到达现场安抚受困乘客，专业维修人员应在30 min内到达现场。未及时恢复正常运行的电梯应贴告示。

4.5.2.13 弱电系统

a）监控室、音控室、汇聚机房等弱电机房巡视检查每周不少于2次。

b）入侵和报警系统维护保养每季度不少于1次。

c）视频监控设备维护保养每季度不少于1次。

d）门禁系统维护保养每季度不少于1次；

e）对讲系统（可视）调试与维护保养每季度不少于1次。

f）信息发布系统检查保养每季度不少于1次。

g）电子巡更调试保养每季度不少于1次。

h）周界防范系统检查保养、主机清洁每季度不少于1次。

i）报警系统有效性测试每季度不少于1次。

4.5.2.14 停车场设施

a）电动自行车、机动车充电设施巡视检查每日不少于2次（每次间隔不大于12 h）。

b）主机、道闸、摄像头、刷卡器、出卡器等设备维护保养每季度不少于1次。

c）挡车杆、反光膜检查保养每季度不少于1次。

d）接触器动、静触头和电缆接头检查紧固每季度不少于1次。

e）箱门、箱盖密封性能检查以及各部件紧固，内外清洁每季度不少于1次。

f）齿轮箱、传动轴检查保养、加油润滑每季度不少于1次。

g）检查清洁摄像头、视频线接头，测试刷卡器、出卡器等功能每季度不少于1次。

4.5.2.15 水景设施

使用期间对喷水池、水泵及其附属设施、安全风险警示标志等进行巡视检查每周不少于4次。

4.5.2.16 文体设施

a）检查文体设施、游乐场所使用安全隐患每周不少于4次。

b）聘请专业检测机构对文体设施进行安全检测每年不少于1次。

4.5.2.17 游泳池

a）做好PH、游离性余氯、浑浊度等监测，加消毒药剂每日不少于1次。

b）检查循环、吸尘吸污、打捞等设施设备完好，如有故障及时清除每日不少于1次。

c）检查游泳池安全无隐患每周不少于4次。

4.5.2.18 垃圾回收设施

检查垃圾分类投放点、垃圾收集房、大件垃圾投放点，发现损坏及时组织更换、维修每周不少于4次。

4.5.2.19 服务响应

工程人员上门维修服务不超过30 min到达；突发事件工程人员15 min内到达现场处置。

4.5.2.20 智能化引入

提供智能巡检系统、通信传输智能化、消防自动化系统、楼宇自动控制系统、智能建筑传感器系统。

4.5.3 三星级服务

4.5.3.1 持证要求

同时持有高压、低压电工证人员比例不低于20%，电梯管理（A）/电梯维修（T）持证不少于1人。

4.5.3.2 房屋结构

a）检查房屋的梁、柱、地基基础等主要承重构件，未出现变形、凹凸、剥落、开裂、倾斜、移位和非收缩性裂缝，无钢筋外露等现象每月不少于1次。

b）配合客户对房屋进行安全鉴定，同时采取必要的防护措施，按照鉴定结果配合客户进行修缮。

4.5.3.3 建筑部件

a）检查楼板、楼梯、屋檐等建筑部件每月不少于1次。

b）检查墙壁、门、窗户、阳台、雨罩、空调室外机支撑构件等建筑部件每月不少于1次。

c）检查地面、踏步、台阶等建筑部件每月不少于1次。

d）汛前和强降雨对后屋面防水和雨水落水管等开展专项检查。

4.5.3.4 附属构筑物

a）检查扶手、石材墙面、围墙、围栏、沟渠等每周不少于1次。

b）检查顶棚吊顶、抹灰面层等每周不少于1次。

c）检查休闲椅、凉亭、雕塑、景观小品等每周不少于1次。

d）检查天台女儿墙，对天台进行有效的规范管理等每周不少于1次。

4.5.3.5　外立面

检查外立面每月不少于1次。特殊时期加强巡查频次，发现外墙开裂、脱落及时采取安全防范措施并报告。

4.5.3.6　防雷装置

a）检查建筑物防雷装置（接闪杆、接闪带、接闪线、接闪网和电涌保护器）每半年不少于1次。

b）检查重要机房配电柜及设备等电位连接情况每半年不少于1次。

c）防雷装置检测每年不少于1次，爆炸和火灾危险环境场所防雷装置每半年不少于1次。

4.5.3.7　供配电

a）高、低压配电房巡视检查每日不少于2次（每次间隔不大于12 h）。

b）变压器、高压开关柜维护保养每年不少于1次。

c）低压开关柜维护保养每年不少于1次。

d）补偿电容器维护保养每年不少于1次。

e）柴油发电机房巡视检查每日不少于2次（每次间隔不大于12 h）。

f）柴油发电机维护保养每月不少于1次，试运行每月不少于2次，每次运行10～15 min；带负荷运行每半年不少于1次，每次运行60 min；活化蓄电池每半年不少于1次。

g）直流屏维护保养每季度不少于1次。

h）电缆桥架检查维护每半年不少于1次。

i）楼内照明巡视检查每日不少于2次，一般故障8 h内修复，其它复杂故障24 h内修复。

j）楼外照明巡视检查每日不少于2次，一般故障12 h内修复，其它复杂故障48 h内修复；每月调整1次时间控制器。路灯、楼道灯完好率不低于90%。

k）对计划性限电、停电至少提前2日通知客户。

4.5.3.8 供水系统

a）水泵房巡视检查每日不少于2次（每次间隔不大于12 h）。
b）电动机及水泵日常保养，检查密封填料，加润滑油每月不少于1次。每月手动切换1次备用水泵。
c）开关、按钮转换操作每季度不少于1次。
d）控制线路及水位控制器检查维护每季度不少于1次。
e）控制箱内外清洁除尘每季度不少于1次。
f）控制箱接线螺丝保养紧固每季度不少于1次。
g）控制柜内电器触点检查紧固每季度不少于1次。
h）电动机绝缘阻值检测每半年不少于1次。
i）泵体、管道检查、除锈刷漆每半年不少于1次。
j）生活水池（箱）清洗每半年不少于1次。水质检测符合GB 5749的要求，清洗前书面通告客户。
k）对计划性限水、停水至少提前2日通知客户。

4.5.3.9 排水系统

a）有防汛和浸水预案，演练每年不少于1次。
b）防汛物资台账检查更新每年不少于1次。
c）污水泵，汛期巡视检查每日不少于2次，平时巡视检查每周不少于1次，检查设备运行状态每月不少于1次，每次巡视进行1次手动启动测试。
d）化粪池巡查每月不少于1次，清掏每半年不少于1次，发现异常及时清掏。
e）隔油池巡查每月不少于1次，清掏每月不少于1次，发现异常及时清掏。

4.5.3.10 空调系统

a）空调机房巡视检查每日不少于2次（每次间隔不大于12 h）。
b）空调主机维护保养每年不少于1次。每年供冷前对冷水机组、循环水泵、冷却塔、风机、风机盘管、水处理等设施设备进行系统检查。

c）暖通系统供冷/暖期空调风柜过滤网清洗每季度不少于1次。

d）盘管风机过滤网清洗每季度不少于1次。

e）冷却塔清洗、消毒，空调水质处理每季度不少于1次。

f）膨胀水箱检查维护每季度不少于1次。

g）管道、阀门除锈、检查维护每年不少于1次。

h）分体空调过滤网清洗每季度不少于1次。

4.5.3.11　消防系统

a）火灾报警主机日常检查每日不少于2次（每次间隔不大于12h）；维护保养每月不少于1次。烟（温）感探测器每月按比例测试，全年完成覆盖。

b）自动喷淋系统保养测试每月不少于1次。

c）正压送风机、排烟排风机检查保养每月不少于1次，每次运行不少于2 min。

d）消防泵检查保养，点动测试每月不少于1次。

e）消防广播系统检查测试每月不少于1次。

f）消防电话维护保养每月不少于1次；每月分区域按比例对辖区消防电话进行检查，全年完成覆盖。

4.5.3.12　电梯系统

a）电梯机房巡视检查每日不少于2次（每次间隔不大于12 h）。

b）电梯轿厢巡视检查每周不少于2次，维护保养每月不少于2次。

c）检查电梯底坑每月不少于2次。

d）五方通话设备检查测试每月不少于1次。

e）电梯迫降功能检查测试每月不少于1次。

f）每年至少对电梯安全管理人员进行1次特种设备安全培训。

g）有电梯突发事件应急预案，演练每年不少于1次。发生电梯困人事件时应及时采取措施，工程服务人员应在15 min内到达现场安抚受困乘客，专业维修人员应在30 min内到达现场。未及时恢复正常运行的电梯应贴告示。

4.5.3.13 弱电系统

a）监控室、音控室、汇聚机房等弱电机房巡视检查每周不少于1次。

b）入侵和报警系统维护保养每季度不少于1次。

c）视频监控设备维护保养每季度不少于1次。

d）门禁系统维护保养每季度不少于1次。

e）对讲系统（可视）调试与维护保养每季度不少于1次。

f）信息发布系统检查保养每季度不少于1次。

g）电子巡更调试保养每季度不少于1次。

h）周界防范系统检查保养、主机清洁每季度不少于1次。

i）报警系统有效性测试每季度不少于1次。

4.5.3.14 停车场设施

a）电动自行车、机动车充电设施巡视检查每日不少于2次（每次间隔不大于12 h）。

b）主机、道闸、摄像头、刷卡器、出卡器等设备维护保养每季度不少于1次。

c）挡车杆、反光膜检查保养每季度不少于1次。

d）接触器动、静触头和电缆接头检查紧固每季度不少于1次。

e）箱门、箱盖密封性能检查以及各部件紧固，内外清洁每季度不少于1次。

f）齿轮箱、传动轴检查保养、加油润滑每季度不少于1次。

g）检查清洁摄像头、视频线接头，测试刷卡器、出卡器等功能每季度不少于1次。

4.5.3.15 水景设施

使用期间对喷水池、水泵及其附属设施、安全风险警示标志等进行巡视检查每周不少于3次。

4.5.3.16 文体设施

a）检查文体设施、游乐场所使用安全隐患每周不少于3次。

b） 聘请专业检测机构对文体设施进行安全检测每年不少于1次。

4.5.3.17 游泳池

a） 做好PH、游离性余氯、浑浊度等监测，加消毒药剂每日不少于1次。

b） 检查循环、吸尘吸污、打捞等设施设备完好，如有故障及时清除每日不少于1次。

c） 检查游泳池安全无隐患每周不少于3次。

4.5.3.18 垃圾回收设施

检查垃圾分类投放点、垃圾收集房、大件垃圾投放点，发现损坏及时组织更换、维修，每周不少于3次。

4.5.3.19 服务响应

工程人员上门维修服务不超过30 min到达；突发事件工程人员15 min内到达现场处置。

4.5.3.20 智能化引入

提供智能巡检系统、通信传输智能化、消防自动化系统、楼宇自动控制系统、智能建筑传感器系统。

4.5.4 二星级服务

4.5.4.1 持证要求

电工证持证率100%；电梯管理（A）/电梯维修（T）持证不少于1人。

4.5.4.2 房屋结构

a） 检查房屋的梁、柱、地基基础等主要承重构件，未出现变形、凹凸、剥落、开裂、倾斜、移位和非收缩性裂缝，无钢筋外露等现象每月不少于1次。

b） 配合客户对房屋进行安全鉴定，同时采取必要的防护措施，按照鉴定结果配合客户进行修缮。

4.5.4.3　建筑部件

a） 检查楼板、楼梯、屋檐等建筑部件每月不少于1次。
b） 检查墙壁、门、窗户、阳台、雨罩、空调室外机支撑构件等建筑部件每月不少于1次。
c） 检查地面、踏步、台阶等建筑部件每月不少于1次。
d） 汛前和强降雨对后屋面防水和雨水落水管等开展专项检查。

4.5.4.4　附属构筑物

a） 检查扶手、石材墙面、围墙、围栏、沟渠等每周不少于1次。
b） 检查顶棚吊顶、抹灰面层等每周不少于1次。
c） 检查休闲椅、凉亭、雕塑、景观小品等每周不少于1次。
d） 检查天台女儿墙，对天台进行有效的规范管理等每周不少于1次。

4.5.4.5　外立面

检查外立面每月不少于1次。特殊时期加强巡查频次，发现外墙开裂、脱落及时采取安全防范措施并报告。

4.5.4.6　防雷装置

a） 检查建筑物防雷装置（接闪杆、接闪带、接闪线、接闪网和电涌保护器）每半年不少于1次。
b） 检查重要机房配电柜及设备等电位连接情况每半年不少于1次。
c） 防避雷设施检测每年不少于1次。

4.5.4.7　供配电

a） 高、低压配电房巡视检查每日不少于2次（每次间隔不大于2 h）。
b） 变压器、高压开关柜维护保养每年不少于1次。

c）低压开关柜维护保养每年不少于1次。

d）补偿电容器维护保养每年不少于1次。

e）柴油发电机房巡视检查每日不少于2次（每次间隔不大于12 h）。

f）柴油发电机维护保养每月不少于1次，试运行每月不少于2次，每次运行10～15min；带负荷运行每年不少于1次，每次运行60 min；活化蓄电池每年不少于1次。

g）直流屏维护保养每半年不少于1次。

h）电缆桥架检查维护每年不少于1次。

i）楼内照明巡视检查每日不少于2次，一般故障12 h内修复，其它复杂故障48 h内修复。

j）楼外照明巡视检查每日不少于2次，一般故障24 h内修复，其它复杂故障72 h内修复。每月调整1次时间控制器；路灯、楼道灯完好率不低于85%。

k）对计划性限电、停电至少提前1日通知客户。

4.5.4.8 供水系统

a）水泵房巡视检查每日不少于2次（每次间隔不大于12 h）。

b）电动机及水泵日常保养，检查密封填料，加润滑油每月不少于1次。每月手动切换1次备用水泵。

c）开关、按钮转换操作每季度不少于1次。

d）控制线路及水位控制器检查维护每季度不少于1次。

e）控制箱内外清洁除尘每半年不少于1次。

f）控制箱接线螺丝保养紧固每半年不少于1次。

g）控制柜内电器触点检查紧固每半年不少于1次。

h）电动机绝缘阻值检测每年不少于1次。

i）泵体、管道检查、除锈刷漆每年不少于1次。

j）生活水池（箱）清洗每半年不少于1次。水质检测符合GB 5749 的要求，清洗前书面通告客户。

k）对计划性限水、停水至少提前1日通知客户。

4.5.4.9 排水系统

a） 有防汛和浸水预案，演练每年不少于1次。

b） 防汛物资台账检查更新每年不少于1次。

c） 污水泵，汛期巡视检查每日不少于2次，平时巡视检查每周不少于1次；检查设备运行状态每月不少于1次，每次巡视进行1次手动启动测试。

d） 化粪池巡查每月不少于1次，清掏每半年不少于1次，发现异常及时清掏。

e） 隔油池巡查每月不少于1次，清掏每月不少于1次，发现异常及时清掏。

4.5.4.10 空调系统

a） 空调机房巡视检查每日不少于2次（每次间隔不大于12 h）。

b） 空调主机维护保养每年不少于1次。每年供冷前对冷水机组、循环水泵、冷却塔、风机、风机盘管、水处理等设施设备进行系统检查。

c） 暖通系统供冷/暖期空调风柜过滤网清洗每半年不少于1次。

d） 盘管风机过滤网清洗每半年不少于1次。

e） 冷却塔清洗、消毒，空调水质处理每半年不少于1次。

f） 膨胀水箱检查维护每半年不少于1次。

g） 管道、阀门除锈、检查维护每年不少于1次。

h） 分体空调过滤网清洗每半年不少于1次。

4.5.4.11 消防系统

a） 火灾报警主机日常检查每日不少于2次（每次间隔不大于12h），维护保养每月不少于1次。烟（温）感探测器每月按比例测试，全年完成覆盖。

b） 自动喷淋系统保养测试每月不少于1次。

c） 正压送风机、排烟排风机检查保养每月不少于1次，每次运行不少于2 min。

d） 消防泵检查保养，点动测试每月不少于1次。

e） 消防广播系统检查测试每月不少于1次。

f） 消防电话维护保养每月不少于1次；每月分区域按比例对辖区消防电话进行检查，全年完成覆盖。

4.5.4.12　电梯系统

a）电梯机房巡视检查每日不少于2次（每次间隔不大于12 h）。

b）电梯轿厢巡视检查每周不少于1次，维护保养每月不少于2次。

c）检查电梯底坑每月不少于2次。

d）五方通话设备检查测试每月不少于1次。

e）电梯迫降功能检查测试每月不少于1次。

f）每年至少对电梯安全管理人员进行1次特种设备安全培训。

g）有电梯突发事件应急预案，演练每年不少于1次。发生电梯困人事件时应及时采取措施，工程服务人员应在30 min内到达现场安抚受困乘客，专业维修人员应在45 min内到达现场。未及时恢复正常运行的电梯应贴告示。

4.5.4.13　弱电系统

a）监控室、音控室、汇聚机房等弱电机房巡视检查每周不少于1次。

b）入侵和报警系统维护保养每半年不少于1次。

c）视频监控设备维护保养每半年不少于1次。

d）门禁系统维护保养每半年不少于1次。

e）对讲系统（可视）调试与维护保养每半年不少于1次。

f）信息发布系统检查保养每半年不少于1次。

g）电子巡更调试保养每半年不少于1次。

h）周界防范系统检查保养、主机清洁每半年不少于1次。

i）报警系统有效性测试每半年不少于1次。

4.5.4.14　停车场设施

a）电动自行车、机动车充电设施巡视检查每日不少于2次（每次间隔不大于12 h）。

b）主机、道闸、摄像头、刷卡器、出卡器等设备维护保养每半年不少于1次。

c）挡车杆、反光膜检查保养每半年不少于1次。

d） 接触器动、静触头和电缆接头检查紧固每半年不少于1次。

e） 箱门、箱盖密封性能检查以及各部件紧固，内外清洁每半年不少于1次。

f） 齿轮箱、传动轴检查保养、加油润滑每半年不少于1次。

g） 检查清洁摄像头、视频线接头，测试刷卡器、出卡器等功能每半年不少于1次。

4.5.4.15 水景设施

使用期间对喷水池、水泵及其附属设施、安全风险警示标志等进行巡视检查每周不少于2次。

4.5.4.16 文体设施

a） 检查文体设施、游乐场所使用安全隐患每周不少于2次。

b） 聘请专业检测机构对文体设施进行安全检测每年不少于1次。

4.5.4.17 游泳池

a） 做好PH、游离性余氯、浑浊度等监测，加消毒药剂每日不少于1次。

b） 检查循环、吸尘吸污、打捞等设施设备完好，如有故障及时清除每日不少于1次。

c） 检查游泳池安全无隐患每周不少于2次。

4.5.4.18 垃圾回收设施

检查垃圾分类投放点、垃圾收集房、大件垃圾投放点，发现损坏及时组织更换、维修每周不少于2次。

4.5.4.19 服务响应

工程人员上门维修服务不超过2 h内到达；突发事件工程人员30 min内到达现场处置。

4.5.4.20　智能化引入

提供智能巡检系统、通信传输智能化、消防自动化系统、楼宇自动控制系统、智能建筑传感器系统。

4.5.5　一星级服务

4.5.5.1　持证要求

电工证持证率100%。

4.5.5.2　房屋结构

a）检查房屋的梁、柱、地基基础等主要承重构件，未出现变形、凹凸、剥落、开裂、倾斜、移位和非收缩性裂缝，无钢筋外露等现象每月不少于1次。

b）配合客户对房屋进行安全鉴定，同时采取必要的防护措施，按照鉴定结果配合客户进行修缮。

4.5.5.3　建筑部件

a）检查楼板、楼梯、屋檐等建筑部件每月不少于1次。

b）检查墙壁、门、窗户、阳台、雨罩、空调室外机支撑构件等建筑部件每月不少于1次。

c）检查地面、踏步、台阶等建筑部件每月不少于1次。

d）汛前和强降雨对后屋面防水和雨水落水管等开展专项检查。

4.5.5.4　附属构筑物

a）检查扶手、石材墙面、围墙、围栏、沟渠等每周不少于1次。

b）检查顶棚吊顶、抹灰面层等每周不少于1次。

c）检查休闲椅、凉亭、雕塑、景观小品等每周不少于1次。

d）检查天台女儿墙，对天台进行有效的规范管理等每周不少于1次。

4.5.5.5 外立面

检查外立面每月不少于1次。特殊时期加强巡查频次，发现外墙开裂、脱落及时采取安全防范措施并报告。

4.5.5.6 防雷装置

a）检查建筑物防雷装置（接闪杆、接闪带、接闪线、接闪网和电涌保护器）每半年不少于1次。
b）检查重要机房配电柜及设备等电位连接情况每半年不少于1次。
c）防避雷设施检测每年不少于1次。

4.5.5.7 供配电

a）高、低压配电房巡视检查每日不少于2次（每次间隔不大于12 h）。
b）变压器、高压开关柜维护保养每年不少于1次。
c）低压开关柜维护保养每年不少于1次。
d）补偿电容器维护保养每年不少于1次。
e）柴油发电机房巡视检查每日不少于2次（每次间隔不大于12 h）。
f）柴油发电机维护保养每月不少于1次，试运行每月不少于2次，每次运行10～15 min；带负荷运行每年不少于1次，每次运行60 min；活化蓄电池每年不少于1次。
g）直流屏维护保养每半年不少于1次。
h）电缆桥架检查维护每年不少于1次。
i）楼内照明巡视检查每日不少于2次，一般故障24 h内修复，其它复杂故障72 h内修复。
j）楼外照明巡视检查每日不少于2次，一般故障48 h内修复，其它复杂故障1周内修复。每月调整1次时间控制器；路灯、楼道灯完好率不低于80%。
k）对计划性限电、停电至少提前1日通知客户。

4.5.5.8　供水系统

a）水泵房巡视检查每日不少于2次（每次间隔不低于12 h）。
b）电动机及水泵日常保养，检查密封填料，加润滑油每月不少于1次。每月手动切换1次备用水泵。
c）开关、按钮转换操作每季度不少于1次。
d）控制线路及水位控制器检查维护每季度不少于1次。
e）控制箱内外清洁除尘每年不少于1次。
f）控制箱接线螺丝保养紧固每年不少于1次。
g）控制柜内电器触点检查紧固每年不少于1次。
h）电动机绝缘阻值检测每年不少于1次。
i）泵体、管道检查、除锈刷漆每年不少于1次。
j）生活水池（箱）清洗每半年不少于1次。水质检测符合GB 5749 的要求，清洗前书面通告客户。
k）对计划性限水、停水至少提前1日通知客户。

4.5.5.9　排水系统

a）有防汛和浸水预案，演练每年不少于1次。
b）防汛物资台账检查更新每年不少于1次。
c）污水泵，汛期巡视检查每日不少于2次，平时巡视检查每周不少于1次；检查设备运行状态每月不少于1次，每次巡视进行1次手动启动测试。
d）化粪池巡查每月不少于1次，清掏每半年不少于1次，发现异常及时清掏。
e）隔油池巡查每月不少于1次，清掏每月不少于1次，发现异常及时清掏。

4.5.5.10　空调系统

a）空调机房巡视检查每日不少于2次（每次间隔不大于12 h）。
b）空调主机维护保养每年不少于1次。每年供冷前对冷水机组、循环水泵、冷却塔、风机、风机盘管、水处理等设施设备进行系统检查。
c）暖通系统供冷/暖期空调风柜过滤网清洗每年不少于1次。

d）盘管风机过滤网清洗每年不少于1次。

e）冷却塔清洗、消毒，空调水质处理每半年不少于1次。

f）膨胀水箱检查维护每半年不少于1次。

g）管道、阀门除锈、检查维护每年不少于1次。

h）分体空调过滤网清洗每年不少于1次。

4.5.5.11 消防系统

a）火灾报警主机日常检查每日不少于2次（每次间隔不大于12h），维护保养每月不少于1次。烟（温）感探测器每月按比例测试，全年完成覆盖。

b）自动喷淋系统保养测试每月不少于1次。

c）正压送风机、排烟排风机检查保养每月不少于1次，每次运行不低于2 min。

d）消防泵检查保养，点动测试每月不少于1次。

e）消防广播系统检查测试每月不少于1次。

f）消防电话维护保养每月不少于1次；每月分区域按比例对辖区消防电话进行检查，全年完成覆盖。

4.5.5.12 电梯系统

a）电梯机房巡视检查每日不少于2次（每次间隔不大于12 h）。

b）电梯轿厢巡视检查每周不少于1次，维护保养每月不少于2次。

c）检查电梯底坑每月不少于2次。

d）五方通话设备检查测试每月不少于1次。

e）电梯迫降功能检查测试每月不少于1次。

f）每年至少对电梯安全管理人员进行1次特种设备安全培训。

g）有电梯突发事件应急预案，演练每年不少于1次。发生电梯困人事件时应及时采取措施，工程服务人员应在30 min内到达现场安抚受困乘客，专业维修人员应在45 min内到达现场。未及时恢复正常运行的电梯应贴告示。

4.5.5.13 弱电系统

a）监控室、音控室、汇聚机房等弱电机房巡视检查每周不少于1次。

b）入侵和报警系统维护保养每半年不少于1次。

c）视频监控设备维护保养每半年不少于1次。

d）门禁系统维护保养每半年不少于1次。

e）对讲系统（可视）调试与维护保养每半年不少于1次。

f）信息发布系统检查保养每半年不少于1次。

g）电子巡更调试保养每半年不少于1次。

h）周界防范系统检查保养、主机清洁每半年不少于1次。

i）报警系统有效性测试每半年不少于1次。

4.5.5.14 停车场设施

a）电动自行车、机动车充电设施巡视检查每日不少于2次（每次间隔不大于12 h）。

b）主机、道闸、摄像头、刷卡器、出卡器等设备维护保养每半年不少于1次。

c）挡车杆、反光膜检查保养每半年不少于1次。

d）接触器动、静触头和电缆接头检查紧固每半年不少于1次。

e）箱门、箱盖密封性能检查以及各部件紧固，内外清洁每半年不少于1次。

f）齿轮箱、传动轴检查保养、加油润滑每半年不少于1次。

g）检查清洁摄像头、视频线接头，测试刷卡器、出卡器等功能每半年不少于1次。

4.5.5.15 水景设施

使用期间对喷水池、水泵及其附属设施、安全风险警示标志等进行巡视检查每周不少于1次。

4.5.5.16 文体设施

a）检查文体设施、游乐场所使用安全隐患每周不少于1次。

b） 聘请专业检测机构对文体设施进行安全检测每年不少于1次。

4.5.5.17 游泳池

a） 做好PH、游离性余氯、浑浊度等监测，加消毒药剂每日不少于1次。

b） 检查循环、吸尘吸污、打捞等设施设备完好，如有故障及时清除每日不少于1次。

c） 检查游泳池安全无隐患每周不少于1次。

4.5.5.18 垃圾回收设施

检查垃圾分类投放点、垃圾收集房、大件垃圾投放点，发现损坏，及时组织更换、维修每周不少于1次。

4.5.5.19 服务响应

工程人员上门维修服务不超过4 h内到达。

4.5.5.20 智能化引入

提供智能巡检系统、通信传输智能化、消防自动化系统、楼宇自动控制系统、智能建筑传感器系统。

4.6 安保服务

4.6.1 五星级服务

4.6.1.1 人员要求

平均年龄不大于40周岁，且平均身高不低于178 cm；在岗退伍军人、军警院校人数不少于总人数30%；具备无人机巡检系统辅助操作能力。

4.6.1.2 持证要求

保安员证持证率100%。

4.6.1.3 装备配置

a）应急装备：配置全自动液压升降柱、电动门、防盗门、便携式破胎器、人脸识别闸机、防盗栅栏、水马、拒马围挡等。

b）配置防暴器材：防暴头盔、防刺服、防护服、防割手套、防暴盾牌、防暴、金属探测仪、小口径锁脚钢叉、大口径钢叉、T型棍、哨子、伸缩警棍、防毒面具、防爆毯、防暴阻车钉及强光手电筒、巡逻车等。

4.6.1.4 智能化引入

a）关键岗位保安人员全程佩戴巡逻记录仪100%；智能化巡更系统覆盖率100%。

b）提供智能巡逻机器人、无人对讲系统、门禁系统、监控系统、停车场管理系统、人脸识别系统、防盗系统、报警系统、应急广播系统。

4.6.1.5　门岗服务

门岗保安员在主出入口实行全天24 h值守每班不少于4人，其余出口实行24 h值守每班不少于2人，停车场出入口每班不少于1人。

4.6.1.6　巡逻服务

利用信息系统巡检或固定签到巡逻每日不少于12次，间隔时间每次不大于2 h；工作应有签字记录并存档备查。

4.6.1.7　装修管理

装修区域巡查每日不少于12次，间隔每次不大于2 h，做好记录和拍照留存。

4.6.1.8　礼宾服务

形象礼宾员统一穿着礼宾服，站岗执勤每日不少于2人（12 h）。

4.6.1.9　消防安全

a）消防器材定期全面检查，确保完好有效，巡查每月不少于1次。
b）组织员工开展消防安全培训每年不少于4次。
c）组织客户开展消防安全宣传教育每年不少于4次。
d）组织有客户、员工参与的消防演练每年不少于2次。

4.6.1.10　应急演练

组织开展反恐防暴、防社工、群体事件、防风防汛和电动车自燃等应急演练每年每项不少于2次。

4.6.1.11　服务响应

突发事件保安人员3 min内到达现场处置；项目组建不少于15人的应急队伍（机动队）。

4.6.1.12　特约服务

提供智能巡逻服务、搬运服务、泊车服务、露天汽车遮阳服务、无人机辅助服务。

4.6.2　四星级服务

4.6.2.1　人员要求

平均年龄不大于42周岁，且平均身高不低于175 cm；在岗退伍军人、军警院校人数不少于总人数15%；具备无人机巡检系统辅助操作能力。

4.6.2.2　持证要求

保安员证持证率100%。

4.6.2.3　装备配置

a）应急装备：配置全自动液压升降柱、电动门、防盗门、便携式破胎器、人脸识别闸机、防盗栅栏、水马、拒马围挡等。

b）配置防暴器材：防暴头盔、防刺服、防护服、防割手套、防暴盾牌、防暴、金属探测仪、小口径锁脚钢叉、大口径钢叉、T型棍、哨子、伸缩警棍、防毒面具、防爆毯、防暴阻车钉及强光手电筒、巡逻车等。

4.6.2.4　智能化引入

a）关键岗位保安人员全程佩戴巡逻记录仪100%；智能化巡更系统覆盖率100%。

b）提供智能巡逻机器人、无人对讲系统、门禁系统、监控系统、停车场管理系统、人脸识别系统、防盗系统、报警系统、应急广播系统。

4.6.2.5　门岗服务

门岗保安员在主出入口实行全天24 h值守每班不少于4人，其余出口实行24 h值守每班不少于2人，停车场出入口每班不少于1人。

4.6.2.6　巡逻服务

利用信息化系统巡检或固定签到巡逻每日不少于12次，间隔每次不大于2 h；工作应有签字记录并存档备查。

4.6.2.7　装修管理

装修区域巡查每日不少于12次，间隔每次不大于2 h，做好记录和拍照留存。

4.6.2.8　礼宾服务

形象礼宾员统一穿着礼宾服，工作日（12 h）站岗执勤不少于2人。

4.6.2.9　消防安全

a）消防器材定期全面检查，确保完好有效，巡查每月不少于1次。

b）组织员工开展消防安全培训每年不少于2次。

c）组织客户开展消防安全宣传教育每年不少于2次。

d）组织有客户、员工参与的消防演练每年不少于2次。

4.6.2.10　应急演练

组织开展反恐防暴、防社工、群体事件、防风防汛和电动车自燃等应急演练每年每项不少于1次。

4.6.2.11　服务响应

突发事件保安人员10 min内到达现场处置；项目组建不少于12人的应急队伍（机动队）。

4.6.2.12 特约服务

提供智能巡逻服务、搬运服务、泊车服务、露天汽车遮阳服务。

4.6.3 三星级服务

4.6.3.1 人员要求

平均年龄不大于45周岁，且平均身高不低于172 cm；在岗退伍军人、军警院校人数不少于总人数10%；具备无人机巡检系统辅助操作能力。

4.6.3.2 持证要求

保安员证持证率100%。

4.6.3.3 装备配置

a）应急装备：配置全自动液压升降柱、电动门、防盗门、便携式破胎器、人脸识别闸机、防盗栅栏、水马、拒马围挡等。

b）配置防暴器材：防暴头盔、防刺服、防护服、防割手套、防暴盾牌、防暴、金属探测仪、小口径锁脚钢叉、大口径钢叉、T型棍、哨子、伸缩警棍、防毒面具、防爆毯、防暴阻车钉及强光手电筒、巡逻车等。

4.6.3.4 智能化引入

a）关键岗位保安人员全程佩戴巡逻记录仪100%；智能化巡更系统覆盖率100%。

b）提供智能巡逻机器人、无人对讲系统、门禁系统、监控系统、停车场管理系统、人脸识别系统、防盗系统、报警系统、应急广播系统。

4.6.3.5 门岗服务

门岗保安员在主出入口实行全天24 h值守每班不少于2人，其余出口实行24 h

值守每班不少于1人，停车场出入口每班不少于1人。

4.6.3.6 巡逻服务

利用信息化系统巡检或固定签到巡逻每日不少于12次，间隔每次不大于2 h；工作应有签字记录并存档备查。

4.6.3.7 装修管理

装修区域巡查每日不少于12次，间隔每次不大于2 h，做好记录和拍照留存。

4.6.3.8 礼宾服务

形象礼宾员统一穿着礼宾服，工作日早、晚高峰期间站岗执勤不少于1人。

4.6.3.9 消防安全

a）消防器材定期全面检查，确保完好有效，巡查每月不少于1次。
b）组织员工开展消防安全培训每年不少于2次。
c）组织客户开展消防安全宣传教育每年不少于2次。
d）组织有客户、员工参与的消防演练每年不少于1次。

4.6.3.10 应急演练

组织开展反恐防暴、防社工、群体事件、防风防汛和电动车自燃等应急演练每年每项不少于1次。

4.6.3.11 服务响应

突发事件保安人员10 min内到达现场处置；项目组建不少于12人的应急队伍（机动队）。

4.6.3.12 特约服务

提供搬运服务。

4.6.4 二星级服务

4.6.4.1 人员要求

优先提供退伍军人、军警院校人员。

4.6.4.2 持证要求

保安员证持证率100%。

4.6.4.3 装备配置

a）应急装备：配置全自动液压升降柱、电动门、防盗门、便携式破胎器、人脸识别闸机、防盗栅栏、水马、拒马围挡等。

b）配置防暴器材：防暴头盔、防刺服、防护服、防割手套、防暴盾牌、防暴、金属探测仪、小口径锁脚钢叉、大口径钢叉、T型棍、哨子、伸缩警棍、防毒面具、防爆毯、防暴阻车钉及强光手电筒、巡逻车等。

4.6.4.4 智能化引入

a）关键岗位保安人员全程佩戴巡逻记录仪100%；智能化巡更系统覆盖率100%。

b）提供智能巡逻机器人、无人对讲系统、门禁系统、监控系统、停车场管理系统、人脸识别系统、防盗系统、报警系统、应急广播系统。

4.6.4.5 门岗服务

门岗保安员在主出入口实行全天24 h值守每班不少于1人，其余出口实行24 h值守每班不少于1人。

4.6.4.6 巡逻服务

利用信息化系统巡检或固定签到巡逻每日不少于8次，间隔每次不大于3 h；工作应有签字记录并存档备查。

4.6.4.7 装修管理

装修区域巡查每日不少于8次，间隔每次不大于3 h，做好记录和拍照留存。

4.6.4.8 消防安全

a）消防器材定期全面检查，确保完好有效，巡查每月不少于1次。

b）组织员工开展消防安全培训每年不少于1次。

c）组织客户开展消防安全宣传教育每年不少于1次。

d）组织有客户、员工参与的消防演练每年不少于1次。

4.6.4.9 应急演练

组织开展反恐防暴、防社工、群体事件、防风防汛和电动车自燃等应急演练每年每项不少于1次。

4.6.4.10 服务响应

突发事件保安人员10 min内到达现场处置；项目组建不少于10人的应急队伍（机动队）。

4.6.4.11 特约服务

提供搬运服务。

4.6.5 一星级服务

4.6.5.1 人员要求

优先提供退伍军人、军警院校人员。

4.6.5.2 持证要求

保安员证持证率100%。

4.6.5.3　装备配置

a）应急装备：配置全自动液压升降柱、电动门、防盗门、便携式破胎器、人脸识别闸机、防盗栅栏、水马、拒马围挡等。

b）配置防暴器材：防暴头盔、防刺服、防护服、防割手套、防暴盾牌、防暴、金属探测仪、小口径锁脚钢叉、大口径钢叉、T形棍、哨子、伸缩警棍、防毒面具、防爆毯、防暴阻车钉及强光手电筒，巡逻车等。

4.6.5.4　智能化引入

a）关键岗位保安人员全程佩戴巡逻记录仪100%；智能化巡更系统覆盖率100%。

b）提供智能巡逻机器人、无人对讲系统、门禁系统、监控系统、停车场管理系统、人脸识别系统、防盗系统、报警系统、应急广播系统。

4.6.5.5　门岗服务

门岗保安员在主出入口实行全天24 h值守每班不少于1人，其余出入口实行24 h值守每班不少于1人。

4.6.5.6　巡逻服务

利用信息化系统巡检或固定签到巡逻每日不少于6次，间隔每次不大于4 h；工作应有签字记录并存档备查。

4.6.5.7　装修管理

装修区域巡查每日不少于6次，间隔每次不大于4 h，做好记录和拍照留存。

4.6.5.8　消防安全

a）消防器材定期全面检查，确保完好有效，巡查每月不少于1次。

b）组织员工开展消防安全培训每年不少于1次。

c）组织客户开展消防安全宣传教育每年不少于1次。

d）组织有客户、员工参与的消防演练每年不少于1次。

4.6.5.9　应急演练

组织开展反恐防暴、防社工、群体事件、防风防汛和电动车自燃等应急演练每年每项不少于1次。

4.6.5.10　服务响应

突发事件保安人员10 min内到达现场处置；项目组建不少于6人的应急队伍（机动队）。

4.7　餐饮服务

4.7.1　五星级服务

4.7.1.1　厨师团队

获得市级以上政府/行业部门荣誉或奖励的数量不少于2项。

4.7.1.2　持证要求

获评省级及以上烹饪/名厨大师不少于1人；专（兼）职食品安全管理员不少于1人；健康管理师/公共营养师不少于1人。

4.7.1.3　原材料管控

a）蔬果类在绿色种植基地直采有机食品占比10%，绿色食品占比20%，无公害食品占比70%（适用自采食材）。

b）预包装食品保质期不低于总保质期的2/3（不含鲜奶等保质期极短产品）。

c）验收畜禽肉类索取动物产品检疫合格证明、猪肉类索取品质检验合格证明、蔬果类索取农残检测合格证明，且索证索票率100%。

4.7.1.4　食品添加剂管理

食品添加剂安全使用合格率100%。

4.7.1.5　贮存管理

预包装食品保质期检查每月不少于1次，符合率100%。

4.7.1.6 卫生要求

a）灭蚊灯、风帘机（防虫门帘）使用率100%。

b）四害消杀每周1次。

c）餐具食源性致病菌检测合格率100%，食品送检合格率100%，送检每年不少于1次。

d）净化后水质检测合格率100%，送检每年不少于1次。

4.7.1.7 成本控制

a）市场价格调查分析每月不少于1次（适用自采食材）。

b）成本菜式（边角余料）推广每月不少于2次，成本菜式创新每年不少于4次。

c）现场对餐余垃圾实行全程视频监控，监控抽查每周不少于1次。

4.7.1.8 服务效率

a）开餐准时率100%。

b）盛放菜肴的容器少于1/3时，1 min内补充到位。

4.7.1.9 延伸服务

a）菜式创新品种每月不少于2款；举办不同主题美食节活动每年不少于5次。

b）创新或增加服务方式的数量和质量每月不少于6个。

c）提供生鲜、熟食内供品种每周不少于6款。

d）对特殊客户提供“点餐式”服务。

e）提供安装负离子净水机（食堂、茶水间等区域）。

4.7.1.10 食谱更新

a）食堂供应菜品不超过12款，食谱更新每周1次，菜品更新率100%（不含客户指定菜式、鱼类、青菜、主食、饮品）。

b）食堂供应菜品多于12款，食谱更新每周1次，菜品更新率60%（不含客户指定菜式、鱼类、青菜、主食、饮品）。

4.7.1.11 员工技能

a）年度食品安全培训不少于2次。
b）员工年度业务知识考试合格率不低于100%。
c）厨师关键岗位持证率不低于50%，且从业经历不少于5年。

4.7.1.12 应急供餐服务

在1 h内提供100份工作餐（三菜一汤）。

4.7.1.13 突发事件处理

突发事件和临时性保障任务响应及时率100%。

4.7.1.14 智能化引入

提供智能传菜机器人。

4.7.2 四星级服务

4.7.2.1 厨师团队

获得市级政府/行业部门以上荣誉或奖励的数量不少于1项。

4.7.2.2 持证要求

获评地市级及以上烹饪/名厨大师不少于1人；专（兼）职食品安全管理员不少于1人；健康管理师/公共营养师不少于1人。

4.7.2.3 原材料管控

a）蔬果类在绿色种植基地直采有机食品占比5%，绿色食品占比10%，无公害食品占比85%（适用自采食材）。
b）预包装食品保质期不低于总保质期的2/3（不含鲜奶等保质期极短产品）。

c）验收畜禽肉类索取动物产品检疫合格证明、猪肉类索取品质检验合格证明、蔬果类索取农残检测合格证明，且索证索票率100%。

4.7.2.4 食品添加剂管理

食品添加剂安全使用合格率100%。

4.7.2.5 贮存管理

预包装食品保质期检查每月不少于1次，符合率100%。

4.7.2.6 卫生要求

a）灭蚊灯、风帘机（防虫门帘）使用率100%。

b）四害消杀每月不少于1次。

c）餐具食源性致病菌检测合格率100%，食品送检合格率100%，送检每年不少于1次。

d）净化后水质检测合格率100%，送检每年不少于1次。

4.7.2.7 成本控制

a）市场价格调查分析每两月不少于1次（适用自采食材）。

b）成本菜式（边角余料）推广每月不少于1次，成本菜式创新每年不少于3次。

c）现场对餐余垃圾实行全程视频监控，监控抽查次数每月不少于2次。

4.7.2.8 服务效率

a）开餐准时率100%。

b）盛放菜肴的容器少于1/3时，2 min内补充到位。

4.7.2.9 延伸服务

a）菜式创新品种每月不少于1款；举办不同主题美食节活动每年不少于4次。

b）创新或增加服务方式的数量和质量每月不少于5个。

c）提供生鲜、熟食内供品种每周不少于4款。

d）对特殊客户提供“预订点餐式”服务，宜提前2日预订。

e）提供安装负离子净水机（食堂、茶水间等区域）。

4.7.2.10　食谱更新

a）食堂供应菜品不超过12款，食谱更新每周1次，菜品更新率80%（不含客户指定菜式、鱼类、青菜、主食、饮品）。

b）食堂供应菜品多于12款，食谱更新每周1次，菜品更新率40%（不含客户指定菜式、鱼类、青菜、主食、饮品）。

4.7.2.11　员工技能

a）年度食品安全培训不少于2次。

b）员工年度业务知识考试合格率不低于100%。

c）厨师关键岗位持证率不低于30%，且从业经历不少于4年。

4.7.2.12　应急供餐服务

在1 h内提供50份工作餐（三菜一汤）。

4.7.2.13　突发事件处理

突发事件和临时性保障任务响应及时率100%。

4.7.2.14　智能化引入

提供智能传菜机器人。

4.7.3　三星级服务

4.7.3.1　厨师团队

获得区（县）级政府/行业部门荣誉或奖励的数量不少于1项。

4.7.3.2 持证要求

获评地市级及以上烹饪/名厨大师不少于1人；专（兼）职食品安全管理员不少于1人；健康管理师/公共营养师不少于1人。

4.7.3.3 原材料管控

a）预包装食品保质期不低于总保质期的2/3（不含鲜奶等保质期极短产品）。

b）验收畜禽肉类索取动物产品检疫合格证明、猪肉类索取品质检验合格证明、蔬果类索取农残检测合格证明，且索证索票率100%。

4.7.3.4 食品添加剂管理

食品添加剂安全使用合格率100%。

4.7.3.5 贮存管理

预包装食品保质期检查每月不少于1次，符合率100%。

4.7.3.6 卫生要求

a）灭蚊灯、风帘机（防虫门帘）使用率100%。

b）四害消杀每月1次。

c）餐具食源性致病菌检测合格率100%，食品送检合格率100%，送检每两年不少于1次。

d）净化后水质检测合格率100%，送检每年不少于1次。

4.7.3.7 成本控制

a）市场价格调查分析每季度不少于1次（适用自采食材）。

b）成本菜式（边角余料）推广每季度不少于2次，成本菜式创新每年不少于2次。

c）现场对餐余垃圾实行全程视频监控，监控抽查次数每季度不少于2次。

4.7.3.8　服务效率

a）开餐准时率100%。

b）盛放菜肴的容器少于1/3时，4 min内补充到位。

4.7.3.9　延伸服务

a）菜式创新品种每季度不少于2款；举办不同主题美食节活动每年不少于3次。

b）创新或增加服务方式的数量和质量每月不少于4个。

c）提供生鲜、熟食内供品种每周不少于3款。

d）提供安装负离子净水机（食堂、茶水间等区域）。

4.7.3.10　食谱更新

a）食堂供应菜品不超过12款，食谱更新每周1次，菜品更新率80%（不含客户指定菜式、鱼类、青菜、主食、饮品）。

b）食堂供应菜品多于12款，食谱更新每周1次，菜品更新率40%（不含客户指定菜式、鱼类、青菜、主食、饮品）。

4.7.3.11　员工技能

a）年度食品安全培训不少于1次。

b）员工年度业务知识考试合格率不低于95%。

c）厨师关键岗位持证率不低于20%，且从业经历不少于3年。

4.7.3.12　应急供餐服务

在1 h内提供50份工作餐（三菜一汤）。

4.7.3.13　突发事件处理

突发事件和临时性保障任务响应及时率100%。

4.7.3.14　智能化引入

提供智能传菜机器人。

4.7.4 二星级服务

4.7.4.1 厨师团队

获得乡镇级政府/行业部门荣誉或奖励的数量不少于1项。

4.7.4.2 持证要求

专（兼）职食品安全管理员不少于1人。

4.7.4.3 原材料管控

a）预包装食品保质期不低于总保质期的1/2（不含鲜奶等保质期极短产品）。

b）验收畜禽肉类索取动物产品检疫合格证明、猪肉类索取品质检验合格证明、蔬果类索取农残检测合格证明，且索证索票率100%。

4.7.4.4 食品添加剂管理

食品添加剂安全使用合格率100%。

4.7.4.5 贮存管理

预包装食品保质期检查每月不少于1次，符合率100%。

4.7.4.6 卫生要求

a）灭蚊灯、风帘机（防虫门帘）使用率100%。

b）四害消杀每月1次。

4.7.4.7 成本控制

a）市场价格调查分析每季度不少于1次（适用自采食材）。

b）成本菜式（边角余料）推广每季度不少于1次，成本菜式创新每年不少于1次。

c）现场对餐余垃圾实行全程视频监控，监控抽查次数每季度不少于1次。

4.7.4.8 服务效率

a ） 开餐准时率100%。

b ） 盛放菜肴的容器少于1/3时，5 min内补充到位。

4.7.4.9 延伸服务

a ） 菜式创新品种每季度不少于1款；举办不同主题美食节活动每年不少于2次。

b ） 创新或增加服务方式的数量和质量每月不少于3次。

c ） 提供生鲜、熟食内供品种每周不少于2款。

4.7.4.10 食谱更新

食谱更新每周1次，菜品更新率60%（不含客户指定菜式、鱼类、青菜、主食、饮品）。

4.7.4.11 员工技能

a ） 年度食品安全培训不少于1次。

b ） 员工年度业务知识考试合格率不低于90%。

c ） 厨师关键岗位持证率不低于10%，且从业经历不少于2年。

4.7.4.12 应急供餐服务

在1 h内提供20份工作餐（三菜一汤）。

4.7.4.13 突发事件处理

突发事件和临时性保障任务响应及时率100%。

4.7.4.14 智能化引入

提供智能传菜机器人。

4.7.5 一星级服务

4.7.5.1 持证要求

专（兼）职食品安全管理员不少于1人。

4.7.5.2 原材料管控

a） 预包装食品保质期不低于总保质期的1/2（不含鲜奶等保质期极短产品）。

b） 验收畜禽肉类索取动物产品检疫合格证明、猪肉类索取品质检验合格证明、蔬果类索取农残检测合格证明，且索证索票率100%。

4.7.5.3 食品添加剂管理

食品添加剂安全使用合格率100%。

4.7.5.4 贮存管理

预包装食品保质期检查每月不少于1次，符合率100%。

4.7.5.5 卫生要求

a） 灭蚊灯、风帘机（防虫门帘）使用率100%。

b） 四害消杀每月1次。

4.7.5.6 成本控制

合理控制成本，减少食材浪费。

4.7.5.7 服务效率

a） 开餐准时率100%。

b） 盛放菜肴的容器少于1/3时，7 min内补充到位。

4.7.5.8　延伸服务

a）菜式创新品种每半年不少于1款；举办不同主题美食节活动每年不少于1次。

b）创新或增加服务方式的数量和质量每月不少于1个。

c）提供生鲜、熟食内供品种每周不少于1款。

4.7.5.9　食谱更新

食谱更新每周1次，菜品更新率60%（不含客户指定菜式、鱼类、青菜、主食、饮品）。

4.7.5.10　员工技能

a）年度食品安全培训不少于1次。

b）员工年度业务知识考试合格率不低于85%。

c）厨师关键岗位从业经历不少于1年。

4.7.5.11　应急供餐服务

在1 h内提供20份工作餐（三菜一汤）。

4.7.5.12　突发事件处理

突发事件和临时性保障任务响应及时率100%。

4.7.5.13　智能化引入

提供智能传菜机器人。

4.8 公寓服务

4.8.1 五星级服务

4.8.1.1 礼宾服务

a） 现场配备不少于2名礼宾员，礼宾员着西式礼服、佩戴白手套；形象气质佳，中、英双语流利。

b） 提供开关车门、护顶服务（特殊群体除外），扶助老弱病残服务。

c） 下雨天提供撑伞服务。

d） 全程提供代客办理入住服务。

e） 提供欢迎热/冷毛巾、欢迎点心和饮料（女士可增加一束鲜花，小孩子可增加一份小玩具）。

f） 全程提供行李护送、寄存服务。

g） 全程提供尊享管家服务。

h） 提供代客泊车、洗车服务。

4.8.1.2 前台服务

a） 提供电话服务、短信服务、留言服务、行李服务、引领服务、打印服务、失物招领服务。

b） 提供个性管家服务不少于8项（接送机/站服务、订票服务、代购服务、周边游玩景点安排服务、叫车服务、叫醒服务、紧急救援服务、便民医药箱、送餐服务、儿童托管服务等）。

c） 前台服务人员至少能提供2种外语（英语为必备语种）服务。

4.8.1.3 客房服务

a）提供房间清扫服务每日3次（10：00～11：00，15：00～16：00，19：00～21：00开夜床服务）。

b）提供送洗、熨烫、缝纫、鞋子护理服务。

c）提供抽湿机、空气净化机、香薰炉或香薰机、防噪耳塞、蒸汽眼罩等。

d）提供定制浴袍、浴巾和拖鞋。

e）提供洗漱护理旅行套装（洗发水、沐浴露、牙膏、护肤品、助眠精油等）。

f）房间内提供迷你装香水1瓶。

g）房间每日提供1枝精美鲜花。

h）提供个性化床垫服务不少于8款（现代棕床垫、水床垫、充气床垫、乳胶床垫、凝胶床垫、弹簧床垫、棕榈床垫、磁床垫）。

i）提供功能枕头服务不少于5款（羽绒枕、荞麦枕、乳胶枕、凝胶枕、保健枕）。

j）提供茶水服务，生/熟普洱茶、西湖龙井、凤凰单丛、碧螺春、铁观音、正山小种、茉莉花茶、现磨咖啡、柠檬水等，品种不少于8款。

k）提供小酒吧服务：提供迷你装软饮料不少于8种，烈酒不少于5种。

l）客房提供工夫茶具、电陶壶、保温杯、红/白/洋酒杯，调酒杯、调酒棒、冰桶和冰夹。

m）提供特色饮品：文创水、晚安牛奶、晚安养生糖水、特色精美果盘（水果品种不少于6款）等。

n）提供精美特色点心（点心品种不少于6款）等。

o）深夜入住提供免费宵夜。

p）入住客人生日当天，赠送生日蛋糕1份。

q）退房皆赠送公寓纪念品。

r）重点客户提供专用绿色通道。

4.8.1.4 主题客房布置

a）提供特色主题房间布置服务（亲子房、生日房、纪念日房、商务会务房等），覆盖率90%。

b）提供手写暖心卡片（生日贺卡、纪念日贺卡、节日贺卡）并附上应节小礼物。

c）布置房间氛围感（使用气球、儿童玩具、花瓣、蛋糕、红酒、折叠花式毛巾、浴巾等）。

d）提供应景氛围背景音乐。

4.8.1.5 服务响应

a）对客服务房间物品补充、客户借用客房用品应3 min内响应。

b）客户临时要求打扫卫生应在10 min内完成。

4.8.1.6 智能化引入

a）提供客房智能管理系统、前台自助办理入住系统、智能访客管理系统不少于1套。

b）提供智能配送机器人/清洁机器人不少于1项。

c）提供全屋智能家居系统：智能语音管家（进门自动播放欢迎语、语音空调开关、语音电视开关、语音灯控）、智能门锁、智能猫眼、智能感应夜灯、智能人体感应器、智能空气净化系统、智能音乐系统、智能闹钟、智能窗帘、智能点播系统、智能声控花洒、智能马桶、智能防火报警系统等。

4.8.2 四星级服务

4.8.2.1 礼宾服务

a）现场配备2名礼宾员，礼宾员着西式礼服、佩戴白手套；形象气质佳，普通话流利。

b）提供开关车门、护顶服务（特殊人群除外），扶助老弱病残服务。

c）下雨天提供撑伞服务。

d）全程提供代客办理入住服务。

e）提供欢迎热毛巾、欢迎点心和饮料（女士可增加一束鲜花）。

f）全程提供行李护送、寄存服务。

g）提供代客泊车、洗车服务。

4.8.2.2 前台服务

a）提供电话服务、短信服务、留言服务、行李服务、引领服务、打印服务、失物招领服务。

b）提供个性管家服务不少于5项（接送机/站服务、订票服务、代购服务、叫车服务、叫醒服务、紧急救援服务、便民医药箱、送餐服务、儿童托管服务等）。

4.8.2.3 客房服务

a）提供房间清扫服务每日2次（10：00～11：00，19：00～21：00开夜床服务）。

b）提供送洗、熨烫、缝纫、鞋子护理服务。

c）提供抽湿机、空气净化机、防噪耳塞、蒸汽眼罩等。

d）提供洗漱护理旅行套装（洗发水、沐浴露、牙膏、护肤品、助眠精油等）。

e）房间内提供迷你装香水1瓶。

f）提供个性化床垫服务不少于5款（现代棕床垫、充气床垫、乳胶床垫、弹簧床垫、棕榈床垫）。

g）提供功能枕头服务不少于3款（羽绒枕、荞麦枕、乳胶枕）。

h）提供茶水服务，生/熟普洱茶、西湖龙井、凤凰单丛、碧螺春、铁观音、正山小种、茉莉花茶、现磨咖啡、柠檬水等，品种不少于6款。

i）提供特色饮品：品牌饮用水、晚安牛奶、特色精美果盘（水果品种不少于4款）等。

j）入住客人生日当天，赠送生日蛋糕1份。

k）重点客户提供专用绿色通道。

4.8.2.4 主题客房布置

a）提供特色主题房间布置服务（亲子房、生日房、纪念日房、商务会务房等），覆盖率60%。

b）提供手写暖心卡片（生日贺卡、纪念日贺卡、节日贺卡）并附上应节小礼物。

c）布置房间氛围感（使用气球、儿童玩具、花瓣、蛋糕、红酒、折叠花式毛巾、浴巾等）。

d）提供应景氛围背景音乐。

4.8.2.5 服务响应

a）对客服务房间物品补充、客户借用客房用品应5 min内响应。

b）客户临时要求打扫卫生应在15 min内完成。

4.8.2.6 智能化引入

a）提供客房智能管理系统、前台自助办理入住系统、智能访客管理系统不少于1套。

b）提供智能配送机器人/清洁机器人不少于1项。

c）提供全屋智能家居系统：智能语音管家（进门自动播放欢迎语、语音空调开关、语音电视开关、语音灯控）、智能门锁、智能猫眼、智能感应夜灯、智能人体感应器、智能空气净化系统、智能音乐系统、智能闹钟、智能窗帘、智能点播系统、智能声控花洒、智能马桶、智能防火报警系统等。

4.8.3 三星级服务

4.8.3.1 礼宾服务

a）现场配备1名礼宾员，礼宾员着西式礼服、佩戴白手套；形象气质佳，普通话流利。

b）提供开关车门、护顶服务（特殊人群除外），扶助老弱病残服务。

c）下雨天提供撑伞服务。

d）全程提供代客办理入住服务。

e）全程提供行李护送、寄存服务。

f）提供代客泊车服务。

4.8.3.2　前台服务

a）提供电话服务、短信服务、留言服务、电梯服务、失物招领服务。

b）提供个性管家服务不少于3项（接送机/站服务、订票服务、代购服务、叫车服务、叫醒服务、紧急救援服务、便民医药箱、送餐服务、儿童托管服务等）。

4.8.3.3　客房服务

a）提供房间清扫服务每日1次。

b）提供送洗服务。

c）提供抽湿机。

d）提供防噪耳塞、蒸汽眼罩。

e）提供洗漱护理旅行套装（洗发水、沐浴露、牙膏、护肤品等）。

f）提供个性化床垫服务不少于2款（现代棕床垫、弹簧床垫、棕榈床垫）。

g）提供功能枕头服务不少于2款（羽绒枕、荞麦枕等）。

h）提供茶水服务，生/熟普洱茶、西湖龙井、凤凰单丛、碧螺春、铁观音、正山小种、茉莉花茶、现磨咖啡、柠檬水等，品种不少于4款。

i）提供特色饮品：常规瓶装饮用水、晚安牛奶、特色精美果盘（水果品种不少于3款）等。

4.8.3.4　主题客房布置

a）提供特色主题房间布置服务（亲子房、生日房、纪念日房等），覆盖率30%。

b）提供手写暖心卡片（生日贺卡、纪念日贺卡、节日贺卡）并附上应节小礼物。

c）布置房间氛围感（使用气球、儿童玩具、花瓣、蛋糕、折叠花式毛巾、浴巾等）。

4.8.3.5　服务响应

a）对客服务房间物品补充、客户借用客房用品应10 min内响应。

b）客户临时要求打扫卫生应在20 min内完成。

4.8.3.6　智能化引入

a）提供客房智能管理系统、前台自助办理入住系统、智能访客管理系统不少于1套。

b）提供智能配送机器人/清洁机器人不少于1项。

c）提供全屋智能家居系统：智能语音管家（进门自动播放欢迎语、语音空调开关、语音电视开关、语音灯控）、智能门锁、智能猫眼、智能感应夜灯、智能人体感应器、智能空气净化系统、智能音乐系统、智能闹钟、智能窗帘、智能点播系统、智能声控花洒、智能马桶、智能防火报警系统等。

4.8.4　二星级服务

4.8.4.1　前台服务

提供电话服务、短信服务、失物招领服务等。

4.8.4.2　客房服务

a）提供房间清扫服务每日1次。

b）提供洗漱护理旅行套装（洗发水、沐浴露、牙膏等）。

c）提供2种个性化床垫服务（弹簧床垫、棕榈床垫）。

d）提供2种功能枕头服务（羽绒枕、荞麦枕）。

e）提供常规瓶装饮用水。

4.8.4.3　服务响应

a）对客服务房间物品补充、客户借用客房用品应15 min内响应。

b）客户临时要求打扫卫生应在25 min内完成。

4.8.4.4　智能化引入

a）提供客房智能管理系统、前台自助办理入住系统、智能访客管理系统不少于1套。

b）提供智能配送机器人/清洁机器人不少于1项。

c）提供全屋智能家居系统：智能语音管家（进门自动播放欢迎语、语音空调开关、语音电视开关、语音灯控）、智能门锁、智能猫眼、智能感应夜灯、智能人体感应器、智能空气净化系统、智能音乐系统、智能闹钟、智能窗帘、智能点播系统、智能声控花洒、智能马桶、智能防火报警系统等。

4.8.5　一星级服务

4.8.5.1　前台服务

提供电话服务、短信服务、失物招领服务等。

4.8.5.2　客房服务

a）提供房间清扫服务每日1次。

b）提供洗漱护理旅行套装（洗发水、沐浴露、牙膏等）。

c）提供2种功能枕头服务（羽绒枕、荞麦枕）。

d）提供常规瓶装饮用水。

4.8.5.3 服务响应

客户临时要求打扫卫生应在30 min内完成。

4.8.5.4 智能化引入

a）提供客房智能管理系统、前台自助办理入住系统、智能访客管理系统不少于1套。

b）提供智能配送机器人/清洁机器人不少于1项。

c）提供全屋智能家居系统：智能语音管家（进门自动播放欢迎语、语音空调开关、语音电视开关、语音灯控）、智能门锁、智能猫眼、智能感应夜灯、智能人体感应器、智能空气净化系统、智能音乐系统、智能闹钟、智能窗帘、智能点播系统、智能声控花洒、智能马桶、智能防火报警系统等。

4.9　车辆驾驶服务

4.9.1　五星级服务

4.9.1.1　人员要求

驾驶人员平均年龄不大于40周岁；在岗退伍军人、军警院校人数不少于总人数20%；6年以上驾驶经历。

4.9.1.2　交通安全培训

全年交通安全学习时间不少于36 h。

4.9.1.3　车内清洁

a）生产用车：常用车清洁每日不少于2次，消毒每日不少于2次，除味每日不少于1次；闲置车清洁每周不少于1次，消毒每周不少于1次，除味每周不少于1次。

b）公务用车：常用车清洁每日不少于2次，消毒每日不少于2次，除味每日不少于1次；闲置车清洁每周不少于1次，消毒每周不少于1次，除味每周不少于1次。

c）特种作业车：常用车清洁每日不少于2次，消毒≥每日不少于2次，除味每日不少于1次；闲置车清洁每周不少于1次，消毒每周不少于1次，除味每周不少于1次。

4.9.1.4　车外清洁

a）生产用车：常用车清洁每日不少于2次，闲置车每周不少于1次。

b） 公务用车：常用车清洁每日不少于2次，闲置车每周不少于1次。

c） 特种作业车：常用车清洁每日不少于2次，闲置车每周不少于1次。

4.9.1.5 礼宾车队

a） 配备不少于4名礼宾驾驶员，礼宾员着西式礼服、佩戴白手套；形象气质佳，中、英双语流利。

b） 提供随车尊享礼包，如：品牌饮用水、按摩仪、充电宝、干/湿纸巾、口香糖、纸笔、口罩、晕车药、观光包、便民医药箱、迎候标识牌等。

c） 提供7 d×24 h接送服务。

d） 提供乘车意外险。

4.9.1.6 驾驶服务

a） 驾驶员有6年以上驾龄且无违法、事故记录。

b） 服务时间5 min内响应出车任务。

4.9.1.7 车辆管理

a） 建立一车一档，实时更新。

b） 评估车辆并分类管理每周不少于1次。

c） 监控外出车辆每小时不少于1次。

4.9.1.8 车辆调度

5 min内完成调度响应。

4.9.1.9 安全管理

驾驶行为观察每周不少于1次。

4.9.1.10 车辆维护

a） 常用车辆检查每日不少于2次，保养每周不少于1次。

b） 闲置车辆检查每月不少于1次，保养每月不少于1次。

c） 30 min内完成车辆维修响应。

d） 国产车每行驶8000～10 000 km保养1次。

e） 进口车每行驶10 000～12000 km，保养1次。

4.9.1.11 涉车业务

提前1个月完成车辆续保。

4.9.1.12 车辆费用票据

a） 到洗车场、维修厂、加油站、ETC收款单位等单位开具票据每两日不少于1次。

b） 整理报账资料每日不少于1次。

4.9.1.13 物品配备

按座位数配备：急救药箱、安全帽、雨靴、反光衣、防滑链、逃生锤、灭火器、雨伞、雨衣。

4.9.1.14 服务响应

应急备用驾驶人员24 h待命，且配置人数不少于总人数40%。

4.9.2 四星级服务

4.9.2.1 人员要求

驾驶人员平均年龄不大于42周岁；在岗退伍军人、军警院校人数不少于总人数15%；6年以上驾驶经历。

4.9.2.2 交通安全培训

全年交通安全学习时间不少于30 h。

4.9.2.3 车内清洁

a）生产用车：常用车清洁每日不少于1次，消毒每日不少于1次，除味每日不少于1次；闲置车清洁每周不少于1次，消毒每两周不少于1次，除味每两周不少于1次。

b）公务用车：常用车清洁每日不少于1次，消毒每日不少于1次，除味每日不少于1次；闲置车清洁每周不少于1次，消毒每两周不少于1次，除味每两周不少于1次。

c）特种作业车：常用车清洁每日不少于1次，消毒每日不少于1次，除味每日不少于1次；闲置车清洁每周不少于1次，消毒每两周不少于1次，除味每两周不少于1次。

4.9.2.4 车外清洁

a）生产用车：常用车清洁每日不少于1次，闲置车每两周不少于1次。

b）公务用车：常用车清洁每日不少于1次，闲置车每两周不少于1次。

c）特种作业车：常用车清洁每日不少于1次，闲置车每两周不少于1次。

4.9.2.5 礼宾车队

a）配备不少于2名礼宾驾驶员，礼宾员着西式礼服、佩戴白手套；形象气质佳。

b）提供随车尊享礼包，如：品牌饮用水、按摩仪、充电宝、干/湿纸巾、口香糖、纸笔、口罩、晕车药、观光包、便民医药箱、迎候标识牌等。

c）提供7 d×24 h接送服务。

d）提供乘车意外险。

4.9.2.6 驾驶服务

a）驾驶员有6年以上驾龄且无违法、事故记录。

b）服务时间10 min内响应出车任务。

4.9.2.7　车辆管理

a）建立一车一档，实时更新。
b）评估车辆并分类管理每两周不少于1次。
c）监控外出车辆每两小时不少于1次。

4.9.2.8　车辆调度

10 min内完成调度响应。

4.9.2.9　安全管理

驾驶行为观察每两周不少于1次。

4.9.2.10　车辆维护

a）常用车辆检查每日不少于1次，保养每两周不少于1次。
b）闲置车辆检查每两月1次，保养每两月1次。
c）40 min内完成车辆维修响应。
d）国产车每行驶8000 ~10 000 km保养1次。
e）进口车每行驶10 000~12 000 km保养1次。

4.9.2.11　涉车业务

提前1个月完成车辆续保。

4.9.2.12　车辆费用票据

a）到洗车场、维修厂、加油站、ETC收款单位等单位开具票据每三日不少于1次。
b）整理报账资料每两日不少于1次。

4.9.2.13　物品配备

按座位数配备：急救药箱、安全帽、雨靴、反光衣、防滑链、逃生锤、灭火器、雨伞、雨衣。

4.9.2.14 服务响应

应急备用驾驶人员24 h待命，且配置人数不少于总人数20%。

4.9.3 三星级服务

4.9.3.1 人员要求

驾驶人员平均年龄不少于45周岁；在岗退伍军人、军警院校人数不大于总人数10%；6年以上驾驶经历。

4.9.3.2 交通安全培训

全年交通安全学习时间不少于24 h。

4.9.3.3 车内清洁

a） 生产用车：常用车清洁每日不少于1次，消毒每日不少于1次，除味每两日不少于1次；闲置车清洁每月不少于1次，消毒每月不少于1次，除味每月不少于1次。
b） 公务用车：常用车清洁每日不少于1次，消毒每日不少于1次，除味每两日不少于1次；闲置车清洁每月不少于1次，消毒每月不少于1次，除味每月不少于1次。
c） 特种作业车：常用车清洁每日不少于1次，消毒每日不少于1次，除味每两日不少于1次；闲置车清洁每月不少于1次，消毒每月不少于1次，除味每月不少于1次。

4.9.3.4 车外清洁

a） 生产用车：常用车清洁每两日不少于1次，闲置车每月不少于1次。
b） 公务用车：常用车清洁每两日不少于1次，闲置车每月不少于1次。

c）特种作业车：常用车清洁每两日不少于1次，闲置车每月不少于1次。

4.9.3.5　礼宾车队

a）配备不少于2名礼宾驾驶员，礼宾员着西服；形象气质佳。

b）提供随车尊享礼包，如：常规瓶装饮用水、按摩仪、充电宝、干/湿纸巾、口香糖、纸笔、口罩、晕车药、观光包、便民医药箱、迎候标识牌等。

c）提供7 d×24 h接送服务。

d）提供乘车意外险。

4.9.3.6　驾驶服务

a）驾驶员有6年以上驾龄且无违法、事故记录。

b）服务时间15 min内响应出车任务。

4.9.3.7　车辆管理

a）建立一车一档，实时更新。

b）评估车辆并分类管理每三周不少于1次；

c）监控外出车辆每四小时不少于1次。

4.9.3.8　车辆调度

15 min内完成调度响应。

4.9.3.9　安全管理

驾驶行为观察每月不少于1次。

4.9.3.10　车辆维护

a）常用车检查每周不少于1次，保养每月不少于1次。

b）闲置车检查每季度不少于1次，保养每季度不少于1次。

c）60 min内完成车辆维修响应。

d）国产车每行驶8000～10 000 km保养1次。

e）进口车每行驶10 000～12 000 km保养1次。

4.9.3.11 涉车业务

提前1个月完成车辆续保。

4.9.3.12 车辆费用票据

a）到洗车场、维修厂、加油站、ETC收款单位等单位开具票据每五日不少于1次。

b）整理报账资料每五日不少于1次。

4.9.3.13 物品配备

按座位数配备：急救药箱、安全帽、雨靴、反光衣、逃生锤、灭火器、雨伞。

4.9.3.14 服务响应

应急备用驾驶人员24 h待命，且配置人数不少于总人数20%。

4.9.4 二星级服务

4.9.4.1 人员要求

优先提供退伍军人、军警院校人员。

4.9.4.2 交通安全培训

全年交通安全学习时间不少于24 h。

4.9.4.3 车内清洁

a）生产用车：常用车清洁每日不少于1次，消毒每日不少于1次，除味每三日不少于1次；闲置车清洁每季度不少于1次，消毒每季度不少于1次，除味每季度不少于1次。

b） 公务用车：常用车清洁每日不少于1次，消毒每日不少于1次，除味每三日不少于1次；闲置车清洁每季度不少于1次，消毒每季度不少于1次，除味每季度不少于1次。

c） 特种作业车：常用车清洁每日不少于1次，消毒每日不少于1次，除味每三日不少于1次；闲置车清洁每季度不少于1次，消毒每季度不少于1次，除味每季度不少于1次。

4.9.4.4 车外清洁

a） 生产用车：常用车清洁每两日不少于1次，闲置车每季度不少于1次。

b） 公务用车：常用车清洁每两日不少于1次，闲置车每季度不少于1次。

c） 特种作业车：常用车清洁每两日不少于1次，闲置车每季度不少于1次。

4.9.4.5 驾驶服务

a） 驾驶员无违法、事故记录。

b） 服务时间20 min内响应出车任务。

4.9.4.6 车辆管理

a） 建立一车一档，实时更新。

b） 评估车辆并分类管理每月不少于1次。

c） 监控外出车辆每八小时不少于1次。

4.9.4.7 车辆调度

20 min内完成调度响应。

4.9.4.8 安全管理

驾驶行为观察每月不少于1次。

4.9.4.9 车辆维护

a） 常用车检查每两周不少于1次，保养每季度不少于1次。

b） 闲置车检查每半年不少于1次，保养每半年不少于1次。

c） 60 min内完成车辆维修响应。

d） 国产车每行驶8000～10 000 km保养1次。

e） 进口车每行驶10 000～12 000 km保养1次。

4.9.4.10 涉车业务

提前1个月完成车辆续保。

4.9.4.11 车辆费用票据

a） 到洗车场、维修厂、加油站、ETC收款单位等单位开具票据每周不少于1次。

b） 整理报账资料每周不少于1次。

4.9.4.12 物品配备

按座位数配备：急救药箱、安全帽、反光衣、逃生锤、灭火器。

4.9.4.13 服务响应

应急备用驾驶人员24 h待命。

4.9.5 一星级服务

4.9.5.1 人员要求

优先提供退伍军人、军警院校人员。

4.9.5.2 交通安全培训

全年交通安全学习时间不少于24 h。

4.9.5.3 车内清洁

a）生产用车：常用车清洁每日不少于1次”，消毒每两日不少于1次，除味每周不少于1次；闲置车清洁每半年不少于1次，消毒每半年不少于1次，除味每半年不少于1次。

b）公务用车：常用车清洁每日不少于1次，消毒每两日不少于1次，除味每周不少于1次；闲置车清洁每半年不少于1次，消毒每半年不少于1次，除味每半年不少于1次。

c）特种作业车：常用车清洁每日不少于1次，消毒每两日不少于1次，除味每周不少于1次；闲置车清洁每半年不少于1次，消毒每半年不少于1次，除味每半年不少于1次。

4.9.5.4 车外清洁

a）生产用车：常用车清洁每周不少于1次，闲置车每半年不少于1次。

b）公务用车：常用车清洁每周不少于1次，闲置车每半年不少于1次。

c）特种作业车：常用车清洁每周不少于1次，闲置车每半年不少于1次。

4.9.5.5 驾驶服务

a）驾驶员无违法、事故记录。

b）服务时间25 min内响应出车任务。

4.9.5.6 车辆管理

a）建立一车一档，实时更新。

b）评估车辆并分类管理每月不少于1次。

c）监控外出车辆每八小时不少于1次。

4.9.5.7 车辆调度

20 min内完成调度响应。

4.9.5.8　安全管理

驾驶行为观察每月不少于1次。

4.9.5.9　车辆维护

a） 常用车检查每月不少于1次，保养每半年不少于1次。
b） 闲置车检查每三个季度不少于1次，保养每三个季度不少于1次。
c） 60 min内完成车辆维修响应。
d） 国产车每行驶8000～10 000 km保养1次。
e） 进口车每行驶10 000～12 000 km保养1次。

4.9.5.10　涉车业务

提前1个月完成车辆续保。

4.9.5.11　车辆费用票据

a） 到洗车场、维修厂、加油站、ETC收款单位等单位开具票据每周不少于1次。
b） 整理报账资料每周不少于1次。

4.9.5.12　物品配备

按座位数配备：急救药箱、安全帽、逃生锤、灭火器。

4.9.5.13　服务响应

应急备用驾驶人员24 h待命。

第五章

绿色物业

5.1 能源节能管理

5.1.1 制定设施设备的经济运行方案、节能奖罚制度和节能改造计划，合理配备和管理能源计量器具；能源计量器具配备率和准确度等级符合现行国家标准GB 17167的有关规定。能源计量器具实行定期检定（校准）。

5.1.2 通过分类计量表计，对电力、天然气、生物质能、热力等能源消耗进行分类计量：并且定时统计重点能耗系统（如电梯、水泵、照明、中央空调系统等）的用电参数，及时分析和比较，制定合理有效的节能目标。

5.2　供配电系统节能

5.2.1　用电设备应实施分区域管理，均衡用电负荷，功率因素不低于0.90。

5.2.2　应定期对变压器的技术参数、经济参数、运行参数进行技术经济分析，合理选择变压器容量。

5.2.3　宜合理选择导线截面、材质，有效降低线路的损耗。

5.2.4　合理投入变压器数量，减少基本电费支出。

5.3 通风与空调系统节能

5.3.1 空调通风系统的节能运行应符合GB 50365的规定；集中空调系统的冷源机组能效指标符合现行国家标准GB 50189的规定；分散式空调器能效比不低于现行国家标准GB 21455规定的节能评价值。

5.3.2 合理控制新风量及送风温度。

5.3.3 优化冷源机组的运行时数、处理负荷及调整供冷温度等节能措施。

5.4 照明系统节能

5.4.1 采用高效节能照明装置。照度及照明功率密度值应符合现行国家标准GB 50034的要求。

5.4.2 照明宜采用集中、分区、分组控制相结合，并合理采用自动控制措施，如采用声控、光控、人体感应或自动降低照度控制措施。根据季节天气变化，适时调整室外公共照明的开启和关闭时间。

5.5 电梯系统节能

采用变频、能量回馈、预防性保养、驱动器休眠、智能管理等技术实现电梯系统节能。

5.6　节水管理

5.6.1　采用节水的卫生器具，提高节水成效。

5.6.2　根据建筑及设备条件建立雨水和空调冷凝水收集回灌系统。

5.6.3　应设置空调冷凝水收集系统和雨水集蓄回用设施，用来收集冷凝水和雨水，主要用于绿化灌溉、道路及车库地面冲洗、垃圾间冲洗、厕所冲洗等用途。

5.6.4　可建立再生水回用处理系统，收集较洁净的污水（如洗水、游泳池水等）经过污水处理程序后形成达标的再生水，用来弥补冷凝水和雨水的不足。

5.6.5　有集中热水供应的物业项目应采取设置回流装置等措施收集因水温不足而废弃的冷水。

5.7 垃圾分类管理

5.7.1 物业服务企业应当遵守国家、省、市生活垃圾分类管理规定。

5.7.2 物业服务区域内的垃圾集中收集、转运、处理设施和场所建设应当具备密闭、节能、防臭、防渗、防尘、防噪声等防控措施，并及时清洁维护或更新，防止二次污染物的产生。

5.7.3 建立生活垃圾收运信息管理台账制度，做好各类生活垃圾收运数据的统计工作，并按主管部门要求定期报送全部生活垃圾收运数据。

5.7.4 对从事垃圾分类的督导人员应进行专业培训，了解垃圾分类专业知识。

5.7.5 有条件的物业项目可通过引入科技手段和采用高效管理方法，实现对垃圾分类更精细化的管理。

5.7.6 废纸（使用过的饮料纸盒、纸巾、厕纸等除外）、废塑料、废玻璃、废弃织物、废金属、废弃电器电子产品应投放至可回收收集容器。废电池、废灯管、弃置药品及药具、废弃日用化学用品及其容器应投放至有害垃圾收集容器。

5.7.7 尘土、烟头、塑料袋（膜）、使用过的纸巾、破碎灯管、饭盒、筷子、纸尿裤、贝壳、坚果壳、破损花盆等其他垃圾应袋装投放至其他垃圾收集容器。

5.7.8　物业服务区域内应设置大件垃圾、年花年橘临时堆放场所，并按规定定期处置大件垃圾、年花年橘。

5.7.9　通过生物处理方式处理厨余垃圾和绿化垃圾。在处理的过程中，应严格控制生物处理过程中产生的臭气，并妥善处置生物处理产生的污水和残渣。

5.7.10　宜采用压缩式方式收集和运输生活垃圾，逐步提高生活垃圾机械化收运水平。

5.8 节能改造

5.8.1 早期介入阶段，在开发设计时建议建设单位选择性能优良的节能设备。

5.8.2 日常管理阶段，关注技术进步，适时淘汰老旧用电、用水等设备，更换新型节能产品。

5.8.3 设备老化阶段，制定改造计划，更换新产品和节能设备、材料。

5.9 节能环保宣传

5.9.1 开展节能节水、垃圾分类和污染防治教育宣传，制作相关节能标识。

5.9.2 鼓励并引导客户采购国家推荐的节能产品。

5.9.3 实施节能环保奖励机制，鼓励并引导客户参与节能环保活动。

5.9.4 按GB/T 50378的要求实行绿色建筑运营。

5.9.5 按GB 8978的要求进行污水排放。

5.10 提倡低碳生活

5.10.1 提倡使用清洁能源，使用电力或太阳能等清洁能源的工具，替代柴油、石油等含碳量较高的工具，例如项目上使用电力观光车、巡逻车、清洁机器人、剪草机等。

5.10.2 提倡低碳饮食，包括减少肉类摄入、选择本地食材、减少食物浪费等，以减少食品供应链对环境的负面影响。

5.10.3 提倡低碳出行，如步行、骑行、乘坐公共交通工具等，以减少车辆使用对环境的负面影响。

第六章

智慧物业

6.1 管理要求

6.2 智慧系统建设

6.3 智慧系统分类

6.4 智慧系统应用

6.1 管理要求

6.1.1 建立一套集组织架构、工作机制、资金预算与使用、项目管理、运维管理和服务管理的保障体系，保障智慧物业管理相关基础设施和信息化系统有序运行。

6.1.2 通过品牌形象、产品、服务等维度提升客户体验，逐步建立智慧物业管理服务体系，保证服务质量。

6.1.3 贯彻以客户为中心的服务理念，建立相应的工作保障机制，实现智慧物业各项运维、服务工作正常、有序运行。

6.1.4 确保物业管理服务人员及配套设施运行过程中的安全。

6.2 智慧系统建设

6.2.1 引入物联网、云计算、大数据、区块链和人工智能等先进技术，对传统的管理架构进行重塑。通过技术驱动，构建高效、智能、响应迅速的管理系统，以适应日益复杂和多元化的物业管理需求。

6.2.2 以开发使用“工业物业管理信息系统”为支撑，以配套的智能设备为基础，以创新的管理服务思维为指导，建立一套“以人为本”的智慧物业管理系统，实现智慧预警、智慧研判、智慧派单、智慧监督，提供定制化产品和个性化服务，实现“一键预约、服务上门”，提高管理效率和客户满意度，提升物业智慧管理服务水平。

6.3 智慧系统分类

6.3.1 依托“工业物业管理信息系统”建设高效的智能化管理和服务系统，应包括：

6.3.1.1 移动办公平台：包括行政人事管理（智能人资管理、OA审批）、采购管理（供应商管理、采购管理）、财务管理等。

6.3.1.2 客户服务系统：包括客户服务、会议服务、访客管理、餐饮服务、代驾服务、公寓服务、工程服务、秩序服务、保洁绿化服务等。

6.3.1.3 智能设备管理：包括多媒体系统、信息发布系统、智能终端系统、智能停车系统等。

6.4 智慧系统应用

6.4.1 全员培训与推广，针对物业服务人员开展智慧物业管理的培训和推广活动。通过组织培训课程、分享经验案例、提供操作指南等方式，帮助物业服务人员熟悉并掌握智慧物业管理的理念、技术和方法，推动全员参与和共同实践。

6.4.2 客户教育与体验，积极开展客户教育和体验活动。通过举办讲座、展览、体验日等形式的活动，向客户介绍智慧物业的概念、优势和服务内容，并邀请客户参与体验智慧物业带来的便捷与舒适。

6.4.3 合作共赢模式，积极寻求与相关行业、企业的合作机会。通过共享资源、优势互补、互利共赢的合作模式，共同推动智慧物业行业的发展和创新。

第七章

延伸服务

7.1 无偿便民服务

提供便民医药箱、针线包、超声波眼镜清洗机、充电宝、数据线、雨伞、挂烫机、吹风机、打气筒、血糖仪、血压计、眼镜湿巾、薄荷糖、发夹、女性用品、自动体外除颤仪（AED）、便携式梯子、小型维修工具、磨刀具借用、清洗地毯及废旧物处理等。

7.2　有偿特约服务

7.2.1　根据客户需求提供不同档次不同收费的“菜单式”服务，将服务深度渗入到客户的衣、食、住、行中，并明码标价，客户可根据自己的需要选择不同的特约服务，并支付相应的费用。

7.2.2　制定服务菜单，根据客户需求提供包括开荒保洁、维修、家政、洗衣、洗车、搬运、定期巡防、代管绿植、商务礼仪等。配备生活服务设施，包括快递服务设施、自助售卖机、便利店、24 h自助服务点、其他生活服务设施等。

7.3 客户关怀活动

7.3.1 从中国的传统节日出发，根据关怀对象适量选择各地重点传统节日，根据每个节日的特性与表达的意义，设计客户关怀活动。

7.3.2 重点传统节日前，组织客户开展联欢晚会、游园会等系列文化活动，如春节挥春送福，端午节定制艾草香包，中秋佳节制作手工小月饼等精美小礼品赠送客户，传达节日祝福，增加节日氛围，以表达对客户的关心和感谢。

7.3.3 围绕民俗传统之二十四节气展开系列主题活动，让客户在愉快的工作、生活实践中体验、感悟，让祖国优秀的传统历史文化与美德能代代弘扬与传承，让民族文化根植于心。

7.3.4 定期邀请专业讲师讲座，为客户普及健康知识、均衡膳食、疾病预防、生活常识、突发紧急状况的预防和解决等，加强对客户生活、身体上的关爱。

7.3.5 定期举行亲子活动、绘画比赛、插花、徒步等活动，加强与客户之间的黏性，提高客户满意度。

第八章

服务监督与评价

8.1 服务监督

8.1.1 建立监督检查制度，明确监督检查范围、内容、频次和方法，主动接受相关部门的监督检查，对存在的问题及时整改，相关检查评分表见附录C。

8.1.2 建立投诉受理机制，公开投诉渠道，明确投诉受理人，及时妥善处理投诉。

8.1.3 定期按GB/T 19039的要求开展客户满意测评，分析在服务过程中存在的问题，并持续改进。

8.2　服务反馈

8.2.1　建立多方联动机制。主动与物业所在地的行业主管部门、街道办事处（乡镇人民政府）、公安派出所、社区居民委员会建立协商议事机制，保持密切联系，配合重点工作，共同商议解决物业管理难题。

8.2.2　建立物业服务质量反馈机制。应定期与客户保持沟通，通过工作简报、沟通协调会或专题会议等方式反馈工作进展，听取客户对物业服务的意见和建议，以及须经客户协助解决的事项，主动接受客户的监督。

8.2.3　建立物业服务信息共享和传达机制。对于物业设备设施维护、工程改造、四害消杀和病虫害治理等，及时向客户公布相关计划和排期。定期发布物业服务动态和事件通告等信息。

8.3 评价内容

8.3.1 物业服务评价包括如下内容：

a）符合性评价：根据《工业物业“885”服务体系》的各项规定，确认实施过程的各个环节是否达到要求。

b）实施效果评价：按评价方案检验实施效果的指标体系、抽样方案、判定规则进行评价；通过验证、核实指标体系中的各项指标，确定实施效果达到的程度，相应的结论性意见。

8.4　现场检查（明查）与评价

物业服务评价由物业服务企业组织开展，每年1次。

8.5 神秘客户检查（暗访）与评价

8.5.1 为了解客户对物业服务企业所提供服务的实际感受，持续提升服务质量，应定期组织实施神秘客户检查（暗访）与评价，包括但不限于：

a）按《工业物业“885”服务体系》的要求设计检查方案和检查表；

b）每年至少一次进行独立的神秘客户检查，调查的内容应包括但不限于《工业物业“885”服务体系》的要求，调查的对象包括同行或标杆企业。

8.6　持续改进

检查结果形成书面报告，明确描述所发现的不符合事项、服务的改善点和提升点，并与过往所发现的不合格项进行对比分析，提出改善措施，并跟进改善成效。

附录A　员工行为规范

项目	类别	内容和要求	注意事项
仪容仪表	整体	1. 自然大方得体，符合工作需要及安全规则，神采奕奕，容光焕发，整齐整洁。 2. 注意个人卫生，身体、面部、手部保持清洁，不留过长指甲，不做美甲。上班前不吃异味食物，保持口腔清洁，香水清淡，勤洗澡，无体味。	不应有异味、尘垢。
	头发	梳理整齐，勤洗头，保持整齐清洁、自然色泽。	不应有头油、头皮屑、异味、怪异染发及凌乱。
	发型	1. 男士：大方，不留长发、大鬓角，前发不应过眉，侧发不应触耳，后发不应压领。 2. 女士：大方，不留怪异新潮发型，长发应束于脑后，不应留披肩发，前发不应遮眼，侧发不应盖耳。	不应张扬、散乱。
	面容	1. 男士：脸、颈及耳朵保持洁净，每日剃刮胡须。 2. 女士：脸、颈及耳朵保持洁净，上岗前化淡妆。	男士胡须不应有明显胡渣，女士不应浓妆艳抹和在众人面前化妆。
	身体	注意个人卫生，身体、面部、手部保持清洁，上班前不吃异味食物，保持口腔清洁，香水清淡，勤洗澡，无体味。	不应有异味、尘垢。
	饰物	1. 男士：男士领带平整、端正，长度皮带扣中间，领带夹夹在衬衣自上而下第四个纽扣处。 2. 女士：领花平整，紧贴衣领，注意各部细节。	不应佩戴夸张的首饰或饰物、内衣外露和衬衣不束腰内。

续表

项目	类别	内容和要求	注意事项
仪容仪表	衣服	1. 工作时间内着本岗位规定制服，非因工作需要，外出时不应穿着制服，制服应洁净、平整。 2. 制服要求洁净、整洁、无褶皱，领子、袖口绝对保持洁净，上衣肩无头皮屑。 3. 西装制服按规范扣好纽扣，衬衣领、袖整洁，纽扣扣好。 4. 裤子要烫直，折痕清晰，长及鞋面。	制服不应有明显污迹、破损、掉扣，不应敞开外衣、卷起裤脚、衣袖；外衣衣袋不应多装物品，显得鼓起；冬装和夏装不应混合穿；不应擅自改变制服的穿着形式和私自增减饰物。
	鞋	统一穿哑光黑色、鞋面无饰品工作鞋，未派发工作鞋的同事宜穿深色哑光皮鞋，鞋底、鞋面、鞋侧保持清洁，鞋面要擦亮，以黑色为宜。	鞋子不应破损或鞋上有灰尘污迹；不应穿着运动鞋、拖鞋（泳池救生员除外）。
	袜	1. 男士：着黑色或深色、不透明的短中筒袜。 2. 女士：裙装应着肤色长筒袜或裤袜。	袜子不应有破损，女士不应穿着带花边、通花的袜子，不应有破洞和袜筒根露在外。
	工作牌/卡	工作牌/卡佩戴在左胸显眼处（男士上衣口袋位置），挂绳式应正面向前挂在胸前，保持清洁、端正。	工作牌/卡不应放在上衣口袋中，工作牌不应有破损或字面有磨损。

续表

项目	类别	内容和要求	注意事项
行为规范	站姿	1. 女士站姿分为两种，第一种“V”字步，第二种“丁”字步。基本站姿： a）上身正直，两肩放平，稍向后张，小腹微收，腰部挺直，自然挺胸、提髋，颈部挺直，头部保持端正，下额微收，两眼向前平视。 b）“V”字步：两脚正立并拢双膝与双脚的跟部紧靠在一起，两脚呈“V”状分开，二者之间相距约一个拳头的宽度。 c）“丁”字步：右脚的脚跟紧贴左脚的脚窝处，两脚互相垂直。 d）轻盈、娴静、典雅。右手握住左手，叠放于腹前。 2. 男士：可将双手相握，叠放于腹前，或者相握于身后，双脚可以叉开与肩同宽。	禁忌： 双手交叉抱胸或双手插兜、歪头驼背、倚壁靠墙、东倒西歪，手里拿与工作不相干的物品。
	坐姿	1. 入座时，从椅子的左侧进入，右侧走出。入座要轻稳，不要赶步，以免给人以“抢座”感。 2. 女士入座时，先踏左脚，右脚顺势踏到椅子正前方，穿着裙装，应用手将裙摆稍向前抚平，不要落座后再站起来整理。 3. 坐下后，头部要端正，面带微笑，双目平视，嘴唇微闭，下额微收，双肩平正放松，挺胸立腰，两臂自然弯曲，双手放在膝上，掌心向下。女士右手搭在左手手背上，轻轻压住裙口。两腿自然平落地上，可并拢也可交叠。女士坐在椅子上，只可坐满椅子的三分之二，脊背垂直于椅面。	禁忌： 坐在椅子或沙发上时，前俯后仰，将脚放在椅子或沙发扶手和茶几上；跷二郎腿，两手漫不经心地拍打扶手；重坐猛起，脚尖朝天；双脚抖动，手撑下巴。
	行姿	1. 行走时双肩平稳、挺直腰杆、摆臂自然，脚步利落轻稳。 2. 工作中，行走一般靠右行，勿走中间，与客人相遇时要稍停步，侧身立于右侧，点头微笑，主动让路。 3. 与客人同时进出门（厅、楼梯、电梯）时，应注意礼让客人先行，不与客人抢道并行，有急事要超越客人，必要时应先口头致歉“对不起”，然后再加紧步伐超越。	不应走内外八字路、走过道中间；不应肩膀不平，一高一低；不应上身摆动幅度较大和低头行走；与客人相对或相向而行时不应抢道；不应将手放入口袋，不应与他人勾肩搭背、嬉戏打闹、大声喧哗等。

续表

项目	类别	内容和要求	注意事项
行为规范	蹲姿	1. 高低式：双膝一高一低。下蹲时，左脚在前，右脚稍后。左脚应完全着地，小腿基本上垂直于地面；右脚则应脚掌着地，脚跟提起。右膝应低于左膝，右膝内侧可靠于左小腿内侧，基本上以右腿支撑身体。 2. 交叉式：适用于身穿短裙的女性。下蹲时，右脚在前，左脚在后，右小腿垂直于地面，全脚着地。右腿在上，左腿在下，二者交叉重叠。左膝由后下方伸向右侧，左脚脚跟抬起，并且脚掌着地，两腿前后靠近，合力支撑身体，上身略向前倾，而臀部朝下。 3. 半跪式：多用于下蹲时间较长，或为了用力方便之时。下蹲后，改为一腿单膝点地，臀部坐于脚跟之上，而以其脚尖着地。另外一条腿，则应当全脚着地，小腿垂直于地面。双膝应同时向外，双腿应尽力靠拢。	
	指引手势	1. 横臂式：五指并拢，掌心向上，手臂抬至齐胸，手臂向外侧横向摆动，指尖指向被引导或指示的方向，适用于请人行进时指示方向。大臂与小臂夹角90°～145°，小臂与地面成45°。 2. 直臂式：手臂向外侧横向摆动，指尖指向前方，手臂抬至肩高，适用于指示物品所在。大臂与小臂成180°。 3. 斜臂式：手臂由上向下斜伸摆动，适用于请人入座时。 4. 曲臂式：手臂弯曲，由体侧向体前摆动，手臂高度在胸以下，适用于请人进门时。	
	面部表情	1. 表情谦和、自然、友善、真诚、适时。 2. 主动迎接客人目光，与客人目光接触时，面带微笑，点头示意，问候。	
	声音表情	吐字清晰，态度和蔼，音量和蔼，音量适中，发音清楚、易懂，不夹杂地方口音，通过甜美、圆润的声音给客人留下深刻印象。	

续表

项目	类别	内容和要求	注意事项
行为规范	社交礼仪	与客人讲话时要保持适当的社交距离。人际交往中常用的社交距离有： a）私人距离：小于0.5 m。 b）常规距离（社交距离）：0.5 ~ 1.5 m（80 cm）为宜。 c）礼仪距离（尊重距离）与长辈或领导：1.5 ~ 3.0 m。 d）公共距离（有距离的距离）：不少于3.0 m。	
	接递物品礼仪	1. 双手为宜，主动上前，尖、刃向内，交换名片正面朝对方； 2. 接递名片：身体前倾15°，双手拿出自己的名片，将名片的方向调整到最适合对方观看的位置。不必提职务、头衔，只要把名字重复一下，顺序要先职务高后职务低，由近而远，圆桌上按顺时针方向开始，使用敬语“认识您很高兴”“请多指教”等。 3. 双手接过对方的名片，要简单地看一下内容，轻声念出对方名字；使用敬语“认识您很高兴”“请多指教”等。	不要直接把名片放起不看；也不要长时间拿在手里不停摆弄；更不要在离开时把名片漏带。
	握手礼仪	1. 基本要求：通常应以右手相握，右手向下伸出，同性双方相互握住手掌大部分（虎口处），异性双方相互握住对方指尖部分，目视对方眼睛，将手上下晃动2 ~ 3下（3 ~ 5 s），力度适中（2 kg）。 2. 握手的先后顺序： a）上级在先，下级在后。 b）长辈在先，晚辈在后。 c）女性主动。 d）工作中服务人员通常不宜主动伸手与客人握手。	异性之间不应双手相握；不应用左手；不应戴墨镜；不应戴手套；不应戴帽子；不应在握手时长篇大论。
	陪同引导礼仪	1. 陪同引导是指在大型接待活动中，服务人员对来宾的一种引领工作。 2. 基本要求：会议服务人员站立于客人左前方1.5 m处，使用横臂式指引手势，搭配礼貌用语“这边请”“请跟我来”等。会议服务人员的步速应与客人相协调，切勿我行我素；会议服务人员应每行进2 ~ 3 m回头照看一下客人。	

续表

项目	类别	内容和要求	注意事项
行为规范	陪同引导礼仪	3. 及时关照提醒：处处以客人为中心，经过拐角、楼梯或道路坎坷之处，应提醒客人留意。	
	楼梯礼仪	1. 遵守“右上右下”原则。 2. 注意礼让客人，不要与客人抢行。 3. 陪同引导客人时，应上下楼梯先行在前。	
	电梯礼仪	1. 进出电梯 a）升降电梯没有其他人的情况下，在尊者之前进入电梯，按住开的按钮，再请尊者进入电梯。 b）电梯内有人时，无论上下都应尊者优先。 c）出电梯时，按住开的按钮，请尊者先出。 2. 乘坐电梯 a）不要堵在电梯口，让出通道。 b）遵循先下后上的原则。 c）先进入电梯，应主动按住按钮，防止电梯夹人，帮助不便按键的人按键，或者轻声请别人帮助按键。 d）在商务活动中，按键是晚辈或下属的工作，电梯中也有上位，越靠内侧是越尊贵的位置。 e）电梯中不应抽烟，三人以上避免交谈。 f）人多时不要在电梯中甩头发，以免刮人脸。 g）不要同时按上下行键。	
	访客礼仪	1. 访问客人时先敲门或按门铃，敲门力度适当，用中指轻敲门3声，等候5 s，如无人应答，再重复以上步骤，每按一次应有不少于5 s的间隔时间。 2. 客户开门后，应礼貌地向对方解释清楚来意，得到对方允许后，方可进入。	

续表

项目	类别	内容和要求	注意事项
行为规范	访客礼仪	3. 会务人员在出入公共区域或私人场所时，无论门是开、关都要敲门。 4. 出去时要礼貌地面向客人倒退两步，道别后轻声关闭房门。	
	介绍礼仪	1. 位卑者先介绍给位尊者。 2. 年轻者先介绍给年长者。 3. 男士先介绍给女士。 4. 内部同事先介绍给客户。 5. 非官方人士先介绍给官方人士。 6. 本国同事先介绍给国外同事。 7. 迟到者先介绍给早到者。	
	路遇客人礼仪	1. 与客人相遇应主动避让和打招呼，不应从二人中间穿行。 2. 遇上级领导、检查团等主动问候，不应绕道躲避。 3. 与客人同时进出（如电梯门），应让客人先行。 4. 请人让路要说“对不起”，不应横冲直撞，粗俗无礼。	
	打招呼礼仪	1. 点头。 2. 微笑。 3. 注视客人。 4. 身体倾斜。 5. 放慢脚步。 6. 下级主动问候上级。 7. 同事之间每日首次见面应相互打招呼问候。	
	应答礼仪	1. 回答客户询问时主动热情，语气温和、耐心，注视客人。 2. 尽量满足客人提出的要求，如实在难以满足，应向客人解释，争取客人理解，或跟客人商量另外的方案。 3. 如客人对我们的服务感到满意而说“谢谢”的时候，我们一定要回应“不客气”。	

续表

项目	类别	内容和要求	注意事项
行为规范	重要接待礼仪	1. 车辆到达时，趋先开启车门，迎接客人下车。开启车门，用手挡住车门的上方，提醒客人不要碰头，对老年客人应协助搀扶。 2. 雨天应为客人打伞，以防客人被雨淋湿。 3. 客人准备离开时，待车停稳后，替客人打开车门，请客人上车，如客人有行李应主动帮客人放上车，待客人坐好后，为客人关上车门。车辆即将启动，站立在车的斜前方约1 m远的位置，目视客人，面带微笑，招手道别。	
	举手礼仪	1. 把手举到与肩膀平，掌心朝外左右摆动2～3下。 2. 女员工站在柜台内跟客人道别时，适用这种礼节。	
	称呼礼仪	1. 男士一般称“先生”，未婚妇女称“女士”，已婚妇女称“太太”。 2. 对于无法确认是否已婚的西方妇女，不管其年纪多大，只能称“女士”。 3. 不知道客人的姓氏时，可称“这位先生/这位女士”。 4. 称呼第三者不应用“他/她”，而要称“那位先生/那位女士”。 5. 只有少数社会名流才能称“夫人”。 6. 对客人称“你的先生/你的太太”是不礼貌的，应称“某先生/某太太”。	
语言态度	电话礼仪	1. 重要的第一声 声音清晰、亲切、悦耳，使用礼貌用语，“您好，××物业公司为您服务”，应有“我代表企业形象”的意识。不允许接电话以“喂，喂”或者一张嘴就不客气地说“你找谁呀？”“你是谁呀？”“有什么事儿啊？”像查户口似的。 2. 微笑接听电话 声音可以把你的表情传递给对方，笑是可以通过声音来感觉到的。 3. 清晰明朗的声音 打电话过程中不应吸烟、吃零食、打哈欠，如果你弯着腰靠在椅子上，对方也能听出你的声音是懒散的，无精打采的。通话中不应与别人闲聊，不要让对方感到他在对方心中无足轻重。给予任何人同等的待遇，一视同仁，不卑不亢，这种公平的态度，容易为自己赢得朋友，也有利于物业服务企业良好待人接物形象宣传。	

续表

项目	类别	内容和要求	注意事项
语言态度	电话礼仪	4. 迅速准确的接听电话 在听到电话响时，如果附近没有人，应该以最快的速度拿起话筒。这样的态度是每个人应该拥有的，这样的习惯也是每个办公室工作人员都应该养成的。电话最好在响3声之内接听，长时间让对方等候是很不礼貌的行为。如果电话是在响了5声后才接起，请别忘记先向对方道歉“不好意思，让您久等了”。 5. 认真做好电话记录 上班时间打来的电话都是与工作有关的，所以物业服务企业里每一个电话都很重要，即使对方要找的人不在，切忌只说“不在”，应做好电话记录。电话记录牢记5W1H原则：when何时，who何人来电，where事件地点，what何事，why为什么，原因，how如何做。电话记录简洁又完备，有赖于5W1H。不要抱怨接到的任何电话，哪怕与你无关，做好记录是对同事的尊重，对工作的责任。永远不要对打来的电话说“我不知道！”这是一种不负责任的表现。 6. 挂电话的礼仪 通电话时，如果自己正在开会、会客，不宜长谈，或另有电话打进来，需要中止通话时，应说明原因，告知对方“一有空，我马上打电话给您”，以示礼貌回应。中止电话时应恭候对方先放下电话，不宜“越位”抢先。一般下级要等上级先挂电话，晚辈要等长辈先挂电话，被叫要等主叫先挂电话，不应只管自己讲完就挂断电话，那是一种非常没有教养的表现。	
语言态度	态度	1. 交谈时，应态度诚恳、耐心聆听，不轻易打断别人的话语。 2. 对客人的咨询和困难，应诚心帮助解决，任何时候都不能说“不知道”或“不归我们管”“这是你们公司的事”之类的言语。 3. 根据实际情况，给予对方帮助，但不轻易许诺。	
服务用语	客户服务	1. 问候 “某某先生/女士！您好！”“欢迎光临！”“请坐！”“请进！”“请慢走！”	

续表

项目	类别	内容和要求	注意事项
服务用语	客户服务	2. 称呼 男性称呼“先生”，女性称呼“女士”，儿童称呼“小朋友”。 3. 致谢 “谢谢！”“非常感谢！”“多谢您！”“谢谢你的夸奖！” 4. 致歉 “对不起！”“真抱歉！” 5. 请求对方谅解 “请您原谅！”“请您别介意！” 6. 主动提供服务时 “请问有什么可以帮您？”“请问是否还是其他事需要帮忙？” 7. 道别时主动讲 “某某先生/女士，再见！”“欢迎您再来！”“请留步！”“请您慢走！”“请走好！” 8. 电话接听 “您好！××物业公司为您服务。”“请问怎么称呼您呢？有什么可以帮您的吗？”“对不起，他现在不在或正在接电话，有什么事可以帮您吗？”“对不起，让您久等了。”“感谢您的来电！再见！”	
服务用语	保洁服务	公共卫生间清洁 “您好，现在进行卫生间清洁，请问方便吗?”	
	安保服务	1. 核实拜访人员 “您好！请问您找哪位？”“请问您是哪个单位的？”“请稍等，我与××联系一下。” 2. 登记指引 “您好！请您到这边登记。”“您好，请出示证件。” 3. 迎、送客 “您好！请进。”“请慢走。”“先生/女士，请慢走，欢迎再次光临！”	

续表

项目	类别	内容和要求	注意事项
服务用语	工程服务	1. 报修受理 “您好！这里是工程部！请问有什么我能帮到您吗？” “××先生/女士，请您稍候！我们会尽快派人去给您维修，再见！” 2. 进门维修 “您好！请问您有××× 需要维修是吗？” “您好！ ×××已修好，请您检查一下。” “您还有其他方面需要维修吗？我现在可以一并检查处理。” “很高兴能为您服务！打扰了，再见！” 3. 维修回访 “ 您好！ 我是工程部××， 回访您×× 维修项目是否已完成？您对我们的维修是否满意？” “您提的建议（意见）很好，我回去一定转达上级，谢谢您！” “此问题我回去跟进，给您一个满意的答复。”	
	餐饮服务	1. 用餐入席 “先生/女士，请坐。” 2. 上热毛巾 “先生/女士，请用毛巾。” 3. 问茶 “先生/女士，早上/中午/晚上好，今天准备了××茶、玉米汁、柠檬水，您需要喝哪一种？” “您请用。” 4. 送客 “再见，欢迎再次光临！”	
	公寓服务	1. 前台 “您好，请问有什么可以帮您？” “您好，请问您是否有预订？” “您好，已确认您的预订信息，麻烦提供您的证件，谢谢。” “您好，未查到您的预订信息，这边帮您确认目前是否还有房间，请稍候。” “×× 楼 ××房退房，请查房，谢谢。” 2. 公寓 “××退房，收到。” “前台，××房查房完毕。” “您好，请问需要打扫卫生吗？” “不好意思，打扰了，如需打扫可致电前台。”	

序号	区域	对象	标准内容	核查方法
30	保洁外委服务监管	保洁作业安全	对清洁过程中有安全隐患或造成使用不便的（如卫生间清洁、高空作业、石材养护、地毯清洗等），应设明显标识或采取有效安全防范措施。作业期间注意礼让业户。	现场检查
31		外包合同	1.签订外包服务合同且在有效期内，合同到期前预警。 2.合同约定有服务标准、考核条款、结算方式。	现场检查 / 检查记录
32	保洁外委服务监管	外包方档案及人员管理	1.营业执照等资质符合国家相关规定。 2.员工从业资格证书（如消杀、高空作业等）及时更新。 3.保险资料存档，建立驻场员工信息花名册、档案，每月更新，记录离职、新入职员工信息。 4.明确人员分工安排和责任范围，编制有岗位区域分配表。	检查记录
33		工作计划	1.编制年度工作计划，每月30日前提交本月工作总结以及下一月月度计划，并经服务中心审核。 2.保洁单位建立环卫设备设施台账及月度排班表。	检查记录
34	保洁外委服务监管	与外包方沟通	1.应定期与外包服务单位及时沟通外包服务状况，沟通方式不限于会议、函件、培训、现场巡查等形式，并做好记录。 2.保洁管理责任人或主管每周一次连同外委单位驻场负责人进行现场巡查。 3.保洁管理责任人定期抽查外委单位对驻场员工的相关培训记录。	检查记录
35		月度评估	按照合同约定或物业服务企业体系文件标准开展日检，对日常服务质量进行检查评价，结合员工出勤情况、日常检查记录、外包服务整改情况等作为月度考核的依据，如实出具外包服务质量月度考核表。	检查记录
36	服务体系落地	“885”落地	1.定期参照工业物业“885”服务体系开展专项培训。 2.服务标准、流程符合工业物业“885”服务体系要求。	现场抽查 / 检查记录
/	得分=∑细项得分/（100－缺项分			

续表

扣分规则	分值	得分	备注
洁作业不符合要求的，出现-3分。	3		
包合同过期、合同约定内容有缺失，出现-3分。	3		
建立外包方档案、信息未及时更新、资质不符合规定或未存档员工必要从业资格证、购买保险资料，未明确外包方员工考勤制度或未明确岗位区域分工，出现-3分。	3		
编制年度/月度工作计划及总结，未建立相关台账、清单及排班表，出现-2分。	2		
与外包方定期沟通、未每周联合进行现场巡查或未定期抽查员工培训记录，出现-2分。	2		
按要求开展日检，或未按照合同约定对外包单位考核并出具月度考核表/考核马虎、真，出现-3分。	3		
按物业服务企业要求频率开展培训，-1分/次；培训流于形式-5分。 场服务标准、流程不符合体系要求，-5分。	/		
×100。	100		

序号	区域	对象	标准内容	核查方法
8	病虫害防治	病虫害防治	无病虫害现象或病虫害得到及时控制，不影响景观。	现场检查
9	卫生清理	卫生清理	草坪、树冠树干上无垃圾、工具、杂物、落叶堆积，可视范围内土面部分土壤平整无垃圾。	现场检查
10	卫生清理	绿化垃圾	绿化垃圾定点集中停放，定期清理，无异味，不影响客户视觉体验。	现场检查
11	记录表单	工作记录	结合项目实际，规范使用绿化工作等记录表单，形成工作台账。	现场检查/检查记录
12	施肥	施肥原则	施用的肥料种类应视植物、生长期及观赏特性等要求而定，无肥害、灼伤现象。	现场检查
13	工器具	机械使用	绿篱机、汽油水泵、潜水泵、割草机、割灌机、打药机、油锯、电动链锯、背负式喷药喷粉机、背负式手动喷雾器、手拉葫芦等台账清晰、定期维护保养、规范使用。	现场检查/检查记录
14	外委服务监管	绿化作业安全	行人、车辆活动范围内容易脱落的大型枝叶、果实应有相应的安全处理及防护措施。存在安全隐患的作业应避开人流高峰期，设置警示标识，并采取适当的防护措施。	现场检查/检查记录
15	外委服务监管	外包合同	1.签订外包服务合同且在有效期内，合同到期前预警。 2.合同约定有服务标准、考核条款、结算方式。	现场检查/检查记录
16	外委服务监管	外包方档案及人员管理	1.营业执照等资质符合国家相关规定。 2.员工从业资格证书及时更新。 3.保险资料存档，建立驻场员工信息花名册、档案，每月更新，记录离职、新入职员工信息。 4.明确人员分工安排和责任范围，编制有岗位区域分配表。	现场检查/检查记录
17	外委服务监管	工作计划	1.编制年度工作计划，每月30日前提交本月工作总结以及下一月月度计划，并经服务中心审核。 2.绿化单位建立苗木台账、绿植租摆清单及月度排班表。	检查记录
18	外委服务监管	与外包方沟通	1.应定期与外包服务单位及时沟通外包服务状况，沟通方式不限于会议、函件、培训、现场巡查等形式，并做好记录。 2.环境管理责任人或主管每周一次连同外委单位驻场负责人进行现场巡查。 3.环境管理责任人定期抽查外委单位对驻场员工的相关培训记录。	检查记录

续表

扣分规则	分值	得分	备注
存在病虫害现象，出现–3分；影响景观，出现–6分。	6		
可视范围内，存在垃圾、杂物、工具随意摆放，出现–1分/处；绿植下可视土面土壤杂乱、有垃圾，出现–2分/处。	6		
绿化垃圾未及时集中、定期清理、存在异味，影响感官，出现–2分/处。	6		
日常工作无记录表单、台账，出现–4分；未规范使用工作记录表单，出现–2分/项。	4		
错误、过量施肥，室内使用有异味肥料，出现–5分。	5		
无工器具台账或台账不清晰、未定期维护保养或维护不达标，出现–2分；未规范使用工器具，出现–5分。	5		
绿化作业不符合要求的，出现–5分。	5		
外包合同过期、合同约定内容有缺失，出现–5分。	5		
未建立外包方档案、信息未及时更新、资质不符合规定或未存档员工必要从业资格证书、购买保险资料，未明确外包方员工考勤制度或未明确岗位区域分工，出现–3分。	3		
未编制年度/月度工作计划及总结，未建立相关台账、清单及排班表，出现–2分。	2		
未与外包方定期沟通、未每周联合进行现场巡查或未定期抽查员工培训记录，出现–2分。	2		

B.5 安保服务

项目：

序号	区域	对象	标准内容	核查方法
1	出入口/门岗	员工形象	1.仪容整洁，大方得体，精神饱满。 2.穿物业服务企业统一制服，干净整洁，佩戴工作牌。 3.耳麦统一，对讲机统一佩戴在身体右后侧腰带上。	现场检查
2		岗位环境	岗位环境干净整洁，无蜘蛛网、积尘、烟头、纸屑、痰迹、果皮，岗位物品摆放整齐有序，岗位周边5米内无杂物堆放、明显污渍垃圾。	现场检查
3			岗位物品配备完善，有装备器械物品清单，并保持功能完好。	现场检查
4		通行设备	首层大堂等出入闸机使用正常，外观无破损。	现场检查
5		人员出入	施工、送餐、送水人员走专用通道，制止所有推销、收废品、发广告及无明确探访对象的外来人员进入管辖区域。	现场检查
6			访客须与相关方确认（或与报备清单一致），进行登记后放行。	现场检查/检查记录
7	出入口/门岗	物品放行	出入口有放行管理，物品出入有填写放行条，放行条有放行人员确认签字，并进行月度归档。	现场检查/检查记录
8		岗位记录	岗位来人来访登记、搬运货物登记、交接班等记录清晰规范，安保部门负责人每日对岗位管理情况进行随检。	现场检查/检查记录
9	视频监控	监控设备	摄像效果清晰，无频闪、网纹、雪花、黑白滚道。	现场检查
10		录像存储	录像时间误差不超过1分钟，重点部位监控视频存储时间应不少于90天，其他部位不少于30天（符合当地法律/甲方管理要求）。	现场检查
11		工作记录	值班记录清晰，问题处理记录有闭环，秩序部负责人每周抽查一次录像资料，确保录像资料完整。	现场检查/检查记录
18	车场管理	导向与警示标识	1.停车场出入口、“一车一 杆、请勿跟车”等内容提示标识，场内设有导向、限速、减速、凸透镜、防撞杠、防撞条等设施。 2.停车场出入口张贴禁止行人进出的警示标识。	现场检查
19			消防通道、消防卷帘门下张贴禁止停放车辆的温馨提示。	现场检查

检查日期：　　年　月　日

扣分规则	分值	得分	备注
员工形象不符合要求，出现-3分/人次，累计扣分，上不封顶。	9		
现场有烟头、纸屑、痰迹、果皮、积尘或岗位物品摆放杂乱，出现-4分。	4		
岗位物品配备不齐全、无岗位物品配置清单，或岗位物品功能损坏未及时修复和更换，出现-3分。	3		
首层大堂等出入闸机无法正常使用，外观破损，出现-3分。	3		
施工、送餐、送水人员未走专用通道，未制止推销、收废品、发广告及无明确探访对象的外来人员进入管辖区域，出现-4分。	4		
未与相关方确认（或与报备清单不一致），未进行登记后放行，出现-2分。	2		
放行条无服务中心印章、办理人、放行签名确认，放行条上模式与留存模式不一致，放行条存档不规范，出现-3分。	3		
登记、记录存在不完整、不符合，出现-3分。	3		
摄像机有黑屏、频闪、网纹、雪花、黑白滚道等，出现-2分。	2		
录像存储时间有误差，或存储不符合要求，出现-2分。	2		
值班记录不规范，问题处理未闭环，安保负责人未每周抽查一次录像资料，录像资料不完整，出现-2分。	2		
停车场标识不符合标准，出现-2分。	2		
消防通道、消防卷帘门下未张贴禁止停放车辆的温馨提示，出现-2分。	2		

序号	区域	对象	标准内容	核查方法
35	应急管理	应急预案	有完善的突发事件应急预案，预案的制定切合管理实际。	检查记录
36			按要求进行应急预案培训、演习，演习效果有记录存档。	检查记录
37	交接班	交接班管理	交接班记录完整，无乱涂画、撕毁等现象，待处理事项有交接。	检查记录
38	服务体系落地	“885”落地	1.定期参照工业物业“885”服务体系开展专项培训。 2.服务标准、流程符合工业物业“885”服务体系要求。	现场抽查 / 检查记录
/	得分=∑细项得分/（100－缺项分			

续表

扣分规则	分值	得分	备注
未制定应急预案，应急预案部分缺失，出现-3分。	3		
对应急预案未进行培训、演习，未进行工作记录存档，出现-2分。	2		
交接班记录填写不规范、有乱涂画现象，出现-2分。	2		
未按物业服务企业要求频率开展培训，-1分/次；培训流于形式-5分； 现场服务标准、流程不符合体系要求，-5分；	/		
）×100。	100		

序号	区域	对象	标准内容	核查方法
17	机房及设备房	设备房管理	严格按消防要求配置足够、有效的灭火器具和应急灯、安全出口，设备房安装防鼠板，防鼠板高度不低于60cm；房门上有明显设备房（名称）标识，有"机房重地，闲人免入"或类似的警示标识，门锁等功能正常。	现场检查
18			无人值守的设备房加锁，重要的设备房（如电梯、水箱、水泵房、发电机房、空调机房、配电房、气体灭火）钥匙有专人管理。	现场检查
19			房内卫生干净，无鼠虫等动物痕迹，无工具杂物、废料余料堆放。	现场检查
20	巡查记录	工作表单	按规定进行日常巡视，巡查记录、运行记录清晰、完整、真实、可追溯；若发现异常情况能妥善处理，表单形成台账。	检查记录
21	供配电系统	高压房	配置有高压验电笔、绝缘手套、绝缘鞋、接地线、高压操作杆、专用扳手以及"严禁合闸"标识等，柜前、后绝缘胶垫完好（高压验电笔、绝缘手套、绝缘鞋、绝缘胶垫等要有检验合格标识且在有效期内）。	现场检查
22		变压器	变压器房温度、风机运行正常，变压器温度监测仪及强迫通风机运行正常；变压器房或变压器隔离网必须上锁；母排无损伤，不变形。	现场检查
23		发电机组	1.发电机运行正常，外观清洁，无漏油、渗水。 2.蓄电池电压、容量正常，蓄电池接线柱接触面紧固、无氧化。 3.燃油保证8小时连续运行储量、润滑油液位正常。	现场检查
24		直流屏	电池无漏液，在有效期内，接线柱无氧化现象，无异常声响。	现场检查
25		配电柜（箱）	各类控制箱（柜）的手、自动控制及安全（漏电、短路、过载）保护功能正常，技术铭牌及操作标识清晰，各控制柜张贴控制原理图。高低压配电房有系统图（现场测试与查看）。	现场检查
26			指示灯完好，柜内装置无异响、无焦糊气味，开关状态、标识准确，内外清洁。	现场检查
27			停用的开关应转换到"关"的位置并悬挂"严禁合闸"标识，断路器停用应将其退出至"断开"位置并挂牌上锁。	现场检查
28	供配电系统	公共照明	庭院、道路、广场、停车场、大堂、楼道、公共卫生间、广告、景观照明开关时间明确，公共区域照明灯具无破损。	现场检查
29	给排水系统	给水/排污泵	各类型水泵运行（自动、手动）正常，无卡阻、异响、过热和明显明显的噪声、异响，压力表指示准确，泵各项控制功能正常，运行时震动、噪音在可接受范围内。	现场检查

续表

扣分规则	分值	得分	备注
未严格按消防要求配置足够、有效的灭火器具和应急灯、安全出口，设备房未安装防鼠板或安装的防鼠板高度低于60cm；房门上无明显设备房（名称）标识，无“机房重地，闲人免入”或类似的警示标识，门锁等功能异常。出现-2分。	2		
无人值守的设备房未上锁，重要的设备房钥匙无专人管理，出现-2分。	2		
设备房内有积尘、蜘蛛网、明显污渍，动物痕迹明显，工具杂物、废料余料堆放，出现-2分。	2		
未按规定进行日常巡视；无巡查记录，运行记录不全、不完善、不可追溯，异常情况未妥善处理，出现-2分，未规范使用工作记录表单，出现-2分/项。	4		
未配置高压验电笔、绝缘手套、绝缘鞋、接地线、高压操作杆、专用扳手以及“严禁合闸”标识等，柜前、后绝缘胶垫缺失破损（高压验电笔、绝缘手套、绝缘鞋、绝缘胶垫等无检验合格标识，或未在有效期内），出现-2分。	2		
变压器房温度、风机运行异常，变压器温度监测仪及强迫通风机运行异常；变压器房或变压器隔离网未上锁；母排有损伤、变形，出现-2分。	2		
1.发电机不能手/自动运行-1分。 2.表面有灰尘，有掉漆现象，各接口有漏油渗水现象，出现-1分。 3.蓄电池电压、容量异常，接线柱接触面松动、氧化现象，出现-1分。 4.燃油储量不够8小时连续运行、润滑油液位不在上限与下限之间，出现-1分。	4		
电池有漏液，不在有效期内，接线柱有氧化现象，有异常声响，出现-2分。	2		
各类控制箱（柜）的手、自动控制及安全（漏电、短路、过载）保护功能异常，技术铭牌及操作标识不清晰、破损，各控制柜未张贴控制原理图。高低压配电房无系统图，出现-2分。	2		
指示灯异常，柜内装置有异响，线缆接头及绝缘有过热迹象，开关状态异常、标识错误，内外灰尘多，电表显示异常，出现-2分。	2		
停用的开关未转换到“关”的位置，未悬挂“严禁合闸”标识，断路器停用未退出至“断开”位置并挂牌上锁，出现-2分。	2		
庭院、道路、广场、停车场、大堂、楼道、公共卫生间、广告、景观照明开关时间明确，公共区域照明灯具有破损，出现-2分。	2		
各类型水泵运行（自动、手动）异常，有卡阻、异响、过热和明显的噪声、异响，压力表指示错误，泵各项控制功能异常，运行时震动、噪音大，出现-1分。	1		

序号	区域	对象	标准内容	核查方法
44	电梯设备	应急装置	1.应急救援装置完整无损、标识齐全、功能有效。 2.五方通话、应急照明、紧急迫降及双电源供电装置功能正常。	现场检查
45		年检	年检报告、合格证等年检资料保存完整，合格证(电梯使用标志、电梯维保标志、电梯保险标志)、安全须知、严禁吸烟等张贴在指定位置。	现场检查
46	空调系统	主机	主机运行正常。	现场检查
47		冷冻泵、冷却泵、冷却塔	冷冻泵、冷却泵、冷却塔运行正常。	现场检查
48		控制柜	开关、指示灯、电压表、电流表、变频器运行正常，无破损、烧坏，各类参数指示准确清晰，开关操作灵活。	现场检查
49		管道、阀门	管道保温棉完好无渗漏、无生锈、油漆完好，启闭灵活、油漆完好；压力表、温度计、流量表显示正常，无生锈、无腐蚀。	现场检查
50		外机、内机（VRV系统）	供冷正常，制冷剂无泄漏，压缩机噪音符合国家标准；翅片干净、无堵塞、损坏；风扇、外观干净，无灰尘、无破损。连接管保温完好，无破损、泄漏；排水管保温完好，无破损、无堵塞。	现场检查
51	节能管理	照明系统	1.根据季节、天气变化制定开关灯时间表。 2.影响使用和安全的场所，须保留最低照明。	现场检查/检查记录
52	公共设施	公共设施	户外控制柜上锁，外观完好；柜内线路整洁，标识齐全（标识牌、警示标识）。	现场检查
53			公共设备功能正常，当设备出现故障，作业时，摆放“工作进行中”温馨提示牌。	现场检查
54	维修管理	零星维修	积极及时响应维修，按物业服务企业要求完成日修、物料申请，维修保养台账及相关记录正确完整。	现场检查/检查记录
55		工器具管理	工具、物料分类整齐摆放，无缺陷。	现场检查/检查记录
56	服务体系落地	“885”落地	1.定期参照工业物业“885”服务体系开展专项培训。 2.服务标准、流程符合工业物业“885”服务体系要求。	现场抽查/检查记录
/	得分=∑细项得分/（100－缺项分			

续表

扣分规则	分值	得分	备注
电梯应急救援装置缺失、破损、功能异常；电梯标识不完善。电梯紧急迫降及双电源供电装置功能异常；电梯无应急照明或应急照明异常；五方通话功能异常，出现-2分。	2		
年检到期前未及时申报，年检报告、合格证等年检资料保存不完整，合格证(电梯使用标志、电梯维保标志、电梯保险标志)、安全须知、严禁吸烟等未张贴在指定位置，无专人负责跟踪管理，出现-2分。	2		
主机不能正常供冷，出现-1分。	1		
冷冻泵、冷却泵、冷却塔运行异常，出现-2分。	2		
开关、指示灯、电压表、电流表、变频器运行异常，有破损、烧坏，各类参数指示不准确、模糊，开关操作卡滞，出现-1分。	1		
管道、阀门有渗漏，有生锈，阀门不能启闭，压力表、温度计、流量表显示异常，有生锈、有腐蚀，出现-1分。	1		
供冷异常，制冷剂不足，压缩机噪音大；翅片油污、灰尘多，堵塞、损坏；外观、风扇灰尘多，有破损，连接管保温破损、有泄漏；排水管保温破损、有堵塞，出现-2分。	2		
存在影响使用和安全的场所，但未保留最低照明，未根据季节、天气变化制定开关的时间表或已制定但不符合管理要求，出现-2分。	2		
查看现场，存在不符合管理标准现象，出现-1分。	1		
设备功能不正常，无法正常开闭，当设备出现故障，作业时，未摆放“工作进行中”温馨提示牌，出现-2分。	2		
未及时响应维修（含巡查发现问题），未按物业服务企业要求完成日修、物料申请，维修保养台账及相关记录不完整、有错漏，-2分；	2		
出现工具、物料乱摆放、有使用安全隐患的，-1分；	1		
未按物业服务企业要求频率开展培训，-1分/次；培训流于形式-5分； 现场服务标准、流程不符合体系要求，-5分。	/		
）×100。	100		

序号	区域	对象	标准内容	核查方法
8	食品添加剂	添加剂管理	食品添加剂有索证索票、进货查验和采购记录制度。配备经校准的专用称量工具。落实食品添加剂“五专”管理制度。	现场检查/检查记录
9	备餐间	备餐间管理	1.备餐间要每餐一清扫，保持室内干净整洁，只能存放直接入口食品及必须用的食具、工用具，不应存放无关杂物及有毒、有害危险化学品。分碟小菜、调味品应存放在专用柜内。 2.运餐前，应清洁运餐车和配送容器，对食品运输或传递设施进行清洁消毒， 使用传递设施（如升降笼、食梯、滑道等）的，应保持传递设施清洁。	现场检查
10	食品留样管理	留样品类、数量	食堂提供的每餐、每样食品（包括菜品、主食和汤水等），都应留样并记录，食品按照品种分别盛放于清洗消毒后的专用不锈钢密闭容器内，每种留样量应不少于125 g，留样盒标明食品名称、留样时间（月/日/时）。留样冰箱须由专柜专用上锁管理，冰箱温度设定为0 ~ 5 ℃，须保留48 h以上。	现场检查/检查记录
11	记录表单	工作记录	结合项目实际，规范使用食堂工作等记录表单，形成工作台账。	现场检查/检查记录
12	楼面服务	餐前服务	餐前、中、后服务流程合理、规范；	现场检查
13	工器具及消毒管理	/	餐饮具清洗消毒符合流程标准、定位存放；设备、工具、容器分类管理，厨房场地设施、餐厅场地设施、厨具、砧板、刀具、门把手消毒符合规范频次。	现场检查
14	清洁工具管理	/	设置独立隔间、区域或设施，存放清洁工具（拖把、扫把、抹布等）。	现场检查
15	餐后废弃物处置	/	餐厨废弃油脂设专人负责管理。餐厨废弃物应分类放置、及时清理，不应溢出存放容器。容器定时清洗消毒。	现场检查/检查记录
16	安全管理	消防安全	厨房配置的消防设备要齐全有效，包括但不限于以下设备：消火栓设施、干粉灭火器、灭火毯、防毒面具等。各食堂根据实际情况增加配置，配置数量符合消防管理规定。	现场检查
17	有害生物防制	人防、物防措施	人防、物防措施有效，并符合现场实际。	现场检查

续表

扣分规则	分值	得分	备注
无证票、查验和采购记录，存在违反食品添加剂“五专”管理制度现象，出现-6分。	6		
1.备餐间不整洁，存放无关杂物及有毒、有害危险化学品等，出现-2分。 2.运餐车和配送容器不整洁，传递设施不清洁等，出现-2分。	4		
留样品类、数量、环境条件等不符合制度（含地方制度）要求，出现-6分。	6		
日常工作无记录表单、台账，出现-4分，未规范使用工作记录表单，出现-2分/项。	4		
服务内容、流程不规范不合理，出现-2分/人次。	6		
餐饮工器具清洁消毒不符合规范频次，出现-3分。	3		
清洁工具未分区单独存放，未保持干净，出现-4分。	4		
餐厨废弃物未进行有效管理。容器及周边污渍明显。出现-6分。	6		
消防设备缺失、失效，数量不符合消防管理规定，出现-5分。	5		
人防、物防措施失效，出现-3分。	3		

B.8 公寓服务

项目：

序号	区域	对象	标准内容	核查方法
1	前台服务	前台形象	按照物业服务企业岗位着装要求，统一服饰配置、佩戴工牌，形象良好。起身站立，行欠身礼，双手递交资料，面带微笑。	现场检查
2		前台环境	前台范围内物品、资料摆放干净整洁，无与工作无关物品，除物业服务企业规定的标识标志外，不得在岗位门窗、桌面、玻璃等张贴其他。	现场检查
3		服务流程	办理入住、续住、退房、行李寄存等手续流程规范，记录清晰。	检查记录
4	房间保洁	人员形象礼仪	1.员工按岗位着装要求，统一服饰配置、佩戴工牌。 2.仪容、仪表、仪态符合员工手册等物业服务企业规定。 3.主动和服务对象微笑点头或用礼貌用语和服务对象打招呼。	现场检查
5		工具管理	工具篮、工作车洁净，所需布草、公寓标配一次性消耗品等整齐摆放在车上。	现场检查
6		房间整理清洁	1.入住前，公寓房间应经过全面的清洁和整理，定期对公寓房间进行全面的卫生消毒，地毯、沙发、窗帘无尘、无污渍。定期清洁空房。 2.房内空气清新，无异味，设施设备可用、无渍无尘，床面平整、洁净，一次性消耗品配齐。	现场检查
7	布草间	更换及洗涤	1.待洗涤的布草按种类分开、点数，并做好记录；上锁存放布草柜内，防止蟑螂、老鼠等侵食，送洗及时、合理。 2.经验收合格的洗涤布草，分类、干燥、洁净、上锁存放。	现场检查/检查记录
8	公共设备	洗涤设备维护	公寓服务相关的洗涤设备应定期维护保养，运行良好，无噪音，安全完好、整洁、卫生和有效。	现场检查/检查记录
9		公共维修	公共区域设施、照明、广播完好可用。	现场检查
10	记录表单	工作记录	结合项目实际，规范使用客房工作等记录表单，形成工作台账。	现场检查/检查记录

检查日期：　　年　月　日

扣分规则	分值	得分	备注
员工形象、服务动作不符合要求，出现-5分/人次。	15		
前台物品摆放凌乱，或存在与工作无关的物品，张贴其他标识/标志，出现-5分/处。	10		
入住、续住、退房、行李寄存等手续流程不规范、存在缺漏，系统或记录不全，出现-5分。	5		
1.员工未穿制服（包括制服穿戴不符合形象）、未佩戴工牌，出现-5分。 2.仪容、仪表、仪态不符合员工手册等相关规定，出现-5分。 3.对服务对象有不文明行为或不规范语言，刻意躲避服务对象或视而不见，-5分/人次。	15		
工具篮、工作车、工具表面有明显污渍，工具物料摆放混乱，出现-6分。	6		
房内设施设备有灰尘、明显污渍，物品缺失，存在异味或空气浑浊现象，出现-5分/间。	15		
1.待洗涤的布草未分类、未上锁存放布草柜内，未及时送洗，出现-2分。 2.经验收合格的洗涤布草，未按要求合理存放，出现-2分。	4		
公寓服务相关的洗涤设备无定期维护保养记录，存在异常噪音，未及时清洁，出现-6分。	6		
公共区域设施、照明、广播存在损坏、功能缺失等现象，出现-2分/项。	10		
日常工作无记录表单、台账，出现-4分，未规范使用工作记录表单，出现-2分/项。	4		

B.9 车辆驾驶服务

项 目：

序号	区域	对象	标准内容	核查方法
1	形象礼仪	服务形象	按照物业服务企业岗位着装要求，统一服饰配置、佩戴工牌，面带微笑，符合员工行为规范。	现场检查
2	车辆检查	车况检查	方向盘无异常、制动有效，轮胎无割伤、开裂或鼓包，灯光齐全有效。	现场检查
3		车容检查	车内干净整洁、无异味，座椅干净无尘土和积水，安全带齐全有效，车身外表无积尘、泥垢。	现场检查
4	车辆驾驶	出车前	1.出车前酒精测试、完成行车记录本或车辆管理系统登记流程。 2.主动协助乘车人完成随车行李物品的装车。	现场检查 / 检查记录
5		行车中	1.不主动与乘车人交谈，不闲谈与工作无关内容，不传播乘车人行程及车上谈话内容。 2.行车中保持安全驾驶，遇到道路交通事故、车辆因故障或身体不适无法继续执行任务时，做到及时请示报告。	现场检查 / 检查记录
6		收车后	到达目的地后，主动提醒客人带齐随身物品，协助随车行李物品卸车，完成行驶记录本或车辆管理系统登记流程。	现场检查 / 检查记录
7	交通安全	安全教育	定期组织交通事故案例及经验教训、安全驾驶技能、结合季节特点（如高温、暴雨、凝冻等）针对性开展培训、车辆常见故障及异常的检查与处理、交通风险分析和防控措施、应急处理常识等交通安全培训，并做好记录。	检查记录
8	记录表单	工作记录	结合项目实际，规范使用车辆使用等记录表单，形成工作台账。	现场检查 / 检查记录
9	车辆清洁	日常清洁	保持每次出车前取出地毯清理大颗粒的灰尘和石头，清理座椅水渍和轻微污渍。保证车内干净整洁、无异味，车身外表无积尘、泥垢。	现场检查
10	车辆管理	车辆年审及保险	协助跟进车辆年审、保险和税费办理。	检查记录
11		车辆档案	协助建立车辆档案，根据车辆档案编制车辆信息清册，并动态更新，定期抽查。	检查记录

检查日期：　　年　月　日

扣分规则	分值	得分	备注
1.员工形象、服礼仪不符合要求，出现-5分/人次。 2.胡须明显、头发过长或未整理，留长指甲或双手有污渍的，有口气、身体异味的，出现-10分。	15		
方向盘、制动、轮胎、灯光等异常未及时登记报告，出现-10分。	10		
车内地毯灰渣明显，座椅表面污渍明显，车身外表有积尘、泥垢，出现-5分。	5		
1.未按流程出车，或后补流程，出现-5分/次。 2.未主动协助随车行李物品的装车，出现-5分/次。	10		
1.主动闲谈与工作无关内容，不保密客户隐私，出现-5分。 2.行车异常未及时请示报告，出现-5分。	10		
未主动提醒客人注意下车安全观察路况、带齐随身物品，未协助随车行李物品卸车，未完成行驶记录本或车辆管理系统登记流程，出现-5分/处（次）。	5		
无交通安全培训计划、记录，计划、记录不全，出现-10分/处。	10		
日常工作无记录表单、台账，出现-4分，未规范使用工作记录表单，出现-2分/项。	4		
车内存在异味，地毯存在大颗粒的灰尘和石头，座椅污渍明显，车身外表积尘、泥垢明显，出现-6分。	6		
未提醒、跟进车辆年审、保险和税费办理等事项，出现-2分。	6		
无车辆档案、车辆信息清册，或更新不及时，出现-2分/处。	6		

主要参考文献

[1] GB 2760 食品安全国家标准 食品添加剂使用标准

[2] GB 2894 安全标志及其使用导则

[3] GB 5749 生活饮用水卫生标准

[4] GB 7258 机动车运行安全技术条件

[5] GB 8978 污水综合排放标准

[6] GB/T 10001.1 公共信息图形符号 第1部分：通用符号

[7] GB 13495.1 消防安全标志 第1部分：标志

[8] GB 15630 消防安全标志设置要求

[9] GB 17167 用能单位能源计量器具配备和管理通则

[10] GB/T 18894 电子文件归档与电子档案管理规范

[11] GB/T 19039 顾客满意测评通则

[12] GB 21455 房间空气调节器能效限定值及能效等级

[13] GB 25201 建筑消防设施的维护管理

[14] GB 26860 电力安全工作规程 发电厂和变电站电气部分

[15] GB/T 33000 企业安全生产标准化基本规范

[16] GB 50034 建筑照明设计标准

[17] GB 50189 公共建筑节能设计标准

[18] GB 50207 屋面工程施工质量验收规范

[19] GB 50208 地下防水工程质量验收规范

[20] GB 50209 建筑地面工程施工质量验收规范

[21] GB 50210 建筑装饰装修工程施工质量验收规范

[22] GB 50242 建筑给水排水及采暖工程施工质量验收规范
[23] GB 50268 给水排水管道工程施工及验收规范
[24] GB 50300 建筑工程施工质量验收统一标准
[25] GB 50303 建筑电气工程施工质量验收规范
[26] GB 50345 屋面工程技术规范
[27] GB 50365 空调通风系统运行管理标准
[28] GB/T 50378 绿色建筑评价标准
[29] DL/T 596 电力设备预防性试验规程
[30] GA 1800.1 电力系统治安反恐防范要求 第1部分：电网企业
[31] JGJ 46 施工现场临时用电安全技术规范
[32] JGJ 80 建筑施工高处作业安全技术规范
[33] JGJ 146 建筑施工现场环境与卫生标准
[34] SB/T 10737 高空外墙清洗服务规范
[35] TSG T5002 电梯维护保养规则
[36] TSG T7001 电梯监督检验和定期检验规则
[37] TSG T7008 电梯自行检测规则
[38] DB64/T1955 党政机关会议服务规范